Paul Sodamin · Peter Sodamin
Schitouren Obersteiermark

Paul Sodamin · Peter Sodamin

Schitouren
Obersteiermark

50 traumhafte Touren

:STYRIA

Inhaltsverzeichnis

Vorwort Gerlinde Kaltenbrunner		7
Vorwort Peter und Paul Sodamin		8
Einleitung		20
Tourenbewertungen		22

Liesinggraben — 24
1. Großer Schober — 26
2. Silberling — 28
3. Himmeleck — 30

Triebental — 32
4. Lattenberg — 34
5. Kerschkern — 36
6. Gamskögel — 38
7. Großer Grießstein — 40
8. Triebenkogel — 42
9. Sonntagskogel — 44

Bösensteingruppe — 46
10. Bruderkogel — 48
11. Großer Bösenstein — 50
12. Hochhaide — 52
13. Stein am Mandl — 54

Bretsteingraben — Pusterwald — 56
14. Zinkenkogel — 58
15. Schattnerzinken — 60
16. Seitnerzinken — 62
17. Kreuzkogel — 64
18. Scharnitzfeld — 66
19. Hohenwart — 68

Oppenberg — Gulling — 70
20. Seekoppe — 72
21. Hochrettelstein — 74
22. Hochschwung — 76

Donnersbachtal — 78
23. Mölbegg — 80
24. Karlspitze und Schreinl — 82
25. Hintergullingspitz — 84
26. Lämmertörlkopf — 86
27. Großes Bärneck — 88

Schladminger Tauern — Nord — 90
28. Großer Knallstein — 92
29. Hochwildstelle — 94
30. Wasserfallspitze — 96

Oberes Murtal		98
31 Greim		100
32 Preber		102
Tauplitzalm		104
33 Großes Tragl		106
Haller Mauern		108
34 Lahnerkogel		110
35 Scheiblingstein		112
36 Kreuzmauer		114
37 Grabnerstein		116
Kaiserau – Johnsbachtal		118
38 Lahngangkogel		120
39 Blaseneck		122
40 Leobner		124
41 Gscheideggkogel		126
42 Festkogel		128
43 Gsuchmauer		130
44 Lugauer		132
Eisenerzer Alpen		134
45 Zeiritzkampel		136
46 Kragelschinken		138
47 Wildfeld		140
48 Stadelstein		142
Hochschwabmassiv		144
49 Hochschwab		146
Die Veitsch		148
50 Hohe Veitsch		150
Orientierung mit dem GPS		152
Sicher auf Schitour – Risiko- und Notfallmanagement abseits der Piste		154
Dankesworte		175

Vorwort

Lieber Paul und lieber Peter,

gerne übermittle ich ein Grußwort für das Buch „Schitouren Obersteiermark" an euch, die ich als Bergkameraden schon lange kenne.

Zahlreiche dieser steirischen Schitouren sind mir persönlich bekannt, da ich im angrenzenden Spital am Pyhrn aufgewachsen bin und auch einige Zeit als Krankenschwester in Rottenmann gearbeitet habe.

Hier in der wunderschönen Steiermark erwarten den Berg- und Naturfreund Touren von oft ganz unterschiedlicher Charakteristik – von sanften Unternehmungen bis hin zu Steiltouren, von lieblichen Almlandschaften und lichten Wäldern bis hin zu dominanten Berggestalten und bizarren Felslandschaften, eben unser Heimatland in seiner ganzen Schönheit.

Euer Buch, welches nun in den Händen von uns Bergenthusiasten liegt, zeugt von eurer Liebe zu den winterlichen Bergen und bringt euer jahr-

zehntelanges Wissen in Bild und Wort zum Ausdruck.

Ich gratuliere euch zu diesem gelungenen Werk und wünsche euch und allen Bergfreunden, die diesen steirischen „Traumwegen" folgen, wunderbare, vor allem aber unfallfreie Erlebnisse.

Eure Gerlinde Kaltenbrunner

Der Morgensonne entgegen ...
(Gerlinde Kaltenbrunner)

Vorwort

Als Fridtjof Nansen vor mehr als 100 Jahren mit seinen „Schneeschuhen" Grönland durchwanderte, konnte er noch nicht ahnen, dass Millionen von Menschen dies als eine Sportart mit revolutionärer Ausrüstung betreiben würden.
Der alpine Schilauf hat sich durch die vielen Aufstiegshilfen in eine eigenständige Richtung entwickelt. Der Tourenschilauf jedoch ist bis dato in seiner Struktur – abgesehen von der Ausrüstung – gleich geblieben.
Früher sprach man von Individualisten. Heute bevorzugen immer mehr Naturbegeisterte den Tourenschilauf als ideale Alternative zum populären Alpinschilauf.
Die Schitourengeher gliedern sich unserer Meinung nach in zwei Gruppen: die Leistungssportler und die Genießer. Für uns steht nicht der Leistungsgedanke im Vordergrund. Für uns zählt das Naturerlebnis und nicht das Vorbeihetzen an Gebirgskuppen. Uns sind der Einklang mit der Natur und die Auseinandersetzung mit der Faszination der Bergwelt wichtig.
Offenheit gegenüber den Zeichen der Natur, Vorausahnung der lauernden Gefahren, die kritische Betrachtung der Schneeverhältnisse und der Lawinenwarnmeldungen sind Bausteine eines sicheren Wintererlebnisses. Bei hochwinterlichen Verhältnissen und tiefen Temperaturen sind die Pulverschneeabfahrten in unverspurten Hängen, im Frühjahr sind die Firnabfahrten die krönende Belohnung jedes Tourenschiläufers. Damit manchmal schwierige Verhältnisse den Genuss der Abfahrt nicht allzu sehr trüben, ist eine solide Abfahrtstechnik Grundvoraussetzung. Die Wahl von Aufstiegs- und Abfahrtsroute ist der aktuellen Gefahrensituation anzupassen. Um hier richtig zu handeln, benötigt man viel Erfahrung, Ausbildung in Lawinenkursen oder die Obhut eines professionellen Führers.
Wer mit einer soliden Grundkondition eine Schitour gemeistert hat, der hat durch die Bewegung nicht nur seinem Körper viel Gutes getan. Geist und Körper sind in tiefer Zufriedenheit und Harmonie verbunden – die Basis für neue Lebenskraft.

Wir sind die folgenden 50 Touren mit den Schiern und mit unseren Herzen gegangen und wünschen euch die gleichen Erlebnisse.

Peter und Paul Sodamin

Nachfolgende Doppelseiten:
Seite 10/11: Eindrucksvolles Farbenspiel – das erste Sonnenlicht begleitet uns auf den Großen Bösenstein.
Seite 12/13: Die letzten Meter zum Gipfel des Scharnitzfelds.
Seite 14/15: Licht und Schatten – Der Gipfel des Großen Schobers in Reichweite.
Seite 16/17: Abendstimmung über der Kaiserau – das bizarre Eisgebilde ist das Gipfelkreuz am Kreuzkogel.
Seite 18/19: Ein Traum von Pulverschnee – im Gesäuse.

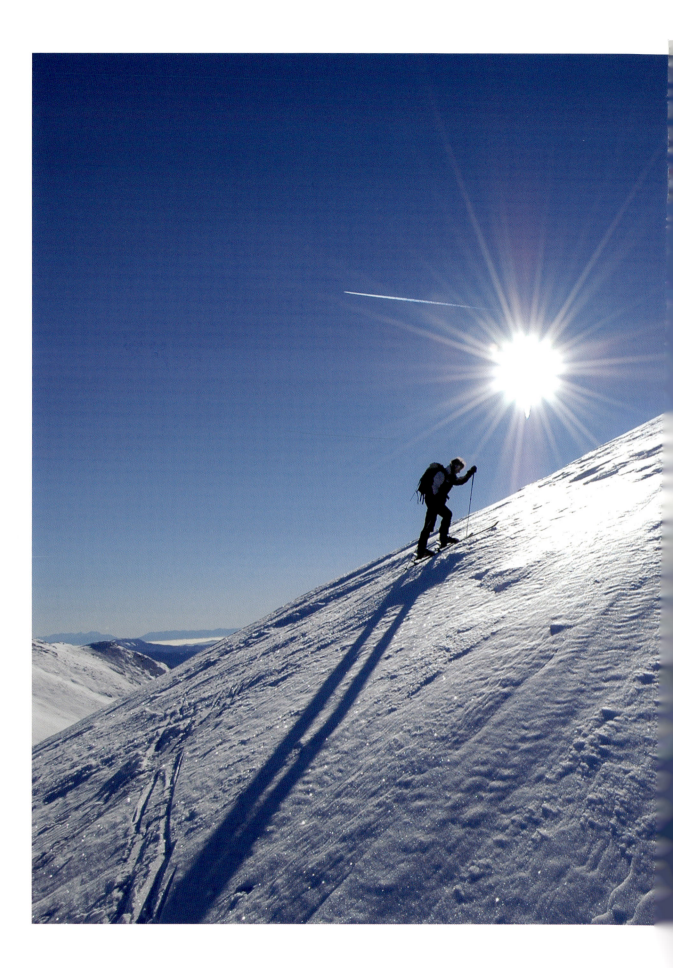

Einleitung

Einige wichtige Bemerkungen zu den Tourenbeschreibungen und zur Lawinengefahr möchte ich an den Anfang stellen:

Bewusst habe ich auf eine detaillierte Angabe und Bewertung der Lawinengefahr bei den einzelnen Touren verzichtet, da diese von den aktuellen Bedingungen abhängig ist. Eine Schitour als absolut sicher einzustufen ist aus meiner Erfahrung nicht möglich. Auch einfache Touren können bei ungünstigen Bedingungen eine Lawinengefahr beinhalten. Hier ist im Besonderen auf Einzugsgebiete und die sorgfältige Wahl der Abfahrt zu achten.

Anhand der Beschreibung und des GPS-Anstiegsprofils kann man den Charakter der jeweiligen Tour erkennen. Wir haben alle diese Touren mit dem GPS aufgezeichnet und aus diesen Tracks ein Aufstiegsprofil erstellen lassen, das als Hilfe bei der Tourenplanung dienen soll. Die Steilheit der Anstiege ist mittels Farben gekennzeichnet, wobei die wirkliche Hangneigung nur aus der Karte (1 : 25.000) ersichtlich ist und selbst damit sind kleinräumige Versteilungen (< 20 m) nicht erkennbar.

Die Zeitangaben in der Profildarstellung beziehen sich auf den durchschnittlichen Schitouren-

Peter in seinem Element.

geher (350 Hm/Std. und für 1 km Wegstrecke unter 10° Neigung 15 Minuten). Die Höhenangaben wurden aus den GPS-Daten ermittelt.

Die Angaben der Tourenschwierigkeit unterteilen sich in vier Stufen: leicht, mittel, schwierig und sehr schwierig – wobei sehr schwierige Unternehmungen dem erfahrenen Könner vorbehalten sind.

Die empfohlene Jahreszeit dient als Anhaltspunkt für die Planung, kann aber je nach Verlauf des Winters stark variieren. Ich bin oft schon Frühjahrstouren im Hochwinter bei idealen Bedingungen gegangen und musste im Frühjahr gelegentlich wegen kritischer Bedingungen umplanen.

Jeder muss je nach den aktuellen Verhältnissen selbst entscheiden, ob die Tour machbar ist oder ob es klüger ist, ein Ausweichziel anzusteuern.

In jedem Winter gibt es „Lawinenzeiten und Lawinentage". Diesen kritischen Phasen gilt es durch angepasste Planung auszuweichen. Meine langjährigen Aufzeichnungen von Lawinenunglücken zeigen, dass mindestens 95 Prozent dieser Unfälle vermeidbar gewesen wären.

In meinen Lawinenkursen, die ich seit 15 Jahren durchführe, gebe ich Erkenntnisse und Strategien zur Vorbeugung und zur Vermeidung von Lawinenunfällen weiter. Die Fehler, die bei Lawinenunglücken passieren, sind die Basis für das Lernen und Verbessern des eigenen Verhaltens und der Einschätzung.

Ein wichtiger Aspekt ist das Üben der Kameradenrettung mittels VS-Gerät, Sonde und Schaufel, um bei einem Lawinenunglück auch wirklich helfen zu können. Denn der wichtigste Faktor ist die Zeit: Der Verschüttete kann unter den Schneemassen nur extrem kurz überleben.

Die Erweiterung und die ständige Auffrischung des Wissens bezüglich Lawinengefahr und Kameradenrettung, vermittelt in diesen Lawinenkursen, sollen euch ein sicheres und erfolgreiches Erlebnis in den winterlichen Bergen ermöglichen.

Rückmeldungen zu den beschriebenen Touren erbitten wir an paul.sodamin@aon.at oder auf www.paul-sodamin.at.

Zur weiteren Information dient die Beilage „Sicher auf Tour" der Firma Ortovox, welche den aktuellen Stand des Wissens bezüglich Lawinenkunde beinhaltet.

Herzlich
Paul Sodamin

Paul locker bergauf ...

Tourenbewertungen

Als Grundlage dienen die normalen Verhältnisse, denn Kriterien wie Hartschnee, Sturm, Vereisung, Verwehungen und Wechten verändern Standardbewertungen mitunter stark. Allgemein gilt folgende Bewertung:

Leicht = I
Forststraßen bzw. Forstwege, ungefähr bis zu 25 Grad geneigte Hänge. Grundsätzlich ungefährdetes Gelände. Passagen ab dem Zwischenwert I–II leiten in richtiges Tourengelände. Die Grundschwungarten (Stemmbogen) müssen im Gelände beherrscht werden. Auch für Anfänger geeignet.

Mäßig schwierig = II
Hohlwege oder bis zu 30 Grad geneigte Hänge und Kare. Im Zwischenwert II–III liegen bereits viele klassische Routen. Beherrschung der Grundschwungarten ist auch bei schlechten Schneeverhältnissen notwendig.

Schwierig = III
Enges bzw. steiles Waldgelände; Hänge, Rinnen und Kare bis zu 40 Grad Neigung. Das Ansteigen in Spitzkehren (ab ca. 35 Grad Hangneigung) und sturzfreies Abfahren sowie alpine bzw. hochalpine Erfahrung sind unerlässlich. Klassisches Tourengelände; auch für geübte Schibergsteiger interessant. Gutes und sicheres Fahrkönnen und zumindest gute Verhältnisse sind wichtige Voraussetzungen. Der Zwischenwert III–IV bezieht bereits extreme Passagen mit ein. Leichte Kletterstellen in Ab- oder Aufstieg können vorkommen.

Sehr schwierig = IV
Extremes Gelände, unter anderem auch über 40 Grad steil; erhöhte Absturzgefahr. Flanken und Rinnen eventuell felsdurchsetzt und eng. Ausnahmslos für routinierte Schibergsteiger bzw. Steilhangspezialisten. Sehr gutes alpines Können im Aufstieg (schwierige Grate usw.) ist Voraussetzung.

Diese Bewertung sagt übrigens nichts über die Gefahren im Gelände (Lawinensituation, Dolinen oder Gletscherspalten) aus.

Alle Informationen wurden nach bestem Wissen und Gewissen ausgearbeitet. Dieser Führer ist nur ein unverbindlicher Ratgeber. Jede Umsetzung, vor allem im Gelände, erfolgt in Eigenverantwortung des Anwenders.

Das Ende des Tages – Sonnenuntergang am Großen Bösenstein.

Liesinggraben

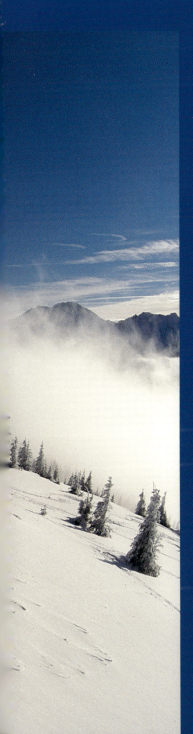

Wie wenig man sich am ersten Eindruck einer Landschaft orientieren soll, das zeigt der oberste Liesinggraben besonders deutlich, denn gerade hier beobachten wir oft ein Wechselspiel der Witterungsverhältnisse, wie man es sonst nicht so leicht finden kann. Noch auf der Autobahn bei der Anreise und dann am Beginn des Grabens neben der Schoberpass-Bundesstraße liegt oft kaum Schnee. Doch welch Wunder – schon nach wenigen hundert Metern taleinwärts herrscht mit einem Schlag tiefster Winter.

Dort am Taleingang befindet sich im Ortsteil Unterwald eine evangelische Kirche. Sie weist an dieser strategischen Stelle darauf hin, dass in der Gegend Jahrhunderte andauernde Glaubenskämpfe zwischen Katholiken und Protestanten stattfanden. Davon zeugt auch die ein wenig taleinwärts gelegene katholische Liesingkreuz-Kapelle aus dem 19. Jahrhundert. Beinahe symbolhaft ist sie geteilt – die Straße führt mitten zwischen den Bänken und der Kapelle mit dem Altar durch. Eine Liste der „Akatholischen", ein Jahr nach dem Toleranzpatent von 1781 vom Verwalter der Burg Strechau aufgeschrieben, weist immer wieder die Familiennamen Rampler, Jansenberger, Aichberger, Kohlbacher, Häberl und Reitmayr auf. Die etwa 120 Evangelischen lebten großteils auf den Höfen im weiten Kessel des Liesinggrabens. Heute allerdings ist es ruhig geworden: Die Bauern sind abgewandert, nur mehr ein halbes Dutzend bewirtschaften den Waldkessel.

Nach einigen Kilometern, kaum haben Straße und Bach in dem engen Tal Platz, erweitert sich beim Forsthaus die Landschaft. Aber noch wichtiger: Wir sind von überquellendem Weiß umgeben, feinster Pulverschnee glitzert im hellen Sonnenschein! Diese Winterstimmung findet ihre höchste Verzauberung beim Anblick des Silberlings. Nicht von ungefähr stammt der Name dieses Berges von seinem weiß funkelnden Gipfelhang.

Man sollte sich schnell zur Tour bereitmachen, denn hier führt meist Väterchen Frost das Regiment – der Temperaturunterschied zum Taleingang beträgt oft klirrende fünf bis zehn Grad.

Hat man einige hundert Höhenmeter hinter sich gebracht, so erfreut sich das Auge des Tourengehers an einem Kranz von wunderschönen Berggipfeln der Triebener und der Seckauer Tauern. Unter ihnen auch die höchsten, wie Hochreichhart und Geierhaupt. Zugleich staunen wir, wie viele individuelle Möglichkeiten sich bieten. Insbesondere ist der Abfahrtsgenuss von den Hängen des Lattenberges, des Bären- und Goldkogels dermaßen berauschend, dass man selbst als Ermüdeter einen Wiederaufstieg in den Bärensulsattel gerne auf sich nimmt.

Zum abschließenden Genuss trägt der Alpengasthof Jansenberger bei, wo man deftige Hausmannskost und Forellen aus der eigenen Zucht kredenzt.

Gemütlicher Anstieg zum Großen Schober an einem kalten Wintertag.

Tour Nr. 1 | **Triebener Tauern**

Großer Schober 1895 m

Der markante Gipfel in der Liesing

Der Liesinggraben bietet eine Vielzahl von bemerkenswerten Touren. Das macht ihn zu einem populären Ziel für Tourengeher – auch aus dem Grazer Raum. Entgegen seiner bescheidenen Höhe von 1895 Metern, die eher eine Waldtour erwarten lassen, überrascht der Große Schober mit einem weitgehend freien Aufstieg und einer lohnenden Abfahrt.

Anfahrt:
Aus Richtung Salzburg/Liezen A 9 Pyhrn-Autobahn, Abfahrt Treglwang, aus Richtung Graz/St. Michael, Abfahrt Kalwang. Weiter auf der Schoberpass-Bundesstraße (B 113) bis Unterwald (Ortsteil von Wald am Schoberpass). Abzweigung in den Liesinggraben, bei der Kreuzung Jansenberger rechts den Bach entlangfahren bis ca. 400 m vor dem ehemaligen Gehöft Reichenstaller. Kleiner Parkplatz, Ende der Fahrmöglichkeit.

Ausgangspunkt:
Parkplatz vor dem Gehöft Reichenstaller (1100 m).

Aufstieg:
Links die Forststraße entlang, vorbei an einem Haus, bis zur Wegkreuzung. Hier rechts eben weiter über die Brücke zur Haggenalm (1301 m). Über die Wiese hinauf zum höchsten Punkt und rein in den Wald. Kurz den Hohlweg links bergauf und rechts vom Graben über lichten Wald

Die Morgennebel lichten sich und geben den Blick frei zum Himmeleck.

Wenige Meter unterhalb des Schober-Gipfels, im Hintergrund der Kammverlauf zum Silberling.

Aufstiegszeit:	2 Std. 20 Min.
Höhenmeter:	795 Hm
Tourenlänge:	4,37 km
Schwierigkeit:	I–II
Beste Zeit:	gesamter Winter
Exposition:	Süd + Südwest
Karte:	ÖK 131
GPS: Startpunkt	N 47° 25' 11"
	E 14° 38' 26"
Gipfel	N 47° 26' 31"
	E 14° 38' 12"

Tipp!
Rundtour: Großer Schober – Leckenkoppe – Silberling (interessante, aussichtsreiche Kammtour über sanfte Rücken).

zu den freien Flächen des Saubodens. Über die schöne Südwestflanke durch lichten Wald und über freie Hänge höher. Zum Schluss dem Gratrücken folgend rechts zum panoramareichen Gipfel des Großen Schobers.

Abfahrt:
Im Bereich des Aufstiegs, es sind aber auch Varianten möglich.

Variante von Wald am Schoberpass:
Ausgangspunkt ist Wald am Schoberpass (841 m), Anstieg von Norden über Kehren entlang der Forststraße und über die Schwarzbeeralm zum Fuß des Kleinen Schobers. Ab der Schwarzbeeralm je nach Verhältnissen über den Rücken oder rechts querend zum Großen Schober. (II, Nord, 1050 Hm, 3 Std.)

Die ersten Schwünge auf dem weißen Teppich – vom Gipfel über lichte Hänge.

Tour Nr. | Triebener Tauern

2 Silberling 1950 m
Eine edle Tour

Der Silberling gehört zu den Standardtouren in der Liesing. Der gemütliche Aufstieg zur Leistenalm und die oftmals herrliche Abfahrt über den Ostrücken machen ihn zu einem Hit. Auch für Schitourenneulinge geeignet.

Anfahrt:
Aus Richtung Salzburg/Liezen A 9 Pyhrn-Autobahn, Abfahrt Treglwang, aus Richtung Graz/St. Michael, Abfahrt Kalwang. Weiter auf der Schoberpass-Bundesstraße (B 113) bis Unterwald (Ortsteil von Wald am Schoberpass). Abzweigung in die Liesing. Bei der Kreuzung Jansenberger rechts weiter den Bach entlangfahren. Etwa 400 m vor dem ehemaligen Gehöft Reichenstaller befindet sich ein kleiner Parkplatz (Ende der Fahrmöglichkeit).

Ausgangspunkt:
Parkplatz vor dem Gehöft Reichenstaller (1100 m).

Aufstieg:
Auf der Forststraße vorbei am Gehöft Reichenstaller bis zu einer Weggabelung am Waldrand, wo man dem Wegweiser rechts Richtung Silberling folgt. Der Weg steigt gemächlich durch den Wald an. Kurz vor der Haggenalm (1301 m) führt ein kleinerer Weg durch den Wald aufwärts.
Links der Alm vorbei durch den Wald aufwärts und über Schläge, östlich über den Waldrücken hinauf in Richtung Leistenkarhütte. Weiter über den steiler werdenden Osthang zum Gipfel.

Vor uns die letzten 200 Höhenmeter zum Gipfel des Silberlings.

Kurz vor der Haggenalm hat man auch die Möglichkeit, eine andere Route auf den Silberling zu wählen: Erst wieder dem kleinen Weg aufwärts in den Wald folgen. Dort immer leicht rechts haltend aufwärts in den Sauboden. Weiter in den Leckensattel und über den Rücken auf den Gipfel.

Abfahrt:
Im Bereich der Aufstiegsspur mit Variantenmöglichkeiten.

Schwungvoll geht es dem Liesinggraben zu.

Bedrohlicher Wetterumschwung am Silberling.

Variante Kammtour vom Schober zum Silberling:
Ausgangspunkt ist das Gehöft Reichenstaller (1100 m), gleicher Aufstieg wie bei der Haupttour auf den Großer Schober; vom Gipfel wunderschöne Kammtour (abfahrend und wieder aufsteigend) über die Leckenkoppe und den Leckensattel zum Silberling. (II, West + Südwest + Südost, ca. 1000 Hm, 3,5 Std.)

Aufstiegszeit:	2 Std. 25 Min.
Höhenmeter:	850 Hm
Tourenlänge:	4,48 km
Schwierigkeit:	I–II
Beste Zeit:	gesamter Winter
Exposition:	Ost
Karte:	ÖK 131
GPS: Startpunkt	N 47° 25' 11"
	E 14° 38' 26"
Gipfel	N 47° 26' 16"
	E 14° 36' 31"

Tipp!
Vom Gipfel in Richtung Leckenkoppensattel und zum Sauboden abfahren.

Silberling, 1950 Meter, ÖK 50 Kartenausschnitt

Tour Nr. 3 | Triebener Tauern

Himmeleck 2096 m

Im Schitourenhimmel

Oben links: Vorbei an der Beisteineralm.

Oben rechts: Die Ostseite des Himmelecks.

Am Griesmoarkogel — mit Blick zu den Hängen des Lattenbergs.

Das bekannteste und wohl auch schönste Tourenziel im Liesinggraben. Der Vorgeschmack auf die kommenden Schifreuden stellt sich bereits bei der Anfahrt über die Autobahn von Süden her durch den weithin sichtbaren weißen Gipfel ein – das Himmeleck! Ab der Beisteineralm enthüllt sich der volle landschaftliche Reiz der wahrlich himmlischen Tour. Die Verbindung mit dem Griesmoarkogel ergibt eine herrliche Kombination.

Anfahrt:
Aus Richtung Salzburg/Liezen A 9 Pyhrn-Autobahn, Abfahrt Treglwang, aus Richtung Graz/St. Michael, Abfahrt Kalwang. Weiter auf der Schoberpass-Bundesstraße (B 113) bis Unterwald (Ortsteil von Wald am Schoberpass). Abzweigung in die Liesing. Bei der Kreuzung Jansenberger rechts weiter den Bach entlangfahren. Etwa 400 m vor dem ehemaligen Gehöft Reichenstaller befindet sich ein kleiner Parkplatz (Ende der Fahrmöglichkeit).
Oder bis zum Alpengasthaus Jansenberger vlg. Beisteiner.

Ausgangspunkt:
Parkplatz vor dem Gehöft Reichenstaller (1100 m). Variante: Parkplatz beim Alpengasthof Jansenberger.

Aufstieg:
Der Forststraße folgen und nach ca. 2 km links (Markierung) durch einen steilen Hohlweg und später flacher zur Beisteineralm (1620 m). (Variante: Vom Gasthof Jansenberger dem markierten, steilen Weg zur Beisteineralm folgen.) Von dort in westlicher Richtung auf dem immer

Übergang vom Griesmoarkogel zum Himmeleck, im Hintergrund die Gamskögel über dem Triebental.

Aufstiegszeit:	3,5 Std.
Höhenmeter:	996 Hm
Tourenlänge:	5,45 km
Schwierigkeit:	II
Beste Zeit:	gesamter Winter
Exposition:	Südost
Karte:	ÖK 131
GPS: Startpunkt	N 47° 25' 11"
	E 14° 38' 26"
Gipfel	N 47° 25' 37"
	E 14° 36' 11"

Tipp!
Vom Ausgangspunkt Gasthof Jansenberger direkt zum Lattenberg oder zum Zwölferköpfl.

freier werdenden Bergrücken hinauf zum Grat steigen, der zum Gipfel des Griesmoarkogels (2009 m) führt. Vom Griesmoarkogel in Richtung Norden in den Sattel zwischen Griesmoarkogel und Himmeleck abfahren (bei schlechter Schneelage eventuell hier Schidepot). Von der Scharte wieder hinauf und über den Grat weiter auf den Gipfel des Himmelecks.

Abfahrt:
Entweder im Bereich des Aufstiegs (Gegenanstieg zum Griesmoarkogel und nordseitige Abfahrt zur Liesingkaralm) oder zur Beisteineralm bzw. von der Scharte (zwischen Griesmoarkogel und Himmeleck) hinunter den tollen Hang zur Liesingkaralm über eine einladende Flanke gleiten.

Variante vom Triebental:
Ausgangspunkt Bergerhube (1198 m) am Ende der Fahrmöglichkeit im Triebental; Abzweigung ins Triebental zwischen Trieben und Hohentauern beim Gasthaus Brodjäger. Von der Bergerhube auf der flachen Forststraße zur Moaralm und zum Bärensulsattel (1794 m). Über den Gratrücken zum Griesmoarkogel und weiter zum Himmeleck (II–III, Südwest, ca. 1000 Hm, 3,5 Std.). Bei guten Verhältnissen Abfahrt über die Südwestflanke zur Moaralm.

Gekonnte Schwünge im Pulver — die Abfahrt zur Liesingkaralm.

Triebental

Das Triebental, auf gut 1100 Meter Seehöhe inmitten der Triebener Tauern gelegen, ist eines der beliebtesten Schitourengebiete in der Obersteiermark. Das liebliche Hochtal bietet vom Hochwinter bis ins Frühjahr ideale Schitourenfreuden – und das individuell, von leicht bis schwierig. Für den Schitourenfreund gibt es über 20 herrliche Schigipfel über der 2000-Meter-Marke zu besteigen. Wer seine eigene Spur legen will, ist im Triebental bestens aufgehoben. Hier ist auch einer unserer Ausgangsstützpunkte für Schitourenkurse für Anfänger, Lawinenseminare und Tagesschitouren.

Steil führt die Passstraße von der Stadt Trieben hinauf ins Triebental. Einst, als der Saumhandel und der Bergbau in diesem Gebiet noch blühten, war dieser Weg ein Abenteuer für sich. Pferde, Fuhrwerke und später die Postbusse mühten sich die alte Straße höher. Heute wird der alte Weg – gleichsam eine Ironie der Technik-Geschichte – am liebsten von Mountainbikern bezwungen.

Oben gibt es nur eine einzige Katastralgemeinde: Hohentauern mit den beiden Ortschaften Hohentauern und Triebental. Die Siedlung am Passübergang (Taurus Inferior) wurde 1140 erstmals urkundlich erwähnt. Uralte Akten aus dem Stiftsarchiv Admont belegen die jahrhundertlange Kulturarbeit, die hier geleistet wurde. Sie erzählen aber auch von Streitsachen um Almrechte. Ab dem 12. Jahrhundert diente der Triebener Tauern den Säumern als Handelsweg. Von Bedeutung waren zudem der Magnesit- und der Graphitbergbau, die jedoch vor kurzem, Ende des 20. Jahrhunderts, stillgelegt wurden. Die Säumer waren die ersten Transporteure über die Alpen und den Bayerischen Wald. Jahrhundertelang beförderten sie auf dem Rücken von Pferden oder Maultieren vor allem Salz und Wein über die

Rast auf dem Weg zum Großen Grießstein mit Blick nach Süden – die eindrucksvollen Schiberge von links nach rechts sind Gamskögel, Knaudachkogel und Amachkogel, rechts unten liegen das einsame Bärental und das enge Frattental.

Pässe. Um Säumer zu sein, musste man ein Pferd, einen Maulesel oder ein Maultier besitzen. Der Säumer arbeitete auf eigene Rechnung im Auftrag fremder Kaufleute oder Kunden. Der „Brodjäger", der Berggasthof vor der Einfahrt ins Triebental, war dazumal ein wichtiger Stützpunkt, eine so genannte Saumstation, die zum Wechseln der Saumtiere sowie als Hospiz bei Schlechtwettereinbrüchen diente. Der vom Talschluss ausgehende Übergang über das Kettentörl ins Murtal wurde auch von Erzherzog Johann benützt, wie wir aus seinen Tagebüchern wissen.

Über dem heute leicht erreichbaren Hochtal, das zwischen der Verbindung von Trieben nach Hohentauern abzweigt, erheben sich viele, teils hochalpine Gipfel. Neben anspruchsvollen Unternehmungen warten auf den Schitourenfreund auch leichtere Anstiege über liebliche Almen. Am Beginn des Triebentals, direkt vor der Haustür des Gasthauses Braun, locken der Triebenkogel, die Kreuzkarschneid und etwas weiter talauswärts das Vöttleck.

Die wuchtige Berggestalt des Großen Grießsteins beherrscht das mittlere Tal. Sein Gipfel kann nur über steile Bergflanken und Grate erreicht werden, von denen sich die versierten Winteralpinisten zu Recht einen Nervenkitzel versprechen.

Im Talschluss über der Bergerhube steigen im Umkreis die weiteren Schiberge an. Geradeaus geht es zum beliebten Kerschkern, links zum Lattenberg und zum Triebenfeldkogel über der Moaralm. Über den Bärensulsattel erreicht man das Himmeleck.

Rechts weg von der Bergerhube geht es zur Mödringalm. Von hier gelangt man zu den Gamskögeln, zum Knaudachkogel, auf den Kleinen Grießstein und auf die Krugkoppe. Da fühlt sich der Tourengeher im wahrsten Sinn des Wortes im Paradies – in seinem Eck des Himmels. Beim Flachland-Schiwandern, also beim Langlaufen, lautet das Motto „vom Bett auf die Loipe", denn die sieben Kilometer lange Loipe Triebental startet direkt vor der Haustür.

Tour Nr. 4 Triebener Tauern

Lattenberg 2018 m

Die Schitourenalternative im Triebental

Der Lattenberg ist vom Triebental aus immer ein lohnendes Ziel, speziell dann, wenn der Kerschkern bei zu großen Neuschneemengen nicht begehbar ist. Dann fasziniert der Lattenberg mit einem wahren Pulverrausch – mit „powder pur" im Zuge einer relativ sicheren Abfahrt durch lichten Wald.

Vom Triebental aus gibt es verschiedene Aufstiegsmöglichkeiten. Der hier beschriebene Anstieg über das Königskar ist einer der gängigsten.

Weißer Traum am Lattenberg, im Hintergrund Goldkogel und Kerschkern.

Anfahrt:
Aus Richtung Salzburg/Liezen ebenso wie von Graz/St. Michael A 9 Pyhrn-Autobahn, Abfahrt Trieben, auf der Triebener Bundesstraße (B 114) bis ca. 4 km vor Hohentauern.

Unmittelbar nach dem Gasthaus Brodjäger links ins Triebental abzweigen, weiter bis zur Bergerhube, Ende der Fahrmöglichkeit.

Von Süden kommend, bei St. Peter ob Judenburg rechts auf die B 114 Richtung Trieben abzweigen. Ca. 4 km nach Hohentauern nach rechts ins Triebental, weiter wie zuvor.

Ausgangspunkt:
Bergerhube (1198 m).

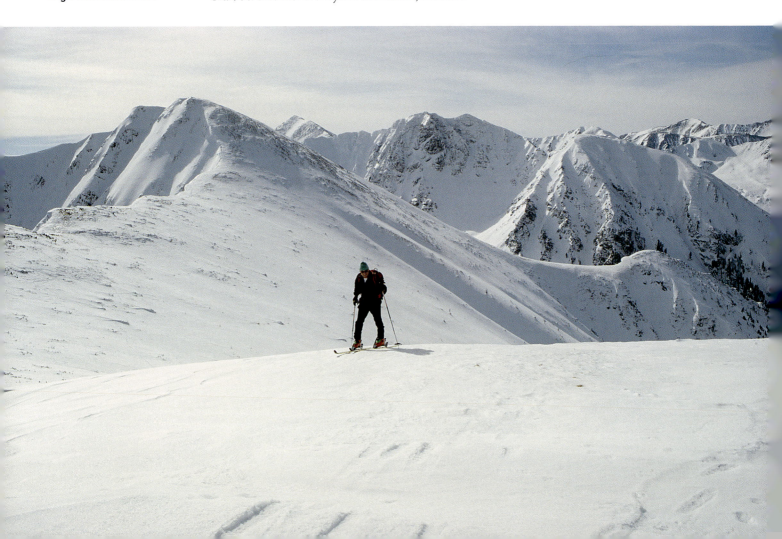

Lattenberg, 2018 Meter, ÖK 50 Kartenausschnitt

Windiger Aufstieg oder: Eiskristalle stellen sich dem glitzernden Sonnenlicht.

Aufstieg:

Von der Forststraße (Richtung Moaralm) folgt man über die Grießmoarhube dem Sommerweg (Forststraße) bis zum Punkt 1395 m. Nach einigen Metern bergab verlässt man den Forstweg rechts kurz durch Wald, über den steilen Schlag geht es zum Rücken oberhalb des Königskars und weiter bis zum Grat, der direkt auf den Gipfel des Lattenbergs führt.

Abfahrt:

Ein Gipfel – drei Möglichkeiten:
1. Zunächst wie Aufstieg, dann über den Rücken rechts des Königskars und durch den lichten Wald hinunter zur Forststraße.
2. Lattenberg-Südwesthang bis zum Sattel (1770 m), dann in den Weitgraben, oben mehr rechts halten, erst weiter unten in den ebenfalls zur Forststraße führenden Graben.
3. Westrinne vom Lattenberggipfel in den unteren Teil des Weitgrabens.

Variante vom Liesingtal:

Ausgangspunkt ist das Alpengasthaus Jansenberger vgl. Beisteiner (1220 m) in der Liesing. Vom Parkplatz beim Gasthaus gelangt man über den Fahrweg zur Steinkaralm (1420 m) und weiter über eine Waldstufe und Strauchgelände zu einer Mulde. Bergauf über einen markanten Hang zum Sattel zwischen Bärenkogel und Lattenberg (1920 m), bis über den nordseitigen Rücken der Gipfel erreicht wird. Abfahrt wie Anstieg. (II, Nordost, 898 Hm, 3 Std.)

Aufstiegszeit:	2,5 Std.
Höhenmeter:	820 Hm
Tourenlänge:	3,93 km
Schwierigkeit:	II
Beste Zeit:	gesamter Winter
Exposition:	Nordwest
Karte:	ÖK 130, 131
GPS: Startpunkt	N 47° 23' 54"
	E 14° 34' 18"
Gipfel	N 47° 24' 04"
	E 14° 36' 03"

Tipp!
Von der Moaralm auf den Triebenfeldkogel (liebliche Tour).

Powder pur – über dem Königskar am Lattenberg.

Tour Nr. 5 | Triebener Tauern

Kerschkern 2225 m

Der Liebling im Triebental

Der Kerschkern gehört aufgrund seines eher sanften Aufstiegs und seiner zahlreichen Variantenmöglichkeiten zu den bevorzugten Tourenzielen im Triebental. Doch Vorsicht! Im Bereich des Schaunitztörls wird es steil und je nach Wetterverhältnissen schwierig. Der hochalpine und zerklüftete Hahnenkamm, meist von Anraum, allgemein als Reif bekannt, weiß verziert, begleitet auf der rechten Seite den Aufstieg und dekoriert eine imposante Bergkulisse.

Aufstiegszeit: 3 Std. 10 Min.
Höhenmeter: 1027 Hm
Tourenlänge: 5,52 km
Schwierigkeit: II–III
Beste Zeit: gesamter Winter
Exposition: Südwest
Karte: ÖK 130
GPS: Startpunkt N 47° 23' 54"
　　　　　　　E 14° 34' 18"
　　　Gipfel　　N 47° 23' 15"
　　　　　　　E 14° 36' 49"

Tipp!
Nur im Frühjahr bietet sich eine zweite Möglichkeit, den Gipfel zu besteigen: Wo die Schaunitz nach der Waldgrenze eben wird, die erste links herabziehende Rinne hinauf, oben rechts über einen Steilhang zum Gratrücken (Schidepot). Danach erreicht man in fünf Minuten den Gipfel.

Die Abendsonne sinkt am Hahnenkamm.

Anfahrt:

Aus Richtung Salzburg/Liezen ebenso wie von Graz/St. Michael A 9 Pyhrn-Autobahn, Abfahrt Trieben, auf der Triebener Bundesstraße (B 114) bis ca. 4 km vor Hohentauern.
Unmittelbar nach dem Gasthaus Brodjäger links ins Triebental abzweigen, weiter bis zur Bergerhube, Ende der Fahrmöglichkeit.
Von Süden kommend, bei St. Peter ob Judenburg rechts auf die B 114 Richtung Trieben abzweigen. Ca. 4 km nach Hohentauern nach rechts ins Triebental, weiter wie zuvor.

Ausgangspunkt:

Bergerhube (1198 m).

Aufstieg:

Auf der Forststraße Richtung Südosten, nach der ersten Brücke rechts (ostwärts) den Hohlweg durch den Wald, dann den Grünbach entlang wieder zur Forststraße, auf dieser bis zur Schaunitzalm (1411 m). Weiter flach ansteigend zum Schaunitztörl. Bei sicheren Verhältnissen direkt durch die steile Südwestflanke und entlang des folgenden Rückens zum Gipfel. Oder links haltend (ostwärts) über das Krugtörl (kurze, felsige Stufe) und den Südkamm zum Gipfel des Kerschkerns.

Abfahrt:

Wie Aufstieg, mit Varianten (Abfahrt über die Südwestrinne).

Variante:

Ausgangspunkt ist der Alpengasthof Jansenberger vgl. Beisteiner (1220 m) in der Liesing. Vom Parkplatz beim Gasthaus über die Wiese

Pulverabfahrt in der Schaunitz.

südwärts und danach über die Forststraße zur Hühnerkaralm. Durch den Hochwald unter dem Zwölferköpfl zum Fuß der steilen Kerschkernrinne. Über diese ansteigend und über den Gratrücken zum Gipfel. Abfahrt wie Anstieg. (III, Nordost, 1005 Hm, 3 Std.)

Gipfelpanorama am Kerschkern, links die Rottenmanner und rechts die Seckauer Tauern.

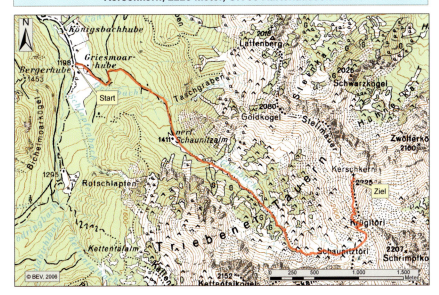

Tour Nr. 6 | Triebener Tauern

Gamskögel 2386 m (Westgipfel)

Die Schönsten im Triebental

Die Gamskögel sind nicht nur durch ihren markanten, zerklüfteten Ostgrat bekannt, sondern bilden mit 2386 Metern auch die höchsten Erhebungen der Gipfelrunde. Eine großzügige alpine Tour in reizvoller Landschaft, ein echter Klassiker, der ins Repertoire jedes Schibergsteigers gehört, der etwas auf sich hält. Die Abfahrt empfiehlt sich über die bei der Einfahrt erst schmale und steile, dann aber breite Nordwestrinne.

Aufstiegszeit: 3 Std. 25 Min.
Höhenmeter: 1188 Hm
Tourenlänge: 5,68 km
Schwierigkeit: III
Beste Zeit: Frühjahr
Exposition: Nordost
Karte: ÖK 130
GPS: Startpunkt N 47° 23' 54"
E 14° 34' 18"
Gipfel N 47° 21' 56"
E 14° 32' 54"

Tipp!
Für sehr gute Abfahrer: Den Gamskögelgrat auf der Südflanke bis zur ersten großen Einschartung umgehen, dann die Nordrinne abfahren (Prinzessinrinne).

Anfahrt:
Aus Richtung Salzburg/Liezen ebenso wie von Graz/St. Michael A 9 Pyhrn-Autobahn, Abfahrt Trieben, auf der Triebener Bundesstraße (B 114) bis ca. 4 km vor Hohentauern.
Unmittelbar nach dem Gasthaus Brodjäger links ins Triebental abzweigen, weiter bis zur Bergerhube, Ende der Fahrmöglichkeit.
Von Süden kommend, bei St. Peter ob Judenburg rechts auf die B 114 Richtung Trieben abzweigen. Ca. 4 km nach Hohentauern nach rechts ins Triebental, weiter wie zuvor.

Ausgangspunkt:
Bergerhube (1198 m).

Aufstieg:
In Richtung Süden geht es zunächst recht flach durch den Wald bis zur Mödringhütte (1467 m). Kurz bevor man diese erreicht, auf einem Forstweg ein wenig nach links und danach durch den Wald aufwärts in Richtung Mödringkogel. Anschließend über die Wiese hinauf und rechts haltend am Fuße der Gamskögel entlang zum Beginn der Nordwestrinne. So erreicht man über Spitzkehren den Grat knapp unterhalb des Gipfels (knapp vor dem Grat wird das Gelände steil). Je nach Schneelage vorher Schidepot.

Abfahrt:
Wie Aufstieg (oder Prinzessinrinne).

Variante vom Bärntal über Hochleitenspitz:
Ausgangspunkt ist das Gasthaus Bruckenhauser (1111 m) auf der B 114 2 km nördlich von St. Johann am Tauern. Fahrmöglichkeit bis zum Bauernhof am Taleingang (Parkmöglichkeit, 1204 m), Straße ins Bärntal erst ab März bis zur Franzlbauerhütte (1410 m) befahrbar. Das Tal einwärts und vor der Bärntalalm das

rechte Seitental hinauf zur Felberalm. In das Hochtal hinein und die Westflanke zum Gaaler Törl (2081 m) hoch. Den Bergrücken zum Hochleitenspitz ansteigen (Schidepot). Zu Fuß zum Gipfelkreuz des Gamskögel-Westgipfels. Abfahrt wie Anstieg oder über die Westflanke. (III, West + Süd, 1275 Hm, 4 Std.)

Prachtvolle Morgenstimmung breitet sich über die Rottenmanner Tauern bis hin zu den Gesäusebergen aus.

Steil geht es in der schattigen Westrinne aufwärts – immer im Anblick des Großen Grießsteins.

Tour Nr. | Triebener Tauern

Großer Grießstein 2337 m

Der König im Triebental

Keiner beherrscht das Triebental wie er, der Große Grießstein, dieser Berg der Sonderklasse. Eine rassige Abfahrt mit alpinem Flair belohnt den langen Aufstieg über 1200 Höhenmeter. Diese Tour ist vor allem im Frühjahr empfehlenswert. Die Westflanke bietet bei Firnverhältnissen einen grandiosen Genuss und ist aufgrund ihrer Steilheit und Länge eine atemberaubende Herausforderung für gefestigte Schibergsteiger.

Anfahrt:
Aus Richtung Salzburg/Liezen ebenso wie von Graz/St. Michael A 9 Pyhrn-Autobahn, Abfahrt Trieben, auf der Triebener Bundesstraße (B 114) bis ca. 4 km vor Hohentauern.
Unmittelbar nach dem Gasthaus Brodjäger links ins Triebental abzweigen, weiter bis ca. 2 km nach dem Gasthaus Braun zur Parkmöglichkeit beim Gehöft Steiner.
Von Süden kommend, bei St. Peter ob Judenburg rechts abzweigen auf die B 114 Richtung Trieben. Ca. 4 km nach Hohentauern nach rechts ins Triebental, weiter wie zuvor.

Ausgangspunkt:
Gehöft Steiner (1117 m), ca. 2 km nach dem Gasthaus Braun bei der Brücke Parkmöglichkeit.

Aufstieg:
Man folgt zuerst der Forststraße ins Bärenbachtal, weiter mäßig ansteigend der Forststraße bis

Sicher zieht man mit Fellen in der sonnigen Südwestflanke bergwärts.

Aufstiegszeit:	3 Std. 35 Min.
Höhenmeter:	1220 Hm
Tourenlänge:	5,16 km
Schwierigkeit:	III
Beste Zeit:	Frühjahr
Exposition:	Nord + West
Karte:	ÖK 130
GPS: Startpunkt	N 47° 25' 01"
	E 14° 32' 29"
Gipfel	N 47° 23' 26"
	E 14° 32' 20"

Tipp!
Über das schöne Bärntal zum Triebener Törl; Abfahrt über die sehr steile Südflanke nur bei besten Verhältnissen möglich (III–IV).

zur Triebener Hütte (1646 m), die vor ihrem endgültigen Verfall erst jüngst wieder errichtet wurde. Südöstlich geht es zum Triebener Törl (1905 m) weiter. Links (Nordost) auf dem Sommerweg je nach Schneelage über den doch oft abgeblasenen Westrücken oder links in die markante Westrinne (Achtung auf Triebschnee). Im oberen Bereich etwas rechts haltend direkt zum Gipfel ansteigen (eventuell Schidepot kurz unter dem Gipfel).

Abfahrt:
Durch die Westrinne bei Firnverhältnissen im Frühjahr.

Variante auf den Nachbargipfel, den Kleinen Grießstein (2175 m):
Ausgangspunkt ist die Bergerhube (1198 m), Aufstieg gleich wie bei Tour 6 (Gamskögel) zur Mödringalm. Rechts über den markierten Sommerweg zum Knaudachtörl (2009 m) höher. Über den felsigen Gratrücken Aufstieg zum Gipfel. Abfahrt über die steile Südostflanke (nur bei Firn) in Richtung Mödringhütte. (III, Südost, 977 Hm, 3,5 Std.)

Das Ziel ist erreicht – die letzten Schritte zum Gipfelkreuz, als Lohn winkt der grandiose Rundumblick.

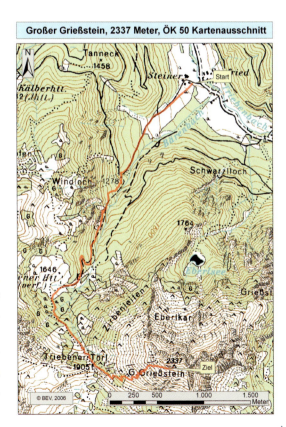

Großer Grießstein, 2337 Meter, ÖK 50 Kartenausschnitt

Tour Nr. 8 | Triebener Tauern

Triebenkogel 2055 m
Der genussreiche Gipfel im Triebental

Da der Triebenkogel sowohl im Aufstieg als auch in der Abfahrt zu den leichteren Unternehmungen zählt und außerdem auch bei Schlechtwetter geeignet ist, wird er gern als Eingehtour genützt. Und auch Schitourenneulingen ist er willkommen. Zu unterschätzen ist er deswegen keinesfalls. Die Aussicht zum Sonntagskogel und zum Großen Grießstein rollt ein Panorama vom Feinsten aus.

Anfahrt:
Aus Richtung Salzburg/Liezen ebenso wie von Graz/St. Michael A 9 Pyhrn-Autobahn, Abfahrt Trieben, auf der Triebener Bundesstraße (B 114) bis ca. 4 km vor Hohentauern, links ins Triebental abzweigen, weiter bis zum Parkplatz beim Gasthof Braun.

Von Süden kommend, bei St. Peter ob Judenburg rechts abzweigen auf die B 114 Richtung Trieben. Ca. 4 km nach Hohentauern beim Gasthaus Brodjäger nach rechts ins Triebental, weiter wie zuvor.

Ausgangspunkt:
Gasthof Braun (1100 m).

Aufstieg:
Über Wiesen gelangt man zur Forststraße in den Ardlingbachgraben, weiter bis zur großen Kehre, hier weiter in Richtung Tanneck, bis der markierte Sommerweg die Forststraße quert. Dem Sommerweg bis zur Kälberhütte (1442 m) folgen. Auf den Forstweg (Markierung) wech-

---

Aufstiegszeit: 2 Std. 45 Min.
Höhenmeter: 955 Hm
Tourenlänge: 5,41 km
Schwierigkeit: I–II
Beste Zeit: gesamter Winter
Exposition: Nord
Karte: ÖK 130
GPS: Startpunkt N 47° 25' 53"
 E 14° 32' 06"
 Gipfel N 47° 24' 08"
 E 14° 30' 43"

Tipp!
Für Sportliche: Abfahrt über die Südostflanke und Aufstieg zum Sonntagskogel (III).

Grießstein, Gamskögel und Sonntagskogel begleiten uns – im Hintergrund – auf dem Weg zum Gipfel des Triebenkogels.

seln, bis er in einen ostseitigen Hang führt (Lawinengefahr). Dort steigt man vorher links im Waldbereich zum oberen Braunkar auf. Vom Kar heraus zieht man linker Hand auf einem Rücken des Triebenkogels bis zum Gipfel.

Abfahrt:

Abfahrt wie Aufstieg, mit Varianten ins Braunkar. Nicht in die Schlapfen (Rinne) einfahren! Oder über die Südostflanke vorerst in Richtung Weingrubertörl ins untere Kar, weiter unter Felsen links haltend zur Triebenalm und über den Forstweg zum Gehöft Steiner.

Variante vom Triebental:

Ausgangspunkt ist das Gehöft Steiner (1117 m). Wie bei Tour 7 (Großer Grießstein) zur Triebener Hütte aufsteigen. Dann rechts weg und unter den Felsen nach links zum Hochplateau unter dem Sonntagskogel queren. Aus diesem über eine kurze Rinne zum nächsten Plateau und über die östliche Gipfelflanke zum höchsten Punkt queren. (II–III, Südost, 938 Hm, 3,5 Std.)

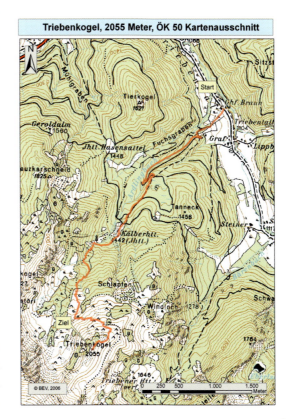

Rassige Firnabfahrt in Richtung Triebener Hütte.

Tour Nr. | Triebener Tauern

Sonntagskogel 2229 m

Die Sonntagstour unter der Woche

Ein Schiberg für Einsamkeitsliebende, eine Tour, die mitunter mit längeren Grabenaufstiegen verbunden ist, denn die Straße zur Franzlbauerhütte ist im Hochwinter nicht geräumt. Eindrucksvoll ist der Aufstieg über die Südostflanke. Der Gipfelgrat weist alpinen Charakter auf. Diese einzigartig schöne Schitour aus dem Bärntal wird ihrem Namen voll gerecht. Denn wer den Sonntagskogel unter der Woche bei Sonnenschein besteigt, für den ist allerweil Wochenende und Kaiserwetter.

Anfahrt:

Aus Richtung Salzburg/Liezen ebenso wie von Graz/St. Michael A 9 Pyhrn-Autobahn, Abfahrt Trieben, auf der Triebener Bundesstraße (B 114) über den Triebener Tauern in Richtung St. Johann am Tauern. Parkmöglichkeit beim Gasthof Bruckenhauser.
Von Süden kommend, bei St. Peter ob Judenburg rechts abzweigen auf die B 114 Richtung Trieben, bis 2,8 km nach St. Johann, Parkplatz wie zuvor.
Ab März ist die Zufahrt zur Franzlbauerhütte 100 m nördlich vom Gasthof Bruckenhauser möglich.

Ausgangspunkt:

Gasthof Bruckenhauser (1111 m), Fahrmöglichkeit bis zum Bauernhof am Taleingang (Parkmöglichkeit, 1204 m), Straße ins Bärntal erst ab März bis zur Franzlbauerhütte (1410 m) befahrbar.

Alpiner Gratanstieg zum Sonntagskogel.

Aufstieg:

Der Forststraße flach ins Bärntal hinein folgend erreicht man nach ca. einer Stunde die Franzlbauerhütte (1410 m). Links haltend den Weg ins Frattental aufsteigen und dieses nach 30 bis 45 Minuten links in nördlicher Richtung (freier Waldschlag) verlassen. Über das breite Sonntagskar mäßig steil zum Gratrücken hinan und dem Grat nach Westen entlang bis zum Schidepot folgen. Den Gipfel erreicht man nach Überwindung einer kurzen Kletterstelle (II) in ca. 15 Minuten.

Abfahrt:

Im Bereich des Aufstiegs über die schönen, südostseitig gelegenen Karmulden ins Frattental.

Variante vom Triebental:

Ausgangspunkt ist das Gehöft Steiner (1117 m) im Triebental. Wie bei Tour 7 (Großer Grießstein) zur Triebenalm und zum Triebener Törl (1905 m). Von dort über den anfangs flachen Grat zum Schidepot hoch. Den Gipfel erreicht man nach Überwindung einer kurzen Kletterstelle (II) in ca. 15 Minuten. Abfahrt wie Aufstieg. (III, Nordost, 1112 Hm, 3,5 Std.)

Aufstiegszeit: 3,5 Std. (2,5 Std. ab Franzelbauerhütte)
Höhenmeter: 1025 Hm
Tourenlänge: 6,58 km
Schwierigkeit: III
Beste Zeit: ab Februar das ganze Frühjahr über
Exposition: Südost
Karte: ÖK 130
GPS: Startpunkt N 47° 22′ 22″   Gipfel N 47° 23′ 24″
E 14° 28′ 26″   E 14° 30′ 37″

Tipp!
Hochleitenspitze und Großer Grießstein vom Bärntal aus.

Links: Kurz von dem Schidepot mit Blick zum Ziel – dem Sonntagskogel.

Die letzten steilen Meter zum Gipfel.

Sonntagskogel, 2229 Meter, ÖK 50 Kartenausschnitt

Bösensteingruppe

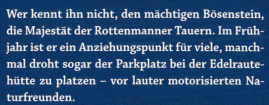

Wer kennt ihn nicht, den mächtigen Bösenstein, die Majestät der Rottenmanner Tauern. Im Frühjahr ist er ein Anziehungspunkt für viele, manchmal droht sogar der Parkplatz bei der Edelrautehütte zu platzen – vor lauter motorisierten Naturfreunden.

„Der ist doch gar nicht bös!", meinte eine gutmütige Alpinschriftstellerin vor Jahrzehnten über den Bösenstein und schlug eine Umbenennung in „Pölsenstein" vor. Dem müssen wir widersprechen. Denn er ist böse – zumindest im Volksmund der vergangenen 600 Jahre. Denn immer schon wurde er als Pesen-, Bössen- oder Bösenstein bezeichnet, nie jedoch als Pölsenstein. Sein außergewöhnlich rauer Gipfelaufbau, der nicht einmal zur Schafweide taugt, sowie die Lawinen und Felsstürze in die Almkare hinunter dürften ihm diesen Namen gegeben haben. Mag sein, dass im Mittelalter der Ursprung der Pöls namengebend war, doch bewiesen ist diese etymologische These nicht.

Den Gegensatz zum abschreckenden Namen des Bösensteins bilden seine Nachbarberge, die viel Angenehmes und Schönes bereithalten. Bilderbuchwürdig ist die Fernsicht hinein in die Tauern, besonders ins Gesäuse, zum Hochschwab und zu den Seckauer Alpen. Militärvermesser vor 200 Jahren haben diese Fernsicht für Vermessungszwecke genützt, um über die Habsburgermonarchie ein erstes Triangulierungsnetz zu legen. Der Bösenstein erhielt wegen seiner frei stehenden Form den Status eines Punktes erster Ordnung – auch heute ist sein Gipfel-KT-Stein noch wichtig für die Landvermessung. Und wer beim Anstieg über die Grüne Lacke ins Schwitzen kommt, der möge bedenken, dass vor 200 Jahren Oberleutnant Leopold Chevalier de Potier mit seinen Gehilfen einen Messtisch, Theodoliten, Stangen und andere Geräte auf diesem Weg mühsam heraufgeschleppt hat.

Durch eine Märchenlandschaft, vorerst entlang des Sommerweges und dann oberhalb des zugefrorenen Scheiblsees, vorbei an der Roten Rinne führt die Spur. Für Teufelskerle ist die Abfahrt durch diese steile Rinne im Frühjahr eine Herausforderung mit Senkrecht-Kick.

Über einige Steilstufen erreicht man das Große Kar, danach die Elendscharte, die zwischen dem Kleinen und dem Großen Bösenstein liegt. Hier am Gipfelgrat wird je nach Verhältnissen entschieden, ob es beim Schidepot bleibt oder ob der Aufstieg mit Schiern zum Gipfel des Großen Bösensteins unternommen wird – ein gewaltiger Berg, eine Aussichtskanzel, die das Herz höher schlagen lässt.

Auch im Jahr 1903 stapften sieben Städter unter der Leitung des Bergpioniers Emil Gutmann in Richtung Grüne Lacke. Den verschneiten Bösensteingipfel schilderte Gutmann so: *Die von glitzerndem Wächtenschmucke besetzten Schneiden hoben sich scharf vom Horizonte ab, einem von ungezählten Diamanten gebildeten Riesendiadem gleichend, welches im flüssigen Sonnengolde erstrahlte.* Und acht Jahre später beschrieb der Bergsteiger Karl Sandtner in dem Werk „Schneeschuhfahrten in den Niederen Tauern" die Abfahrt vom Großen Bösenstein wie folgt: *In kurzen, scharfen Bögen fuhren wir über den sehr steilen Hang zur Karsohle, wobei der körnige Firn, den wir mit unseren Schiern beim Stemmen loslösten, zischend und knisternd zu Tal fuhr. In der Karsohle schossen wir entlang unserer Aufstiegsspur zur Steilstufe und weiter zur Scheiblalm* (Zeitschrift des Deutschen und Österreichischen Alpenvereins, 1911).

Heute können wir uns in der gemütlichen Edelrautehütte von der letzten Schussfahrt vom Oberen Scheiblsee herunter erholen. Auch im Gasthof Passhöhe der Familie Haas in Hohentauern kann man die Schitour bei steirischen Schmankerln und Wellnessprogramm ausklingen lassen.

Ein Vergnügen entspannterer Art sei noch erwähnt: Der Rodelbus bringt die Outdoor-Romantiker in den Abendstunden zur Edelrautehütte.

Mit den Schiern in die Abendsonne eintauchen – Abfahrt vom Großen Bösenstein.

Tour Nr. 10 — Rottenmanner Tauern

Bruderkogel 2299 m

Die Qual der Wahl

Über Hohentauern erhebt sich der mächtige Bruderkogel, dessen Seitenkamm sich hinüber bis zum Schüttnerkogel zieht. Beide Gipfel sind hervorragende Tourenziele, wobei der Bruderkogel oftmals dem Wind ausgesetzt ist. Ist er also aper, so stellt der Schüttnerkogel das Ausweichziel dar.
Der Weg über die Lackneralm ist weitläufig und lang. Wenn man den Bruderkogel freilich zum richtigen Zeitpunkt ersteigt, kann man eine Traumtour erleben.

Anfahrt:
Aus Richtung Salzburg/Liezen ebenso wie von Graz/St. Michael A 9 Pyhrn-Autobahn, Abfahrt Trieben, auf der Triebener Bundesstraße (B 114) über den Triebener Tauern nach Hohentauern. Am Ortsende, ca. 400 m nach dem Gasthof Draxler an der Bushaltestelle rechts abzweigen zum Parkplatz.
Von Süden kommend, bei St. Peter ob Judenburg rechts auf die B 114 Richtung Trieben abzweigen und vor dem Ortsbeginn Hohentauern – wie vorhin beschrieben – links zum Parkplatz.

Ausgangspunkt:
Parkplatz 100 m neben der Bundesstraße (1255 m), Bushaltestelle.

Aufstieg:
Kurz bergab zum Forsthaus, entlang der Straße nach der Bachquerung bis zur ersten Weggabelung. Den Weg links haltend hinauf zur Lackner-

---

Aufstiegszeit: 3 Std. 45 Min.
Höhenmeter: 1044 Hm
Tourenlänge: 8,30 km
Schwierigkeit: I–II
Beste Zeit: ab Jänner
Exposition: Nordost
Karte: ÖK 130
GPS: Startpunkt N 47° 24' 47"
 E 14° 27' 46"
 Gipfel N 47° 23' 17"
 E 14° 25' 20"

Tipp!
Vom Schüttnerkogel Abfahrt über das Gamskar in die Pölsen.

Mein Begleiter, der Wind und ich – am Bruderkogel.

alm (1483 m). Von hier in das obere Kar hinauf. Nun heißt es sich entscheiden: entweder Richtung Bruderkogel gerade bergauf zum Westgrat und weiter zum Gipfel – oder nach rechts zum Schüttnerkogel.

Abfahrt:
Wie Aufstieg oder vom Gipfel des Bruderkogels westseitig ins Kar zur Lackneralm mit Varianten.

Variante Nordostrücken:
Wie zuvor vom Ausgangspunkt kurz bergab zum Forsthaus, entlang der Straße nach der Bachquerung bis zur ersten Weggabelung, links weiter über die Straße zum markanten Nordostrücken des Bruderkogels. Über diesen anfangs steil hinauf und dann weiter über die Salzlecken den langen Grat zum Gipfel. (II, Nordost, 1044 Hm, 3,5 Std.)

Eindrucksvoller Blick in die Nordseite des Bruder- und Schüttnerkogels, dahinter die Bergkuppen der Wölzer Tauern.

Tour Nr. 11 | Rottenmanner Tauern

Großer Bösenstein 2448 m

Der Dauerbrenner

Der höchste Gipfel (2448 m) inmitten der Rottenmanner Tauern überragt die berühmten Gesäuseberge ringsum und ist schon von Hohentauern aus gut sichtbar. Er ist ein typischer Modeberg: schnell erreichbar, nicht allzu schwierig, von vielen Tourengehern vorwiegend am Wochenende besucht. Allerdings ein Aussichtsberg der Sonderklasse – über 140 Gipfel präsentieren sich in der näheren und ferneren Umgebung.

Die ersten Sonnenstrahlen wärmen auf dem Anstieg zum Großen Bösenstein.

Anfahrt:

Aus Richtung Salzburg/Liezen ebenso wie von Graz/St. Michael A 9 Pyhrn-Autobahn, Abfahrt Trieben, auf der Triebener Bundesstraße (B 114) bis Hohentauern. Dort beim Kriegerdenkmal rechts abbiegen, danach immer den Hinweistafeln „Edelrautehütte" (Mautstraße) bis zum Parkplatz auf der Scheiblalm (1660 m) bzw. bei der Edelrautehütte ÖAV (1706 m) folgen.

Von Süden kommend, bei St. Peter ob Judenburg auf die B 114 Richtung Trieben abzweigen und weiter bis nach Hohentauern. Kurz nach dem Kriegerdenkmal links abbiegen und weiter wie zuvor.

Ausgangspunkt:

Parkplatz auf der Scheiblalm (1660 m) bzw. bei der Edelrautehütte ÖAV (1706 m), 10 Minuten vom Parkplatz entfernt.

Aufstieg:

Zuerst bis zum Großen Scheiblsee, der rechts umgangen wird. Den Sommerweg aufwärts (200 Hm) wandernd, erreicht man bald den ersten Karboden, dann nach links in den Auslauf der Roten Rinne. Aus dem Boden heraus nach oben zur Grünen Lacke und weiter den steilen Hang hinauf zur Elendscharte. Bei guten Verhältnissen kann man bis zum Gipfel des Bösensteins mit den Schiern gehen, ansonsten Schidepot in der Elendscharte und Aufstieg zu Fuß über den blockigen, aber unschwierigen Grat.

Abfahrt:

Gleich wie Anstieg – mit einem Schmankerl: Für gute Schifahrer ist die Rote Rinne bei passenden Verhältnissen ein Genuss. Sie erreicht man durch einen Gegenanstieg von ca. 10 Minuten vom Karboden des Grünen Sees. Vom Gipfel nur für geübte Steilhangfahrer, da links Felsabstürze drohen.

Variante mit dem Nachbargipfel, der Großen Rübe (2093 m):

Von der Edelrautehütte unterhalb des Hausecks ins Ochsenkar queren. Vorbei an der Ochsenkar-Jagdhütte (1651 m) und über die Südflanke aufwärts zur Gipfelkuppe der Großen Rübe. Abfahrt wie Aufstieg, Gegenanstieg zur Edelrautehütte. (II, Süd, ca. 550 Hm, 2 Std.)

Morgendlicher Panoramablick am Großen Hengst, in der Bildmitte der Große Bösenstein.

Aufstiegszeit:	2 Std. 35 Min.
Höhenmeter:	788 Hm
Tourenlänge:	3,93 km
Schwierigkeit:	II (Gipfel –III)
Beste Zeit:	Dezember bis Mai
Exposition:	Süd + Südost
Karte:	ÖK 130
GPS: Startpunkt	N 47° 26' 27"
	E 14° 26' 16"
Gipfel	N 47° 26' 28"
	E 14° 24' 05"

Tipp!
Zuerst auf den Kleinen Bösenstein, danach nimmt man den Großen ins Visier.

Großer Bösenstein, 2448 Meter, ÖK 50 Kartenausschnitt

Tour Nr. 12

Rottenmanner Tauern

Hochhaide 2363 m

Die Pyramide über dem Paltental

Das imposante Bergmassiv über dem Paltental, das den nordwestlichen Pfeiler des berühmten Dreisteckengrates bildet, hält eine ausgewachsene Tour über die romantisch gelegene Singsdorfer Alm bereit. Der Aufstieg ist lang und erfordert gute Kondition. Doch die genussreiche Abfahrt über die Nordflanke hinunter zur Singsdorfer Alm rechtfertigt die Anstrengung.

Anfahrt:
Aus Richtung Salzburg/Liezen ebenso wie von Graz/St. Michael A 9 Pyhrn-Autobahn, Abfahrt Rottenmann. Kurz auf die B 113 (Umfahrung Rottenmann) und dann rechts zur Burgtorsiedlung (Beschilderung) abbiegen. Dem Hinweis „Schilift" folgen, bis zum Schranken am Stadtwaldlift.

Ausgangspunkt:
Parkplatz beim Stadtwaldlift (850 m).

Aufstieg:
Über die Forststraße hinauf zum Scheibenboden (1180 m). Die Forststraße weiter bis zur Markierung „Winterweg Hochhaide" (1240 m), die um den ganzen Bergrücken herumführt (oder kurz oberhalb bei der Seilbahnstation). Nach links dem Weg folgend über die Einödalm zur Singsdorfer Alm (1603 m). Über anmutiges Almgelände durch das Kar geradewegs in steileren Aufschwüngen zur nördlichen Moserscharte und aus dieser weiter zum Gipfel (Schidepot, im Gipfelbereich steil, kurze Seilversicherung, besondere Vorsicht).

Aufstiegszeit: 4 Std. 35 Min.
Höhenmeter: 1513 Hm
Tourenlänge: 8,62 km
Schwierigkeit: III
Beste Zeit: gesamter Winter
Exposition: Nord
Karte: ÖK 99
GPS: Startpunkt N 47° 30' 54"
 E 14° 21' 58"
 Gipfel N 47° 28' 11"
 E 14° 23' 57"

Tipp!
2-Tages-Tour: Stein am Mandl und Hochhaide mit Übernachtung im Winterraum (beheizbar) der Rottenmanner Hütte.

Oberhalb der Singsdorfer Alm ziehen wir einsam unsere Spuren im Tiefschnee – mit Blick zur Hochhaide.

Die letzten Schritte im Gegenlicht zum Gipfelkreuz.

Abfahrt:
Wie Aufstieg, mit Varianten.

Variante über die Rottenmanner Hütte:
Vom Stadtwaldlift über die Forststraße hinauf zum Scheibenboden (1180 m). Hinauf zur Talstation der Materialseilbahn der Rottenmanner Hütte (1300 m). Über den markierten Winterweg bis zur ersten ebenen Freifläche (Almhütten). Nun in südlicher Richtung zur Rottenmanner Hütte (1649 m). Über den markierten Weg über den Hirschriedel zur Einödalm und zur Singsdorfer Alm (1603 m). Weiter wie Haupttour.

Nach dem felsigen Gipfelbereich wartet die herrliche Abfahrt.

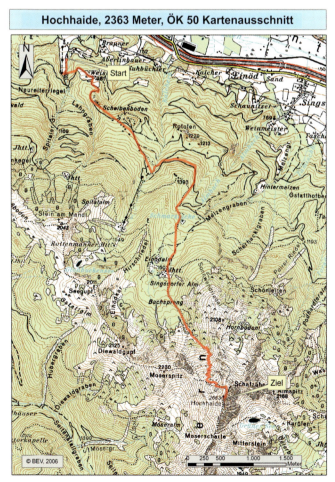

Tour Nr. 13 | Rottenmanner Tauern

Stein am Mandl 2043 m

Der Rottenmanner Hausberg

Die Standardtour der Rottenmanner Schibergsteiger. Sie bietet einen landschaftlich abwechslungsreichen Anstieg mit prächtiger Aussicht auf das Paltental und den großen Bruder, die Hochhaide. Die Abfahrt über die breite Ostflanke ist herrlich, und es kann leicht sein, dass man dabei einem kleinen Temporausch verfällt. Flott braust man über die präparierte Forststraße bis ins Tal zum Ausgangspunkt.

Anfahrt:
Aus Richtung Salzburg/Liezen ebenso wie von Graz/St. Michael A 9 Pyhrn-Autobahn, Abfahrt Rottenmann. Kurz auf die B 113 (Umfahrung Rottenmann) und dann rechts zur Burgtorsiedlung (Beschilderung) abbiegen. Dem Hinweis „Schilift" folgen, bis zum Schranken am Stadtwaldlift.

Ausgangspunkt:
Parkplatz beim Stadtwaldlift (850 m).

Aufstieg:
Die Schipiste entlang, über die Forststraße hinauf zur Talstation der Materialseilbahn der

Der Gipfelgrat zum Stein am Mandl, dahinter die Hochhaide.

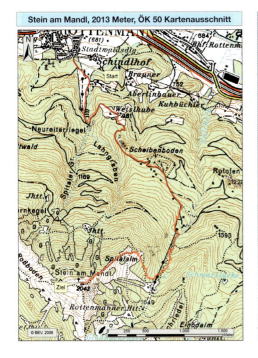

Rottenmanner Hütte (1300 m). Auf dem markierten Winterweg bis zur ersten, ebenen Freifläche (Almhütten). Nun rechts über schütteren Wald hinauf zum Gratrücken, der zum Gipfel leitet (Schidepot unter den Felsen). Über den kurzen verblockten Grat zum Gipfelkreuz.

Abfahrt:
Direkt vom Schidepot in die Ostflanke (auf sichere Verhältnisse achten) oder wie Aufstieg.

Variante: Gratrundtour:
Vom Gipfel über den Seegupf (2011 m), den Diewaldgupf (2125 m) und den Moserspitz (2230 m) zur Hochhaide (Abfahrt wie bei Tour 12) – nur für Schibergsteiger. (III–IV, Nordost, 3,5 Std. vom Stein am Mandl zur Hochhaide)

Wärmende Sonnenstrahlen durchbrechen das Nebelmeer am Gipfel.

Ein Spiel von Licht und Schatten in der Ostflanke.

Aufstiegszeit:	3 Std. 50 Min.
Höhenmeter:	1193 Hm
Tourenlänge:	6,03 km
Schwierigkeit:	II–III
Beste Zeit:	gesamter Winter
Exposition:	Nordost
Karte:	ÖK 99
GPS: Startpunkt	N 47° 30' 54"
	E 14° 21' 58"
Gipfel	N 47° 29' 34"
	E 14° 21' 53"

Tipp!
Von genau der Stelle am Gratrücken, die man beim Aufstieg zuerst betritt, führt die Abfahrt nach Nordosten (Waldschlag-Rinne) hinunter zum Forstweg des Aufstiegs (steil). Nur bei sicheren Verhältnissen.

Bretsteingraben – Pusterwald

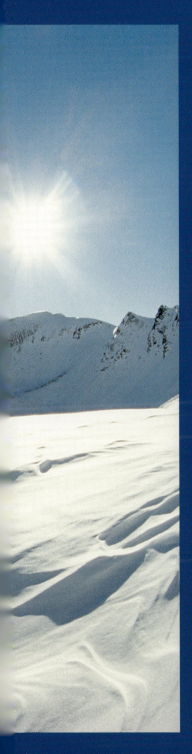

„Novemberstimmung" beim Aufstieg zum Kreuzkogel.

Fahren technikverwöhnte Menschen im Hochwinter von Möderbrugg in das lange Seitental Bretsteingraben – Pusterwald, so glaubt man anfangs, das Tal liege in einem tiefen Dornröschenschlaf: So unberührt nimmt sich dieses keilförmige Fleckchen Erde aus. Einerseits muss man das Gebiet als ein Schimärchen bezeichnen, anderseits schießen die Berge vom schmalen Talgrund doch etwas bedrohlich in die Höhe. Dieses tief in die Niederen Tauern eingeschnittene Seitental hieß denn auch bis ins Spätmittelalter von Möderbrugg taleinwärts „Finsterpöls". Die ältesten Siedler im Pusterwaldtal waren die Illyrer und Etrusker, denen die Römer folgten, die hier nach Gold und Silber schürften. Nach den Wüstungen durch die Völkerwanderung und einer dadurch hervorgerufenen menschenleeren Zeit um ca. 900 bis 1000 n. Chr. erfolgte die Wiederbesiedlung durch bayrische und fränkische Siedler. Diese dritte Phase der Besiedlung vom 10. bis zum 12. Jahrhundert vollzog sich durch geistliche und weltliche Grundherren. Der Name „Finsterpöls" scheint erstmals in einer Urkunde des Jahres 1245 auf, der Name „Bretstein" wenig später, um 1310. Im bayrisch-österreichischen Sprachgebrauch bezeichnete man steil wie ein Brett aufragende Felsen als „Brettstein". In der zweiten Hälfte des 16. Jahrhunderts waren viele Bauern dieser Gegend Anhänger von Martin Luther, sie wurden jedoch um 1600, zur Zeit der Gegenreformation, zur Rückkehr in die römisch-katholische Kirche gezwungen.

Im 21. Jahrhundert stechen der Bretsteingraben und das Gebiet von Pusterwald als ein Paradies für Tourengeher und Wanderer hervor. Genießen wir hier die Schitouren, die Winterwanderungen, das Nachtrodeln und das Eisstockschießen. Umgeben von einer traumhaft schönen Bergwelt, ist der kleine Ort Pusterwald Ausgangspunkt für zahlreiche Tourengeher, die ihr Vergnügen im Befahren extremer Berghänge finden. Doch auch für jene, die bequeme Tourenwanderungen im Sinne von unbedarfter Naturverbundenheit genießen wollen, bieten sich hier sehr viele Möglichkeiten – und dies bereits, bevor in den Nordalpen der Winter losgeht, denn durch die Wetterlage des Südstaues liegt hier bereits Pulverschnee. Es ist speziell die verschneite Berglandschaft ab der Gamperhütte, die uns immer wieder aufs Neue fasziniert. In malerischer – wenn man böse sein wollte: in bereits kitschiger – Schneeromantik liegen die Hütten vor dem pyramidenförmigen Gipfel des Kreuzkogels. Wir spuren bis zur 1511 Meter hohen Schwabergeralm. Durch kleine Karmulden, über Geländerücken und mäßig steile Bergflanken geht es genussvoll hinauf. Zur rechten Hand erkennen wir den Übergang zur Großen Windlucke. Den Gipfel des Kreuzkogels direkt vor uns erreichen wir über den steilen Kammrücken, bei dem das Anlegen einer lawinensicheren Spur allerdings schon eine ausreichende Erfahrung erfordert. Beim Gipfelkreuz in 2109 Metern Höhe stimmen wir in das dort angebrachte Credo der Bergfreunde aller Couleurs ein: „Ehret unsere Berge, sie sind Gottes Schöpfung." Herrliche Rundblicke schweifen über diese Bergwelt. Bei guter Kondition ist es sehr empfehlenswert, auch noch die markante Breiteckkoppe mitzunehmen. Doch Pusterwald ist nicht nur voll vom weißen Gold des Pulverschnees, hier lockt auch der Zauber des gelben Metalls. Schon immer zog die Menschen das Gold in seinen Bann, und daran hat sich bis heute nichts geändert – deshalb ab nach der Tour zur Goldwaschanlage. Um dem Traum vom plötzlichen Reichtum nahe zu kommen, braucht man nur eine Schüssel, eine Schaufel und eine kurze Anleitung und schon geht es los mit dem Graben, Schürfen und Schwemmen. Mit einem glücklichen Händchen und mit etwas Geschick können etliche Goldplättchen in der Waschschüssel zum Vorschein kommen. Damit kann man natürlich zusätzlich zu den unvergesslichen Schitouren-Erlebnissen zu Hause auftrumpfen.

Tour Nr. 14 | Rottenmanner Tauern
Zinkenkogel 2233 m
Der Herrgottsgipfel

Der Zinkenkogel – ein Star in seiner Klasse: Oben bietet sich ein Rundblick auf einen ganzen Kranz von Gipfeln: Bösenstein, Bruderkogel, Regenkarspitz und Hochschwung ... Alle scheinen zum Greifen nahe.
Der im unteren Bereich flache Aufstieg verwandelt sich ab der Neualm in einen interessanten, stufenartigen Weg, der schon entlang der Aufstiegsspur starke Vorfreude auf die Abfahrt aufkommen lässt.

Anfahrt:
Aus Richtung Salzburg/Liezen A 9 Pyhrn-Autobahn, Abfahrt Trieben. Weiter auf der Triebener Bundesstraße (B 114) über den Triebener Tauern nach Möderbrugg. Abzweigen in Richtung Pusterwald, weiter taleinwärts in den Bretsteingraben bis zum Parkplatz nahe der Bichlerhütte. Aus Richtung Graz/St. Michael S 36 Murtal-Schnellstraße, Abfahrt Judenburg West, weiter

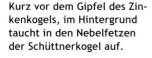

Kurz vor dem Gipfel des Zinkenkogels, im Hintergrund taucht in den Nebelfetzen der Schüttnerkogel auf.

Zinkenkogel, 2233 Meter, ÖK 50 Kartenausschnitt

nach St. Peter ob Judenburg, abzweigen auf die B 114 Richtung Trieben nach Möderbrugg. Weiter wie zuvor.

Ausgangspunkt:
Parkplatz beim Wegschranken (1174 m).

Aufstieg:
Die Forststraße taleinwärts, vorbei am Jagdhaus (1263 m), gelangt man zum Weißen Kreuz. Weiter geht es flach zur Neualm (1474 m). Nun steigt man rechts in freiem Gelände zum Auwinkel an. Weiter hinauf zum oberen Kar und aus diesem nach rechts zum Gratrücken. Über den breiten Gratrücken erreicht man den Gipfel, wo uns ein wie ein Kunstwerk aus Holz geschnitztes Kreuz empfängt.

Abfahrt:
Wie Aufstieg, mit Varianten.

Tiefschneeschwünge im Auwinkel.

„Der Herrgott am Gipfel" — ein Bild ohne viele Worte.

Aufstiegszeit:	3 Std. 25 Min.
Höhenmeter:	1059 Hm
Tourenlänge:	7,70 km
Schwierigkeit:	II
Beste Zeit:	Hochwinter bis Frühjahr
Exposition:	Südwest
Karte:	ÖK 130
GPS: Startpunkt	N 47° 22' 08" E 14° 23' 40"
Gipfel	N 47° 25' 12" E 14° 22' 33"

Tipp!
Der Regenkarspitz (III) – eine interessante Tour mit flachem Talanstieg und steilem Schlussstück; oder der Hochschwung (II–III).

Tour Nr. 15 | Rottenmanner Tauern

Schattnerzinken 2156 m

Hinauf ins traumhafte Kar

Sehr interessante Tour mit abwechslungsreicher Abfahrt. Dort, wo es oberhalb der Falbalm ins freie Gelände geht, lacht das Herz jedes Schitourengehers. Zauberhaft zeichnet sich der Grat ab, der die Verbindung zum Seitnerzinken bildet. Und nach dem Bilderbuchblick gibt es die Zugabe in Form der genussvollen Abfahrt.

Anfahrt:

Aus Richtung Salzburg/Liezen A 9 Pyhrn-Autobahn, Abfahrt Trieben. Weiter auf der Triebener Bundesstraße (B 114) über den Triebener Tauern nach Möderbrugg. Abzweigen in Richtung Pusterwald, weiter taleinwärts nach Bretstein-Gassen.

Aus Richtung Graz/St. Michael S 36 Murtal-Schnellstraße, Abfahrt Judenburg West, weiter nach St. Peter ob Judenburg, abzweigen auf die B 114 Richtung Trieben nach Möderbrugg. Weiter wie zuvor.

Von Süden kommend, bei St. Peter ob Judenburg abzweigen auf die B 114 Richtung Trieben nach Möderbrugg. Weiter wie zuvor.

Ausgangspunkt:

Parkplatz bei der Bichlerhütte (1237 m).

Über windgepressten Schnee führt der Weg zum Gipfel, im Hintergrund der Seitnerzinken.

Aufstieg:

Vom Parkplatz über die Brücke und über die Wiese vorbei am Grenimoar links haltend (rechts geht's ins Seebachtal und weiter auf den Hochschwung). Aufwärts über lichten Wald auf der linken Seite des Höllengrabens. Hinauf zur Jagdhütte und zur Falbalm (1462 m), dann über freies Gelände. Nördlich weiter und links über einen wenig ausgeprägten Rücken bis in flaches Gelände hoch. Rechts (nordöstlich) querend, mit kurzer Abfahrt (unterhalb des Halterunterstands), zum ebenen Gipfelbereich. Über die Nordwesthänge steigt man zum höchsten Punkt auf.

Abfahrt:

Gleich wie Aufstieg oder mit Varianten; oder über den Südkamm sehr schmal und steil in die erste Scharte und in die hier ansetzende Westrinne, die hochprozentig hinunter zur Aufstiegsspur führt.

Variante vom Oppenbergtal:

Ausgangspunkt ist der Parkplatz in der Gulling. Nach dem Gehöft Gschwandtner (1154 m) im Oppenbergtal wie bei Tour 22 (Hochschwung) höher zur Mödering-Jagdhütte (1566 m). Aus dem Almgelände rechts haltend über den breiten Nordrücken unschwierig zum Gipfel. (I–II, Nord, 1002 Hm, 3 Std.)

Aufstiegszeit:	2 Std. 40 Min.
Höhenmeter:	919 Hm
Tourenlänge:	4,53 km
Schwierigkeit:	II–III
Beste Zeit:	Hochwinter, Frühjahr
Exposition:	Südwest
Karte:	ÖK 129, 130
GPS: Startpunkt	N 47° 22' 20"
	E 14° 19' 18"
Gipfel	N 47° 23' 56"
	E 14° 19' 14"

Tipp!

Beim Aufstieg die Querung nach rechts (nordöstlich) nicht zu spät ansetzen, sondern gleich beim Erreichen des flachen Geländes durchführen.

Wolkenschleier schwächen die Mittagssonne ab.

Harmonisch zieht man am flachen Gipfelrücken seine Schwünge.

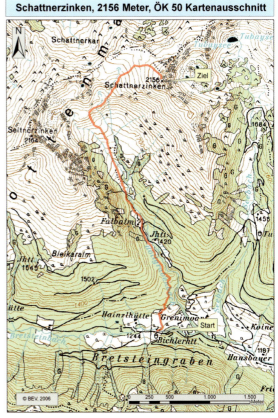

Schattnerzinken, 2156 Meter, ÖK 50 Kartenausschnitt

Tour Nr. 16

Rottenmanner Tauern

Seitnerzinken 2164 m

Die Sonnentour im Bretsteingraben

Ein bekannter, beliebter Gipfel, vergleichbar mit dem benachbarten Schattnerzinken. Nach dem steileren Aufstieg im Waldbereich ist der Weg weiter oben gut gegliedert und von hohem landschaftlichem Reiz. Sobald man den Westrücken erreicht, breitet sich das wunderschöne Panorama der Rottenmanner Berge aus.

Anfahrt:

Aus Richtung Salzburg/Liezen A 9 Pyhrn-Autobahn, Abfahrt Trieben. Weiter auf der Triebener Bundesstraße (B 114) über den Triebener Tauern nach Möderbrugg. Abzweigen in Richtung Pusterwald und weiter taleinwärts in den Bretsteingraben bis zum Parkplatz nahe der Bichlerhütte. Je nach Befahrbarkeit der Straße ist die Zufahrt bis zur Gamperhütte möglich.

Aus Richtung Graz/St. Michael S 36 Murtal-Schnellstraße, Abfahrt Judenburg West, weiter nach St. Peter ob Judenburg, abzweigen auf die B 114 Richtung Trieben nach Möderbrugg. Weiter wie zuvor.

Von Süden kommend, bei St. Peter ob Judenburg abzweigen auf die B 114 Richtung Trieben nach Möderbrugg. Weiter wie zuvor.

Ausgangspunkt:

Parkplatz bei der Bichlerhütte (1237 m) oder – je nach Verhältnissen – Parkplätze bei der Gamperhütte (1374 m).

Die Forststraße führt über Kehren ins freie Kar.

Schon im flachen Scharfgraben hat man das Ziel vor Augen – den Gipfel des Seitnerzinkens.

Aufstiegszeit:	3 Std.
Höhenmeter:	927 Hm
Tourenlänge:	5,53 km
Schwierigkeit:	I–II
Beste Zeit:	Hochwinter bis Frühjahr
Exposition:	Südwest
Karte:	ÖK 129, 130
GPS: Startpunkt	N 47° 22' 20" E 14° 19' 18"
Gipfel	N 47° 23' 31" E 14° 17' 57"

Tipp!
Vor dem Hochwinter oder im späten Frühjahr eventuell Fahrmöglichkeit bis zur Gamperhütte (wie bei Tour 17 auf den Kreuzkogel).

Aufstieg:

Östlich der Forststraße bis zur Gamperhütte (1374 m) folgen. Vor der Hütte rechts über den Waldgürtel zur Forststraße, die kurz steil nach oben führt. Ihr entlang, bis man am Ende links ansteigend in das obere flache Kar gelangt. Im weitläufigen, schönen Kar hinauf bis auf den breiten Westrücken und über diesen zum Gipfel ansteigen.

Abfahrt:

Abfahrt wie Aufstieg, mit Varianten.

Variante vom Oppenbergtal:

Ausgangspunkt ist der Parkplatz in der Gulling, nach dem Gehöft Gschwandtner (1154 m) im Oppenbergtal. Wie bei Tour 22 (Hochschwung) höher. Bevor man auf die Möderingalm gelangt, nach rechts zur Schattneralm abzweigen. Über lichtes Almgelände höher im Schattnerkar und auf den Tauernhauptkamm ansteigen. Dann in südwestlicher Richtung weiter zum Gipfel. Abfahrt wie Anstieg oder nördlich zur Seitner-Jagdhütte (Achtung Wildschutzgebiet!). (II–III, Nord, 1010 Hm, 3,5 Std.)

Genussvolle Abfahrt über die Südflanke – natürlich bei besten Schneebedingungen.

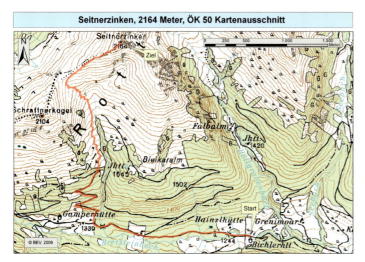

Tour Nr. 17

Wölzer Tauern

Kreuzkogel 2109 m

Der Panorama-Hit im Bretsteingraben

Der Kreuzkogel liegt vor dem Eckpfeiler der Breiteckkoppe. Er zählt zu den landschaftlich reizvollsten Frühjahrsschitouren in diesem Gebiet. Bis zum Gipfelanstieg führt die Route über flacheres Gelände. Als technisch angenehm erweist sich die Zeit vor dem Hochwinter oder das Frühjahr, wenn die Straße möglichst weit befahren werden kann.

Nach dem landschaftlichen Hochgenuss beim Anstieg folgt die sportliche Seite der Abfahrt.

Anfahrt:

Aus Richtung Salzburg/Liezen A 9 Pyhrn-Autobahn, Abfahrt Trieben. Weiter auf der Triebener Bundesstraße (B 114) über den Triebener Tauern nach Möderbrugg. Abzweigen in Richtung Pusterwald und weiter taleinwärts in den Bretsteingraben bis zum Parkplatz nahe der Bichlerhütte. Je nach Befahrbarkeit der Straße ist die Zufahrt bis zur Gamperhütte möglich.

Aus Richtung Graz/St. Michael S 36 Murtal-Schnellstraße, Abfahrt Judenburg West, weiter nach St. Peter ob Judenburg, abzweigen auf die B 114 Richtung Trieben nach Möderbrugg. Weiter wie zuvor.

Von Süden kommend, bei St. Peter ob Judenburg abzweigen auf die B 114 Richtung Trieben nach Möderbrugg. Weiter wie zuvor.

Ausgangspunkt:

Bretsteingraben nahe Bichlerhütte (1237 m) oder – je nach den Straßenverhältnissen – Parkplätze bei der Gamperhütte (1374 m).

Aufstieg:

Der Forststraße bis zur Schwabergerhütte

Der Blick schweift zurück in den Bretsteingraben — links der Hauptkamm der Rottenmanner Tauern.

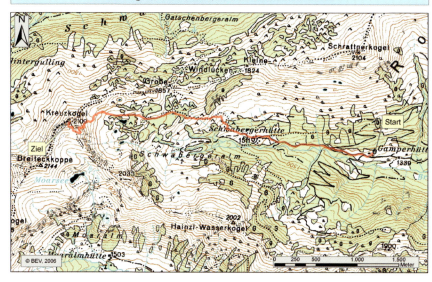

(1511 m) folgen. Weiter über die sanften Geländeformen der sonnigen Almlandschaft in Richtung der Großen Windlucken (1857 m). Durch die ausgeprägte Nordostrinne (kurze Steilstufe, Spitzkehrengelände) oder über den Nordostrücken (das letzte Stück muss man die Schier tragen) empor zum Gipfel.

Abfahrt:
Über die Nordostrinne oder bei sicheren Verhältnissen über die Rinnen, welche am Südostkamm nordöstlich zur Schwabergalm ableiten.

Variante vom Oppenbergtal:
Ausgangspunkt ist der Parkplatz vor dem Jagdhaus im hintersten Oppenbergtal (1150 m). Die Schwarzgulling auf dem Forstweg in die Hintergulling hinein und bei 1508 m nach links queren. Zum breiten Nordrücken und über diesen zum Gipfelkreuz. (II–III, Nord, 959 Hm, 3,5 Std.)

Aufstiegszeit:	2,5 Std.
Höhenmeter:	735 Hm ab Gamperhütte
Tourenlänge:	4,27 km
Schwierigkeit:	II
Beste Zeit:	gesamter Winter
Exposition:	Ost
Karte:	ÖK 129
GPS:	Startpunkt N 47° 22' 25" E 14° 17' 25" Gipfel N 47° 22' 34" E 14° 14' 30"

Tipp!
Die Kombination mit der Breiteckkoppe (2144 m) verheißt eine doppelte Touren-Wucht.

In der Bildmitte unser Tourenziel, links dahinter die Breiteckkoppe.

Tour Nr. 18 | Wölzer Tauern
Scharnitzfeld 2282 m
Der zu Unrecht gefürchtete Berg?

Durch das weite Kar hinauf zum Stallertörl.

Das Scharnitzfeld gehört zu den populärsten Touren im Gebiet Pusterwald. Nach mehreren tragischen Lawinenunfällen sind eine sichere Spurlage und einwandfreie Bedingungen absolut notwendig. Beim Anstieg und bei der Abfahrt müssen wir unsere Lawinensensoren im Gehirn unbedingt auf scharf stellen! Beachtet man die Gefahren, dann wird es eine sehr lohnende Tour mit verschiedenen Abfahrtsmöglichkeiten.

Anfahrt:
Aus Richtung Salzburg/Liezen A 9 Pyhrn-Autobahn, Abfahrt Trieben, auf der Triebener Bundesstraße (B 114) über den Triebener Tauern. In Möderbrugg Richtung Pusterwald abbiegen. Von Pusterwald führt der Weg taleinwärts zur Abzweigung Scharnitzgraben und links weiter zum Gehöft Emmerich Poier vlg. Scharnitzkoller.
Aus Richtung Graz/St. Michael S 36 Murtal-Schnellstraße, Abfahrt Judenburg West, weiter nach St. Peter ob Judenburg, abzweigen auf die B 114 Richtung Trieben nach Möderbrugg. Weiter wie zuvor.
Von Süden kommend, bei St. Peter ob Judenburg abzweigen auf die B 114 Richtung Trieben nach Möderbrugg. Weiter wie zuvor.

Ausgangspunkt:
Gehöft Scharnitzkoller, Parkplatz (1181 m).

Aufstieg:

Der Forststraße in den Scharnitzgraben folgen. Vorbei an der Christophoruskapelle und der Rupbauerhütte bis zur Straßengabelung (1425 m). Rechts des Baches weiter (Steg) und über lichten Wald zur Scharnitzhütte (1724 m), die man links liegen lässt. Westlich, leicht ansteigend kurz in das Hochtal in Richtung Scharnitzalm. Weiter in Richtung Südwest aus dem Hochtal und unter Ausnutzung der Geländekuppen zum Stallertörl (2090 m). Kurz vor dem Törl nach rechts (kurze Steilstufe). Dem Grat folgend an den südlichen Rand des Scharnitzfeldes (stellenweise rechts unterhalb querend) erstreckt sich eine kleine Hochfläche. Über den nach Norden verlaufenden Höhenrücken zum Gipfel.

Abfahrt:

Die Abfahrt direkt zur Scharnitzalm ist steil und zwingt zu größter Sorgfalt, aber bei Firn ist sie einfach ein Traum. Wesentlich leichter ist die Abfahrt durch das Weittal und seine Nordabfahrt oder über die Aufstiegsspur mit Varianten. Zum Beispiel: Bei sicheren Schneeverhältnissen vom Gipfel erst flach gegen das Stallertörl zu, vor dem felsigen Kammstück nach links über schöne Steilhänge, unten wieder flacher zur Aufstiegsspur bei den Scharnitzhütten.

Variante über das Weittal:

Ausgangspunkt ist der Parkplatz beim Bauernhof Scharnitzkoller; dann der Forststraße in den Scharnitzgraben folgen. Vorbei an der Christophoruskapelle und der Rupbauerhütte bis zur Straßengabelung (1425 m). Über den Steg und jenseits über eine Forststraße weiter bis zu Punkt 1560 m. Rechts der Straße folgen und über Kehren nach oben zur Jagdhütte im Hanslgraben. Rechts des Baches ins Weittal und aus diesem hinauf zum Sattel zwischen Scharnitzfeld und Großhansl. Am breiten Gratrücken zum Gipfel. Abfahrt wie Aufstieg. (II–III, Nordost, 1101 Hm, 3,5 Std.)

Rundumblick in die Schladminger und Wölzer Tauern: in der Bildmitte der Schober und die Hochweberspitze, rechts außen der Großhansl.

Aufstiegszeit:	3,5 Std.
Höhenmeter:	1101 Hm
Tourenlänge:	7,27 km
Schwierigkeit:	II–III
Beste Zeit:	gesamter Winter, am sichersten im Frühjahr
Exposition:	Ost
Karte:	ÖK 129
GPS: Startpunkt	N 47° 19' 32" E 14° 20' 11"
Gipfel	N 47° 18' 44" E 14° 16' 09"

Tipp!
Auf den Nachbargipfel, den Großhansl, über den Gratrücken vom Gipfel des Scharnitzfeldes und Abfahrt über das Weittal.

Scharnitzfeld, 2282 Meter, ÖK 50 Kartenausschnitt

Tour Nr. 19 | Wölzer Tauern

Hohenwart 2363 m

Eine Ehrfurcht gebietende Berggestalt

Eine große Tour mit alpinem Anstrich. Trotz des mächtigen Eindruckes vorab löst sich der Aufstieg mit zunehmender Höhe überraschend angenehm auf. Nach der Pölsenhütte taucht man in eine breite, sanfte Landschaft ein. Den Gipfelbereich prägt ein steiler alpiner Charakter.
Eine lange, anstrengende Tour mit anfangs weitläufigem Talanstieg. Bei Schlechtwetter bleiben Orientierungsprobleme im oberen alpinen Bereich nicht aus.

Anfahrt:
Aus Richtung Salzburg/Liezen A 9 Pyhrn-Autobahn, Abfahrt Trieben, auf der Triebener Bundesstraße (B 114) über den Triebener Tauern. In Möderbrugg Richtung Pusterwald abbiegen. In Pusterwald weiter bis zum Talende, bis zum Gehöft vgl. Hinterer Härtleb. Solange nicht viel Schnee gefallen ist, kann man noch ein Stück weiter bis zu einem Schranken fahren, dort aber bitte parken, auch wenn der Schranken offen ist. Aus Richtung Graz/St. Michael S 36 Murtal-Schnellstraße, Abfahrt Judenburg West, weiter nach St. Peter ob Judenburg, abzweigen auf die B 114 Richtung Trieben nach Möderbrugg. Weiter wie zuvor.

Von Süden kommend, bei St. Peter ob Judenburg abzweigen auf die B 114 Richtung Trieben nach Möderbrugg. Weiter wie zuvor.

Ausgangspunkt:
Gehöft Hinterer Härtleb (1255 m).

Aufstieg:
Der flachen Forststraße folgen (4,5 km ab Gehöft Kogler). Links am Gehöft Hainzl (Kapelle) vorbei und weiter Richtung Vorderer Pölsenbach. Links dem nach Osten führenden Forstweg ca. 500 m folgen, dann nach Süden durch den Hochwald bis zu einer Weggabelung. Links weiter flach über die Straße zur lieblich gelegenen Pölsenhütte (1678 m). Weiter über ein sanftes Hochtal südwestlich unter der Mittagwand. Über steile Flanke bergauf Richtung Pölseckjochgrat. Über den Grat (mehrere Steilstufen) erreicht man den Bereich der Gipfelwechte. Über diese meist zu Fuß zum flacheren Gipfelgelände und kurz zum großen Kreuz.

Abfahrt:
Wie Aufstieg, mit Varianten.

Oben links: Der Hohenwart leuchtet über der Pölsenhütte in der Sonne.
Oben rechts: Im Kar vor der Mittagwand und dem Hohenwart.

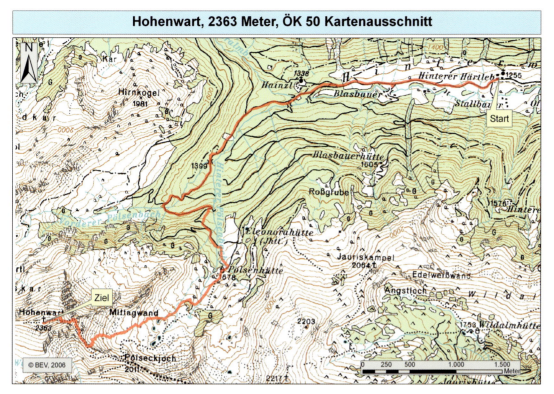

Hohenwart, 2363 Meter, ÖK 50 Kartenausschnitt

Aufstiegszeit: 4 Std. 15 Min.
Höhenmeter: 1108 Hm
Tourenlänge: 8,36 km
Schwierigkeit: III
Beste Zeit: gesamter Winter
Exposition: Nordost
Karte: ÖK 129
GPS: Startpunkt N 47° 21' 11"
　　　　　　　　　E 14° 17' 58"
　　　Gipfel　　　 N 47° 19' 45"
　　　　　　　　　E 14° 14' 10"

Tipp!
Bei genügend Schnee Abfahrt nordseitig ins Eiskar.

Steile Abfahrt über vom Wind geformten Schnee.

Oppenberg – Gulling

Die Gulling – hier nur einer der unzähligen Genusshänge.

Bei der Anfahrt geht es ab Oppenberg durch ein Hochtal, Winkel genannt. Bis zum Forsthaus Gulling ist die Straße immer geräumt. Nun aber wird es enger, kälter und schattig. Die Tourengeher blicken hinauf zu den Kämmen, um die Sonne darüber blinzeln zu sehen und um gleichsam ihre wärmenden Strahlen zu sich herunter zu ziehen. Das Ende der Kältebrücke ist in Sicht, dazu ein tüchtiger Schluck vom warmen Tee – wir trinken, genießen und starten durch. Das Gehen in der unberührten Landschaft ist einmalig. In der Gulling treffen wir die ideale Geländeform für Firn an: Flachere Terrassen wechseln mit kurzen steilen Stufen. Der breite Hangrücken lädt geradezu ein, hier seine eigene Spur – natürlich in einem gewissen Rahmen – zu verewigen. Wir können die ungebrochen gerade und steile Spur der jungen, forschen Tourengeher erkennen, dazwischen die abschweifenden, flacheren Spuren der Outdoor-Romantiker. Bald ist es so weit: Durch den Wechsel von anspannender Steilabfahrt und flacherem Schwingen erlebt man ein sagenhaftes Gefühl der Harmonie. Am stärksten tritt dieses Erlebnis bei der Seekoppe zutage. Und Schwung an Schwung heißt es selbstverständlich vom Hochschwung herunter. Ein unvergessliches Erlebnis ist es auch, im Paralleltal, in der Schwarzgulling, zum Brennkogel aufzusteigen und nordseitig in die Weißgulling abzufahren. Verdient die Weißgulling den Top-Platz im Ranking der sichersten Pulverschneetipps im Gebiet, so ist Pulverschnee auch auf der beliebten Neualm, zwischen Hintergullingspitz und Brennkogel gelegen, relativ sicher.

Bewegt sich heutzutage der Wintertourismus moderat nach oben, so wurde im späten Mittelalter in dem Seitental des Enns- und Paltentals auf Silber und Kupfer geschürft. „Noppenberg" beherbergte damals eine ansehnliche Zahl von Knappen, denen auch eine große, ursprünglich romanische Kirche zur Verfügung stand. Die Kostbarkeiten in diesem Gotteshaus sind der Fortschegger-Altar und der spätgotische Schrein mit der „Anbetung der Könige". Den Höhepunkt des kirchlichen Jahres bildet hier das Fest zu Ehren der Heiligen Drei Könige, deshalb sei jenen, die hier am 6. Jänner eine Schitour unternehmen, das Bewundern dieses Kunstwerkes wärmstens nahegelegt. Der Name Gulling stammt übrigens aus der Zeit der slawischen Besiedlung dieser Gegend. Heute leben die etwa 300 Bewohner nicht mehr vom Erzschürfen, sondern von Grünlandwirtschaft, Forstwirtschaft, Jagd und Tourismus, besonders im Winter.

Die Jagd ist in diesen wildreichen Wäldern ein wirtschaftlich äußerst bedeutender Faktor. Für den Tourengeher eröffnet sich zum einen die gute Gelegenheit, sofern man sich ruhig verhält, das Rotwild im Einzugsgebiet des Forsthauses Gulling (Große Wildfütterung) beobachten zu können. Das Rehwild wird durch kleinere dezentrale Fütterungen versorgt, erkenntlich an der Einzäunung mit senkrechten Latten, die nur dem schmalen Rehwild Einlass gewährt, das gefräßige Rotwild aber davon abhält. Obwohl die Touristenlenkung abseits der Wildschutzgebiete einigermaßen konfliktfrei funktioniert, ist andererseits doch ein Problem virulent: Eine Störung im Nahrungskreislauf der freien Natur entsteht, wenn die reichlich vorkommenden Gamsrudel auf den abgewehten Höhenrücken und in Gipfelnähe durch unsensibles Abfahren in diese Äsungszonen aufgeschreckt werden. Doch sensibles Gehen und Schauen im Gelände hilft, dieses Problem zu beseitigen. Schließlich bieten die Gämsen dem Naturliebhaber die Möglichkeit, sie mit einem guten Fernglas von den verschneiten Gipfeln aus beim Äsen zu beobachten und sich zu wundern, wie sie sich vom kargen Bewuchs (Schwarzbeer-, Preiselbeer- und Moosbeerenkraut, Gräser und Moosarten) denn ernähren können.

Tour Nr. 20 | Donnersbacher Tauern

Seekoppe 2150 m

Genuss-pur-Tour

Ein bestechend schöner Schiberg, im Kamm zwischen Hochrettelstein und Hochgrößen gelegen. Der Anstieg und auch die Abfahrt vom Jagdhaus Gulling aus sind gleichermaßen herrlich. Bis auf ein schmales, eher ungemütliches Waldstück kann man mit höchstem Tourengenuss rechnen. Sehr zu empfehlen. Konditionsstarke Geher können zusätzlich einen Hang Richtung Hochrettelstein „mitnehmen". Im oberen Bereich führt der Anstieg über welliges, sanftes Gelände höher – landschaftlich äußerst einladend.

Anfahrt:
Aus Richtung Salzburg/Liezen ebenso wie von Graz/St. Michael A 9 Pyhrn-Autobahn, Abfahrt Rottenmann. Weiter kurz auf der Bundesstraße

Erwartungsvoll geht's dem Gipfel entgegen ...

in die Ortschaft Strechau und nach Oppenberg abzweigen. Im Ort Oppenberg links hinunter ins Tal der Gulling und weiter bis zum Talende (ca. 8,5 km) zum Jagdhaus. Kurz davor besteht eine Parkmöglichkeit (etwa 300 m vor dem Jagdhaus).

Ausgangspunkt:
Parkplatz vor dem Jagdhaus (1150 m).

Aufstieg:
Vom Jagdhaus Gulling auf der rechten Forststraße taleinwärts in die Plienten (Weißgulling). Bei der ersten Brücke (1236 m) über den Bach rechts weg zum Gehöft Ertlberger. Nun die Wiese und die Forststraße queren und hinauf durch den kurzen, steilen, lichten Hochwald, bis das schöne flache Kar erreicht ist. Dieses im welligen Gelände empor in die östliche Seescharte. Aus diesem Sattel über den knappen, aber steilen Rücken zum Gipfel. (Bei ungünstigen Verhältnissen Schidepot am Sattel.)

Abfahrt:
Wie Aufstieg, mit Varianten.

Variante über die Riedenalm:
Ausgangspunkt: im Oppenbergtal bei der Gullingbrücke in Winkel (Rieden, 1014 m). Über Wiese und Forststraße ins baumfreie Gelände zur Mitterrieden (1455 m). Ins Hochtal hinein zur Oberrieden und am Riednersee vorbei zur Seescharte. Weiter ostwärts steiler zum Gipfel. Abfahrt wie Anstieg. (II–III, Nordost, 1136 m, 3,5 Std.)

Ein Panorama von Format: die Bergkulisse rund um die Seekoppe.

Aufstiegszeit: 3 Std.
Höhenmeter: 1000 Hm
Tourenlänge: 4,04 km
Schwierigkeit: II–III
Beste Zeit: gesamter Winter
Exposition: Südost
Karte: ÖK 129
GPS: Startpunkt N 47° 25' 03"
 E 14° 16' 52"
 Gipfel N 47° 26' 07"
 E 14° 14' 54"

Tipp!
Schöne Anfängertour!

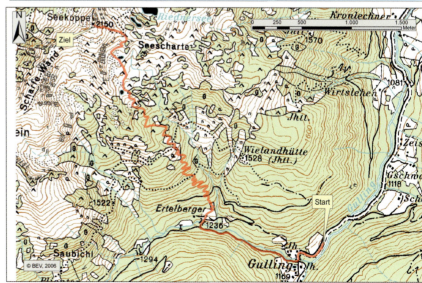

Seekoppe, 2150 Meter, ÖK 50 Kartenausschnitt

Tour Nr. 21 | Donnersbacher Tauern

Hochrettelstein 2220 m

Der Schönste im Gebiet von Oppenberg

Der Hochrettelstein zählt zu den berühmtesten Touren in den Niederen Tauern. Oft wird er von der Planneralm her bestiegen – natürlich mit der Abfahrt in die Plienten. In diesem Fall erfolgt der Anstieg dann über die Neualm und über den Plientensattel zurück zur Planneralm. Unser Anstieg aus der Weißgulling (Plienten) ist zwar wesentlich länger und anstrengender, dafür aber in Summe ein edles Schivergnügen. Die Südabfahrt bei Firn bestätigt das Prädikat Hochgenuss.

Anfahrt:
Aus Richtung Salzburg/Liezen ebenso wie von Graz/St. Michael A 9 Pyhrn-Autobahn, Abfahrt Rottenmann. Weiter kurz auf der Bundesstraße in die Ortschaft Strechau und nach Oppenberg abzweigen. In Oppenberg links hinunter ins Tal der Gulling und weiter bis zum Talende (8,5 km) bis zum Jagdhaus. Kurz davor besteht eine kleine Parkmöglichkeit.

Ausgangspunkt:
Parkplatz vor dem Jagdhaus (1150 m).

Aufstieg:
Vom Jagdhaus Gulling westwärts auf der rechten Forststraße taleinwärts in die Plienten (Weißgulling). Nach ca. 3 km bei 1294 m rechts weg, steil über Wiesen bergauf zu den verfallenen Hütten am Saubichl (1377 m) auf der

Der Gipfelhang des Hochrettelsteins – eine alpine Bilderbuchlandschaft.

Saubichlalm. Rechts nördlich weiter über einen Schlag. Wo er steiler wird, nach links durch ein schmales Waldstück zu einem freien Hang. Zuerst nördlich hinauf und dann in einer Linksschleife den steilen Lawinenhang queren. Damit wird das große Kar erreicht, das in den Südwesten des Hochrettelsteins eingebettet ist. Im Kar steiler aufwärts und über die breite Flanke zum aussichtsreichen Gipfel (2220 m).

Abfahrt:
Wie Aufstieg, mit Varianten (Südost).

Variante von der Planneralm:
Große Rundtour über den Hochrettelstein. Ausgangspunkt ist hier der Herdlickalift (1580 m) auf der Planneralm. Neben dem Lift aufwärts und oberhalb am Plannersee vorbei und über den steilen Westrücken auf den Plannerknot (1996 m). Hinan über den breiten Bergrücken zum Hochrettelstein. Abfahrt über die Südhänge in die Plienten (Weißgulling) und Aufstieg über die Neualm zum Plientensattel (1902 m). Kurz und steil zum Großen Rotbühel (2019 m). Dann Abfahrt zur Planneralm (Piste). (III, Süd, 640 + 650 Hm, mit Gegenanstieg ca. 1290 Hm, 5,5 Std.)

Hochrettelstein, 2220 Meter, ÖK 50 Kartenausschnitt

Aufstiegszeit: 3 Std. 25 Min.
Höhenmeter: 1070 Hm
Tourenlänge: 5,97 km
Schwierigkeit: II–III
Beste Zeit: gesamter Winter
Exposition: Südost
Karte: ÖK 130
GPS: Startpunkt N 47° 25' 03"   Gipfel N 47° 25' 29"
E 14° 16' 52"   E 14° 13' 57"

Tipp!
Nicht zu spät in die Südhänge einfahren!

Die Abfahrtsgirlanden in der Südflanke erinnern an einen rhythmischen Tanz.

Tour Nr. 22 | Rottenmanner Tauern

Hochschwung 2196 m

Eine Tour voller Schwung

Wieder ein sehr populärer Schiberg in den Rottenmanner Tauern. An und für sich präsentiert sich der Hochschwung von der Gulling aus als eine nicht sehr schwierige Tour, folglich ist sie auch gut geeignet für Anfänger. Als großartig zu bezeichnen ist allerdings der Anstieg von Süden – über den Tubaysee vom Bretsteingraben – aus. Den gesamten Winter herrscht hier meist eine gute Schneelage. Die Tour auf den Hochschwung gehört zu den Schitouren-Hits im Oppenberger Tal.

Anfahrt:
Aus Richtung Salzburg/Liezen ebenso wie von Graz/St. Michael A 9 Pyhrn-Autobahn, Abfahrt Rottenmann. Weiter kurz auf der Bundesstraße in die Ortschaft Strechau und nach Oppenberg abzweigen. In Oppenberg selbst links hinunter ins Tal der Gulling, ca. 8,5 km. Nachdem die Straße beim Gehöft Gschwandtner den Bach überquert, findet man einen kleinen – auf nur zwei Autos beschränkten – Parkplatz (Schattnerlehen).

Ausgangspunkt:
Parkplatz in der Gulling, ca. 400 m nach dem Gehöft Gschwandtner (1154 m).

Aufstieg:
Über den Forstweg und den markierten Sommerweg (kürzt den Forstweg einmal ab) zur Mödering-Jagdhütte (1566 m). Im freien Kar östlich der Jagdhütte bergauf. Aus dem Kar nach rechts und flach heraus zum Kamm, dann

Die ersten Sonnenstrahlen am eisigen Morgen erreichen uns erst kurz vor dem Gipfelkamm.

Die Nordwestseite des Hochschwungs über der Gulling.

Aufstiegszeit: 3 Std. 5 Min.
Höhenmeter: 1042 Hm
Tourenlänge: 4,88 km
Schwierigkeit: I–II
Beste Zeit: gesamter Winter
Exposition: Nordwest
Karte: ÖK 129, 130
GPS: Startpunkt N 47° 25' 10"
E 14° 17' 04"
Gipfel N 47° 24' 26"
E 14° 20' 19"

Tipp!
Bei der Abfahrt dem Grat nach Norden folgen und über die Westflanke zur Mödering-Jagdhütte.

links haltend über den breiten (je nach Schneelage meist abgeblasenen) Gratrücken. Darüber leichtfüßig zum Gipfel des Hochschwungs.

Abfahrt:
Weitgehend entlang der Aufstiegsspur.

Variante vom Bretsteingraben:
Ausgangspunkt ist der Parkplatz zwischen den Gehöften Grenimoar und Hausbauer (1220 m). Vom Parkplatz kurz den Forstweg entlang, neben dem Gehöft (Wiese) links vorbei zum oberen Forstweg. Auf ihm gerade weiter, vorbei an der Tubayhütte (1456 m), dann talein- und aufwärts neben der Halterhütte, über einen Geländerücken und eine Steilstufe in das Tubaykar. Aus diesem die Steilflanke zum Hochschwunggipfel hinauf. (II–III, Süd, 980 Hm, 3,5 Std.)

Durch lockeren Pulverschnee …

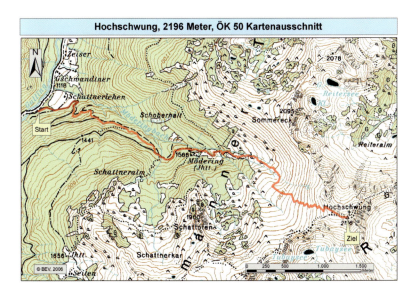

Donnersbachtal

Unterwegs zum Plannerkessel – eine Märchenlandschaft im besten Sinne des Wortes.

Zugleich mit dem ersten Schnee im November startet die Wintersaison in diesem Schi-Eldorado. Gut ausgebaut fährt es sich dorthin auf große, folglich sehr schneesichere Höhen von ca. 1600 Metern. Über Irdning gelangt man in das sehr beliebte Donnersbachtal. In Donnersbach zweigt die ehemalige Mautstraße, nun ist es eine Landesstraße, durch die Furrach zum Plannerkessel ab. Die hervorragende Lage dieses überschaubaren Gebietes stach den Schipionieren schon früh ins Auge. Zügig begannen im Jahr 1908 die bekannten Reichensteiner (ein städtischer Alpinverein aus Wien) mit dem Bau einer ersten Schihütte, die den Grundstein für die touristische Nutzung der Alm gelegt hat. Und heute ist die Planneralm ein Wintersportzentrum par excellence. Speziell für Schitourengeher hat sich das schöne Gebiet durch die Schneesicherheit und die große Anzahl von Pulverschneehängen als ein wahres Tiefschneefahrer-Paradies etabliert. Man kann es sich aussuchen: entweder mit Anstrengung und Schweiß das herrliche Bergpanorama samt Pulverschneeabfahrt genießen – oder mit Hilfe der Lifte den ganzen Tag hangauf, hangab flitzen.

Kaum außer Sicht der Bergstationen hat man schon seine Ruhe in der Wintersonne. Denn wir können uns sogar zu Mittag noch entscheiden, die herrlichen Hänge der Hintergullingspitze zu befahren, zur Stalleralm abzufahren – oder bei guten Verhältnissen von der Jochspitze nordwestseitig über einen anspruchsvollen Pulverhang hinunter zu schwingen, vorausgesetzt, man stößt sich nicht an den vielen Spuren der Mitbenützer. Die Gstemmerspitze hingegen, der Berg mit der Traumaussicht auf den Plannerkessel, ist im Hochwinter eine heikle Sache. Vernünftiger ist es, auf das Frühjahr mit sicheren Verhältnissen zu warten.

Eine wechselhafte Geschichte prägt dieses Tal. Nachgewiesen ist die Besiedlung bereits durch die Römer. Vom 17. bis zum 19. Jahrhundert wurde hier eifrig Bergbau betrieben, nach Gold, Silber, Zink und Blei geschürft. Auch die einstige große Bedeutung des Handelsweges vom Ennstal ins Murtal über das Glattjoch in Form eines Saumpfades ist dokumentiert.

Übrigens: Was bedeutet das Wort „plan"? Nein, nicht flach oder eben. Es bedeutet vielmehr Weidefläche. Sie muss gar nicht eben sein, wie hier heroben im Plannerkessel, sondern sie kann auch geneigt sein, wie z. B. auf der Planai. Im Gesäuse sind die vielen Planen sogar sehr steile Weideflächen, wie der Südosthang der Planspitze oder die bekannte Lugauerplan. In spätmittelalterlichen Handschriften werden die Almfahrer auch noch „Planfahrer" genannt. Alles in allem ein äußerst bezeichnender Begriff für den hoch gelegenen „Planner"-Almkessel.

Von Donnersbach aus führt eine gute Straße elf Kilometer taleinwärts nach Donnersbachwald mit dem bekannten Schizentrum Riesneralm. Von hier aus erreicht man das Mörsbachgebiet und seine bewirtschafteten Hütten, die als Ausgangspunkte für großartige Schitouren genutzt werden. Abgesehen von einigen Schitourengehern, die ins Mörsbachtal mit Hilfe der Lifte von der Riesneralm kommen, herrschen hier Stille und Natur pur. Die vom Theo (Familie Dürr) betreute Rodelabfahrt ist immer eine Draufgabe nach einem Tourentag in diesem wunderschönen Gebiet.

Tour Nr. 23 — Donnersbacher Tauern

Mölbegg 2080 m

Überm Hochbär

Dieser Schiberg bildet den nördlichen Eckpfeiler des Mölbeggkammes, der als solcher unübersehbar für das Ennstal posiert. Eine knappe Tour, auch als Einstiegstour zu empfehlen. Zusätzlich beschert dieser Gipfel einen herrlichen Rundblick im Angesicht des gegenüberliegenden Grimmings. Prägnant zeigen sich auch der Dachstein und viele Gipfel im Toten Gebirge, im Gesäuse, bis hin zu den Rottenmanner und Wölzer Tauern.

Anfahrt:
Aus Richtung Salzburg/Villach A 10 Tauern-Autobahn, Abfahrt beim Knoten Ennstal nach Radstadt, auf der B 320 (Ennstal-Bundesstraße) nach Trautenfels. Hier auf die Glattjoch-Bundesstraße (B 75) Richtung Irdning abzweigen. Bis nach Donnersbach, hier abzweigen Richtung Planneralm. Nach 2 km links abzweigen und über einige Kehren (mitunter sind Schneeketten nötig!) zum Gehöft Hochbär.
Aus Richtung Wien/Linz/Graz/Klagenfurt A 9 Pyhrn-Autobahn, Abfahrt Selzthal, weiter auf der B 320 über Liezen nach Trautenfels. Weiter wie zuvor.

Ausgangspunkt:
Parkplatz vor dem Gehöft Hochbär (1256 m).

Aufstiegszeit: 2 Std. 40 Min.
Höhenmeter: 824 Hm
Tourenlänge: 3,70 km
Schwierigkeit: I–II
Beste Zeit: gesamter Winter
Exposition: West
Karte: ÖK 129
GPS: Startpunkt N 47° 27' 24"
           E 14° 09' 12"
      Gipfel N 47° 27' 22"
           E 14° 11' 12"

Tipp!
Edelweißspitze mitnehmen (für Konditionsstarke).

Zeitlich am Morgen zieht man in harter Spur bergauf.

Aufstieg:

Ca. 100 m nach rechts eine Forststraße entlang, dann nach links entlang der Markierung durch den Wald. Zuerst ca. 300 Hm durch dichteren Wald kämpfen, dann weiter über einen mäßig steilen, almartigen Rücken mit vereinzelten Bäumen bis zum Kammrücken. Bei guten Verhältnissen ist der Mölbegg-Gipfel hier schon sehr gut sichtbar. Vom Kammrücken quert man links durch ein steiles Latschenfeld in den Mölbeggsattel (1938 m). Ab dieser Scharte noch ca. 150 Hm zum Gipfelkreuz des Mölbeggs, und schon kann der Blick weit ins Ennstal schweifen.

Abfahrt:

Aus dem Mölbeggsattel (eventuell Felle aufziehen) kurz querend ansteigen, hinunter Richtung Messnerhütte (1550 m) und weiter entweder über den Saumweg oder die Forststraße zum Hochbär.

Anstieg über die Waldgrenze auf einem breiten Rücken – mit dem mächtigen Grimming im Hintergrund.

Tour Nr. 24 | Donnersbacher Tauern

Karlspitze 2097 m und Schreinl 2140 m

„Nimm 2"

Aufstieg in Richtung Goldbachscharte an einem kalten Spätwintertag.

Liebt es jemand doppelt gemoppelt? Bitte sehr! Diese beiden Touren sind aus dem Plannerkessel relativ leicht und in Kürze zu absolvieren. Der Blick hinüber zur nahe liegenden Schoberspitze ist berückend. Über den Gratrücken zwischen den beiden Gipfeln liegen meistens Wechten. Ein Geheimtipp: die Abfahrt von der Karlspitze zur Karlalm und Wiederanstieg. Die Abfahrt vom Schreinl hinunter zum Goldbachsee und der Wiederanstieg über die Goldbachscharte und dann die Abfahrt zur Planneralm ist die Standardtour.

Kurz vor dem Grat zur Karlspitze.

Karlspitze, 2097 Meter, und Schreinl, 2140 Meter, ÖK 50 Kartenausschnitt

Anfahrt:
Aus Richtung Salzburg/Villach A 10 Tauern-Autobahn, Abfahrt beim Knoten Ennstal nach Radstadt, auf der B 320 weiter nach Trautenfels. Abzweigen auf die Glattjoch-Bundesstraße (B 75) Richtung Irdning und weiter bis Donnersbach. Von hier aus über die neue Planneralmstraße in die Erlebniswelt Planneralm. Aus Richtung Wien/Linz/Graz/Klagenfurt A 9 Pyhrn-Autobahn, Abfahrt Selzthal, weiter auf der B 320 über Liezen nach Trautenfels. Weiter wie zuvor.

Ausgangspunkt:
Talstation Gläserboden-Lift (1588 m) bis Kinderlift (1641 m) auf der Planneralm.

Aufstieg:
Entlang des Kinderlifts bis zum Ende der Rodelbahn aufsteigen. In südwestlicher Richtung und unterhalb der Goldbachscharte in etwa dem Sommerweg folgen, zum Westkamm der Karlspitze queren. Über diesen kurz blockig (eventuell Schier abschnallen) zum Gipfel der Karlspitze. Kurz abfahren und über den flachen Verbindungsgrat, der zum Schreinl weiterführt. Über die knappe Flanke steiler nach oben und rechts flach zum aussichtsreichen Gipfel.

Abfahrt:
Vom Gipfel zum nordöstlich liegenden Goldbachsee. Gegenanstieg (130 Hm) zur Goldbachscharte und Abfahrt zur Planneralm.

Variante: Schreinl über die Goldbachscharte:
Ausgangspunkt gleich wie oben. Von der Planneralm (Kinderlift) entlang in südwestlicher Richtung zur Goldbachscharte (1967 m).
Dann kurz abfahren zum Goldbachsee. Aus diesem Karboden über steilere Stufen aufwärts, und im oberen Bereich flach zum Gipfel des Schreinls.
Abfahrt wie Aufstieg. Gegenanstieg (130 Hm) zur Goldbachscharte und Abfahrt zur Planneralm. (I–II, Nordost, 570 Hm + 130 Hm, 2,5 Std.)

Aufstiegszeit: 2 Std. 55 Min.
Höhenmeter: 729 Hm
Tourenlänge: 6,51 km
Schwierigkeit: I–II
Beste Zeit: gesamter Winter
Exposition: Nordost
Karte: ÖK 129
GPS: Startpunkt N 47° 24' 10" E 14° 11' 59"
Karlspitze N 47° 23' 37" E 14° 10' 26"
Schreinl-Gipfel N 47° 23' 30" E 14° 11' 10"

Tipp!
Die benachbarte Schoberspitze ist immer eine Tour wert.

Schwünge – einfach zum Genießen.

Tour Nr. 25 | Donnersbacher Tauern

Hintergullingspitz 2054 m

Mit dem Lift auf Tour

Der Gipfel ist mit Liftunterstützung von der Planneralm aus leicht erreichbar und dementsprechend frequentiert. Wie gut, dass es mehrere Abfahrtsmöglichkeiten gibt – und zwar eine schöner als die andere: Bei der Abfahrt zur Stalleralm erlebt man nach Neuschnee den berühmten Traum in Weiß mit wachen Sinnen. Die Abfahrt zur Neualm lockt mit einigen Pulverschneehängen. Einfach eine prima Anfängertour abseits des Schirummels auf der Planneralm. 100 Prozent Schneesicherheit während des gesamten Winters sind garantiert.

Anfahrt:
Aus Richtung Salzburg/Villach A 10 Tauern-Autobahn, Abfahrt beim Knoten Ennstal nach Radstadt, auf der B 320 (Ennstal-Bundesstraße) nach Trautenfels. Abzweigen auf die Glattjoch-Bundesstraße (B 75) Richtung Irdning und weiter bis

Grandiose Bergwelt – der markante Gipfelanstieg auf den Hintergullingspitz.

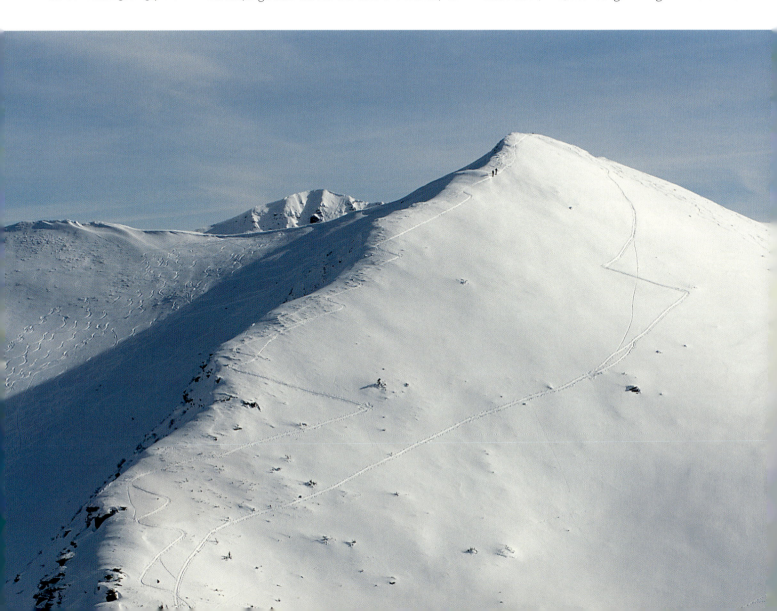

Donnersbach. Von hier aus über die neue Planneralmstraße in die Erlebniswelt Planneralm. Aus Richtung Wien/Linz/Graz/Klagenfurt A 9 Pyhrn-Autobahn, Abfahrt Selzthal, weiter auf der B 320 nach Trautenfels. Weiter wie zuvor.

Ausgangspunkt:
Auf der Planneralm: Talstation Gläserboden-Lift (1588 m) bis Liftausstieg (1954 m).

Aufstieg:
Von der Bergstation des Gläserboden-Liftes kurz ostwärts zum Großen Rotbühel (2019 m) und über die kurze, steile Abfahrt südöstlich hinunter zum Plientensattel (1902 m). Über den Rücken hinan zum Hintergullingspitz (2054 m). Unweit vom Gipfel nach Süden abfahren. Dann über den Westhang hinunter zur Stalleralm (1505 m). Von dort über die Goldbachalm hinauf in die Goldbachscharte (1967 m). Anfangs etwas steiler, schließlich flacher in die Scharte.

Abfahrt:
Wie beim Aufstieg beschrieben über den prächtigen Westhang direkt zur Stalleralm; dann von der Goldbachscharte hinunter in den Plannerkessel und zum Parkplatz.

Aufstiegszeit: 2,5 Std.
Höhenmeter: 649 Hm
Tourenlänge: 4,44 km
Schwierigkeit: II–III
Beste Zeit: gesamter Winter
Exposition: Nord + West + Süd
Karte: ÖK 129
GPS: Startpunkt N 47° 23′ 32″
　　　　　　　　　E 14° 12′ 12″
　　　Gipfel N 47° 23′ 12″
　　　　　　　　　E 14° 12′ 45″

Tipp!
Die Abfahrt vom Hintergullingspitz in die Weißgulling hinunter zur Neualm lohnt sich immer.

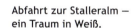

Abfahrt zur Stalleralm – ein Traum in Weiß.

Tour Nr. 26 | Donnersbacher Tauern

Lämmertörlkopf 2046 m

Einsamkeit im Mörsbachtal

Im Frühwinter über den Schusterboden hinauf zum Lämmertörlkopf.

Interessante und landschaftlich abwechslungsreiche Frühjahrstour, die abseits der Mörsbach-Modetouren liegt. Der unschwierige felsige Übergang zum Gipfel beschert ein einsames Erlebnis. Zusätzlich bietet sich ein großartiger Ausblick auf den Gumpeneckkamm und zum Knallstein. Die Tiefblicke zeigen die Schönheit des Donnersbachtals und der Großsölk.

Anfahrt:
Aus Richtung Salzburg/Villach A 10 Tauern-Autobahn, Abfahrt beim Knoten Ennstal nach Radstadt, auf der B 320 nach Trautenfels. Hier auf die Glattjoch-Bundesstraße (B 75) Richtung Irdning abzweigen, weiter auf der B 75 bis nach Donnersbachwald.

Aus Richtung Wien/Linz/Graz/Klagenfurt A 9 Pyhrn-Autobahn, Abfahrt Selzthal, weiter auf der B 320 über Liezen nach Trautenfels. Weiter wie zuvor.

Ausgangspunkt:
Donnersbachwald, Parkplatz vor dem Hotel Stegerhof (976 m).

Aufstieg:
Auf der präparierten Straße (Rodelbahn) westwärts zur Mörsbachhütte (1303 m). Von der Hütte ca. 120 m auf dem Winterwanderweg taleinwärts der Beschilderung „Winterweg oder Sommerweg" rechts über eine Steilstufe empor zum flachen Schusterboden folgen. Weiter in südlicher Richtung, dann rechts hinauf durch Latschen zum breiten Gipfelhang. Über diesen steigt man sanft höher und erreicht nach einer kleinen Einschartung den Grat (Schidepot), der über eine kurze felsige Passage zum Gipfel führt.

Abfahrt:
Gleich wie Aufstieg, mit Varianten (ab Schusterboden rechts haltend).

Variante von Öblarn über das Ramertal zum Gipfel:
Ausgangspunkt ist das Berghaus in der Walchen in Öblarn (985 m). Weiter entlang der Straße zur Englitztalhütte (1322 m), von dort führt links der Weg ins Ramertal hinein, dem Sommerweg zum Lämmertörl (1920 m) folgen und über den Nordostrücken zum Gipfel. Abfahrt in die Ostflanke und links haltend ins Lämmertörl. (II, Nord, 1061 Hm, 3,5 Std.)

Nach dem Gipfelerlebnis geht es flott und fein hinunter zur Mörsbachhütte.

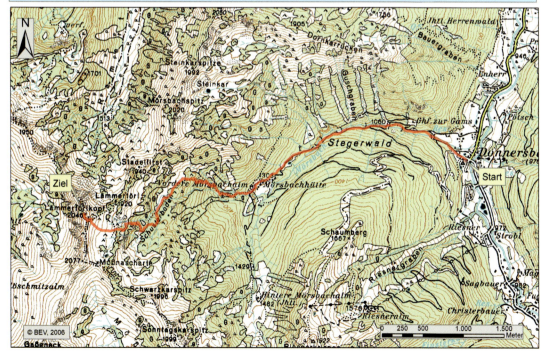

Aufstiegszeit: 3 Std. 15 Min.
Höhenmeter: 1070 Hm
Tourenlänge: 6,19 km
Schwierigkeit: II
Beste Zeit: Frühjahr
Exposition: Ost
Karte: ÖK 128, 129
GPS: Startpunkt N 47° 23' 03"
E 14° 06' 58"
Gipfel N 47° 22' 41"
E 14° 03' 17"

Tipp!
Einkehrschwung beim Theo oder in der Mörsbachhütte.

Tour Nr. 27 — Rottenmanner Tauern

Großes Bärneck 2071 m

Die bärige Tour

Ein Evergreen – so immerwährend populär ist dieser Sommer- und Wintergipfel, der vor allem von der Mörsbachhütte aus oft begangen wird, denn hier erwartet uns ein faszinierender Aufstieg.

Der Gipfelhang kann sich aufgrund seiner Steilheit bei widrigen Verhältnissen als Knackpunkt entpuppen, dafür ist die Abfahrt durch das Silberkar oft ein Hochgenuss. Bequemere oder – technisch gesprochen – effizientere Tourengeher bedienen sich des Liftes zur Riesneralm zum weiteren Aufstieg auf das Große Bärneck.

Aufstieg zwischen Licht und Schatten zum bereits sichtbaren Gipfelkreuz.

Anfahrt:

Aus Richtung Salzburg/Villach A 10 Tauern-Autobahn, Abfahrt beim Knoten Ennstal nach Radstadt, auf der B 320 nach Trautenfels. Abzweigen auf die Glattjoch-Bundesstraße (B 75) Richtung Irdning. Weiter auf der B 75 bis nach Donnersbachwald.

Aus Richtung Wien/Linz/Graz/Klagenfurt A 9 Pyhrn-Autobahn, Abfahrt Selzthal, weiter auf der B 320 über Liezen nach Trautenfels. Weiter wie zuvor.

Großes Bärneck, 2071 Meter, ÖK 50 Kartenausschnitt

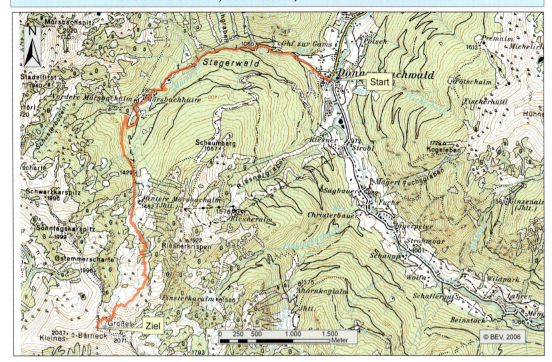

Ausgangspunkt:
Donnersbachwald, Parkplätze vor dem Hotel Stegerhof (976 m) oder bei Liftbenützung bei der Talstation der Riesneralmbahnen (983 m).

Aufstieg:
Vom Parkplatz auf der präparierten Straße (Rodelbahn) zur Mörsbachhütte (1303 m) und weiter taleinwärts hinauf zur Hinteren Mörsbachalm (1482 m). Weiter zunächst durch lichten Wald über kurze Geländestufen ins Silberkar. Nun die freien Hänge hinauf und westlich bis unter den Gipfelhang, der dann rechts über den steilen Nordrücken zum Gipfel führt.

Abfahrt:
Abfahrt wie Aufstieg, mit vielen Varianten zur Mörsbachhütte.

Variante: Große Mörsbachrunde (kurze Aufstiege und Abfahrten):
Vom Großen Bärneck weiter über Silberkarspitz – Sonntagskarspitz – Schwarzkarspitz zur Mößnascharte und zum Lämmertörlkopf (2046 m). Abfahrt wie bei Tour Nr. 26. Abfahrt zwischen Sonntagskarspitz und Schwarzkarspitz durch das Schwarzkar zur Hinteren Mörsbachalm möglich, ebenso über die Nordhänge des Schwarzkarspitzes zur Mörsbachhütte.
(III, Nord + Ost, ab Tal ca. 1480 Hm, 5–6 Std. vom Tal aus)

Ein Eldorado für Pulverfans ...

Aufstiegszeit: 3,5 Std. (2 Std. bei Liftbenützung)
Höhenmeter: 1095 Hm
Tourenlänge: 7,57 km
Schwierigkeit: II–III
Beste Zeit: gesamter Winter
Exposition: Nord
Karte: ÖK 128, 129
GPS: Startpunkt N 47° 23' 03"
 E 14° 06' 58"
 Gipfel N 47° 21' 13"
 E 14° 04' 33"

Tipp!
Sonntagskarspitz und Gstemmerspitz – Aufstieg und Abfahrt über die Nordosthänge.

Schladminger Tauern – Nord

Die Schladminger Tauern, das Kerngebiet der Niederen Tauern, sind mit ihren einladenden, hinreißend schönen Hochtälern der Ausgangspunkt vieler langer, teils hochalpiner Anstiege. Nirgendwo in Österreich gibt es derartig viele Tourenmöglichkeiten. Eine schier endlose Kette von winterlichen Gipfeln erstreckt sich von der Seekarspitze in Salzburg über den Hochgolling, die Hochwildstelle bis zum Knallstein im hintersten Großsölktal. Vielleicht empfindet der heutige Tourengeher bei einer Gipfelrast ähnlich wie jene ergriffene Schneeschuh-Läuferin, die vor fast einem Jahrhundert meinte: *Bis in die unendliche Ferne reiht sich im silbrigen Glanze Berg an Berg, blaue Täler und Mulden, erstrahlt das Land in einer beseligenden Reinheit und Verklärtheit. … Unmittelbar im Süden ragt der mächtige Hochgolling auf, der König der Niederen Tauern. Ich kann mich lange nicht trennen und fahre nun als letzte, noch ganz in Gedanken versunken, den Kameraden nach – da fühle ich Pulver unter den Schneeschuhen, und plötzlich bin auch ich wieder bei der Sache und die Lust am Gleiten und Schwingen erfasst mich mit aller Gewalt.* (Grete Uitz: Schneeschuhfahrten in den Schladminger Tauern, Zeitschrift des Deutschen und Österreichischen Alpenvereins, 1916.)
Besagte Lust am Gleiten im Firn und am Schwingen im Pulverschnee verlangt Ausdauer und entsprechende Erfahrung – beide sind das A und O für ungetrübte Wintertourenfreuden.

Im Sommer hingegen werden die Schladminger Tauern touristisch sehr gerne zum Wandern über die Almen genutzt, auf denen in den Sölktälern sogar noch gebuttert wird. Einst waren die steilen Westflanken der Wasserfallspitze einigen Bauern – streng getrennt nach vorderem und hinterem Wasserfall – zur Bergmahd zugewiesen. Im Juni und im Juli konnte man das Bergheu nur mit Steigeisen mähen, und im Frühwinter ließ man es mit Heuschlitten und Seilen über die Wände ins Eschach hinab.
An den Hängen der Hochwildstelle tummelt sich noch heute viel Gamswild. Die Jagd war in den vergangenen Jahrhunderten in den Schladminger Tauern den adeligen Pächtern oder den hochgestellten Eigentümern vorbehalten. Zahlreiche Jagdhäuser – sogar das heutige Rathaus von Schladming – zeugen von den damaligen „Jagdparadiesen". Wie auf der anderen Seite der Medaille war es im Hochwinter ruhig und einsam in den verschneiten Bergen. Ab dem ersten Jahrzehnt des 20. Jahrhunderts erschlossen Wintersportvereine in Schladming und Haus allmählich die bewaldeten Schiberge Hochwurzen, Planai, Hauser Kaibling und Galsterberg. Daraus entwickelte sich die einzigartige, heute boomende Tourismusarena Dachstein-Tauern. Wer sich allerdings vom für die Wirtschaft lebenswichtigen Wintertourismus zwischen Gondelbahn und Pistenautobahn zumindest eine Pause gönnen will, der findet seine winterliche Muße bei Schitouren in den weiträumigen Schladminger Tauern.

Grandiose Bergwelt – die höchsten Gipfel der Steiermark.

Tour Nr. 28 | Schladminger Tauern
Großer Knallstein 2599 m
Nomen est omen

Ein Tourenziel der ganz besonderen Art: Der Knallstein zählt zu den Aufsehen erregendsten Gipfelgestalten der östlichen Schladminger Tauern. Schon der Anstieg verspricht trotz seiner Länge und Mühe prickelndes Schivergnügen. Körperliche Top-Verfassung ist denn auch eine sehr wichtige Voraussetzung für das Gelingen dieser Tour, die vor allem im Frühjahr mit Sonne lockt. Weit überragt der Knallstein die umliegenden Berge und bietet einen traumhaften Rundblick. Im Gelände unterhalb des Lärchbodens rufen die traumhaften Hänge mit Pulverschnee.

Anfahrt:
Aus Richtung Salzburg/Villach A 10 Tauern-Autobahn, Abfahrt beim Knoten Ennstal nach Radstadt, weiter auf der B 320, bei Pruggern nach Stein an der Enns abfahren. Von dort den Wegweisern folgend auf der gut ausgebauten Passstraße (Erzherzog-Johann-Straße L 704) in das Großsölktal, nach 18 km erreicht man das Gebirgsdorf St. Nikolai. Hier zum Parkplatz beim Gasthaus Gamsjäger.
Aus Richtung Wien/Linz/Graz/Klagenfurt A 9 Pyhrn-Autobahn, Abfahrt Selzthal, weiter auf der B 320 über Liezen nach Espang. Dort abfahren bis Stein an der Enns (L 712). Weiter wie zuvor.

Ausgangspunkt:
St. Nikolai, Gasthaus Gamsjäger (1155 m).

Aufstieg:
Vom Gasthaus an der Kirche vorbei über die Brücke des Bräualmbaches, auf den Kehren der

Kurz vor der Kaltherbergalm.

Blick zum Großen Knallstein mit dem Südostkamm.

Forststraße emporziehend, bis die Markierung teils steil hinauf durch den Wald (Hohlweg) zur Kaltherbergalm (1608 m) führt. Bald danach links queren, über kupiertes Gelände bergauf. Weiter Richtung Weißensee über einen Rücken. An drei Gebirgsseen vorbei, über eine rinnenförmige Mulde weiter und über die teilweise steile Südostflanke zum Gipfel.

Abfahrt:
Im Gipfelbereich wie beim Aufstieg, eventuell am Fuße des Gipfelanstiegs rechts haltend über den Ahornsee und links des Lärchbodens ins Tal.

Variante: Der gemütliche Schönwetter-Berg (2144 m):
Ausgangspunkt wie oben und gleich wie beim Anstieg zum Knallstein zur Kaltherbergalm (1608 m). Von der Hütte nordwestlich in das Hochtal zur Steinkarscharte (1954 m) aufwärts und über den Südwestrücken zum Gipfel. Abfahrt wie Aufstieg. (II, Südost, 990 Hm, 3 Std.)

Aufstiegszeit: 4 Std. 40 Min.
Höhenmeter: 1444 Hm
Tourenlänge: 8,20 km
Schwierigkeit: III
Beste Zeit: Hochwinter bis Frühjahr
Exposition: Ost
Karte: ÖK 128
GPS: Startpunkt N 47° 19' 09"
E 14° 02' 48"
Gipfel N 47° 19' 13"
E 13° 58' 33"

Tipp!
Einkehrschwung beim Gasthaus Gamsjäger.

Der Pulverschnee im Bereich des Lärchbodens lockt.

Tour Nr. 29 | Schladminger Tauern

Hochwildstelle 2747 m

Der Klassiker in den Schladminger Tauern

Oben: Anspruchsvoll geht es über den alpinen felsigen Südgrat zum Gipfel.

Sehr lange dauert der Zugang über das Sattental von Pruggern aus. Richtig alpin wird es erst ab der Sattentalalm durch die Langschneerinne. Doch großartige Berggestalten begleiten den ausdauernden Schibergsteiger. Nach der Überwindung der Trattenscharte und der Wildlochscharte erkennt man bereits den Gipfel des höchsten rein steirischen Berges, der also in kein anderes Bundesland hinüberragt. Die Besteigung über den felsigen Grat mit anspruchsvoller Kletterei im II. Schwierigkeitsgrad ist nur bei guten Verhältnissen empfehlenswert. Erwischt man einen Glückstag, dann warten bei der Abfahrt drei Schneearten: Pulver, windgepresster Harsch und Firn!

Anfahrt:

Aus Richtung Salzburg/Villach A 10 Tauern-Autobahn, Abfahrt beim Knoten Ennstal nach Radstadt, weiter auf der B 320, bei Pruggern Richtung Sattental abfahren. Nach ca. 10 km erreicht man im Sattental den Parkplatz vor dem Schranken oberhalb des Gasthauses Winkler. Aus Richtung Wien/Linz/Graz/Klagenfurt A 9

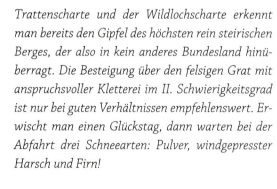

Die Querung von der Trattenscharte zur Wildlochscharte, rechts im Hintergrund das Waldhorn.

Pyhrn-Autobahn, Abfahrt Selzthal, weiter auf der B 320 bis Pruggern. Weiter wie zuvor.

Ausgangspunkt:
Vor dem Schranken oberhalb des Gasthauses Winkler (1070 m).

Aufstieg:
Über die lange Forststraße ins Sattental hinein bis zur Tagalm (6 km), im Frühjahr Fahrmöglichkeit bis zur Perneralm (1360 m). Weiter zum Talschluss und links über den Forstweg hinauf zur Langschneerinne.
Dieser kurz folgen und vor den Felsen am oberen Ende steil nach rechts ins Stierkar queren, bei der Steilstufe vorübergehend die Schier abschnallen. Über Rücken und angenehme Hänge geht es weiter zu den Goldlacken. Nach Süden zur Trattenscharte (2408 m) und weiter nach Westen zur Wildlochscharte (2444 m) queren. Über den steilen Rücken nach Norden zum Schidepot am Südostgrat. Weiter in ausgesetzter Kletterei in ca. 45 Min. anspruchsvoll zum Gipfel (II).

Abfahrt:
Wie Aufstieg, mit Varianten.

Variante Südostflanke:
Nur für perfekte Schibergsteiger! Ausgangspunkt wie oben. Ab den Goldlacken direkt durch die Südflanke steil durch eine Felsrinne (hier Schier schultern) bis unter den Umlaufergrat ansteigen. Links unter den Felsen querend zum Grat und über diesen zum Gipfel. Kurz vorher Schidepot. Abfahrt wie Aufstieg. (III–IV, Südost, 1700 Hm, 6 Std.)

Aufstiegszeit: 6 Std. 15 Min.
Höhenmeter: 1677 Hm
Tourenlänge: 13,1 km
Schwierigkeit: III–IV
Beste Zeit: Frühjahr
Exposition: Nordost
Karte: ÖK 128
GPS: Startpunkt N 47° 23' 53"
 E 13° 52' 55"
 Gipfel N 47° 20' 05"
 E 13° 49' 50"

Tipp!
Bei der Abfahrt bei Höhe 2030 m um den Ausläufer des Stierkopfes herum in die Langschneerinne steil queren und diese hinunter.

Der Lohn des langen Anstiegs – herrliche Pulverhänge unterhalb der Trattenscharte.

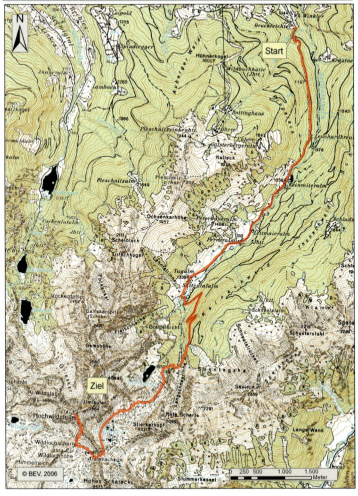

Tour Nr. **30** | Schladminger Tauern

Wasserfallspitze 2507 m
Die Profi-Schitour

Mit Sicherheit erhebt sich hier ein ganz großer, ein berühmt-berüchtigter Wintergipfel! Der Weg über Herzmaieralm, Herzmaierkar und Waschlkar ist eine Herausforderung für den erfahrenen Schibergsteiger. Der letzte Anstieg zum Schidepot erfordert gute Spitzkehren-Steigtechnik. Bei Firn bietet die stufenförmige Geländestruktur ein tolles Schivergnügen. Die Forststraße im unteren Bereich ist noch lange in das Frühjahr hinein zu befahren.

Anfahrt:
Aus Richtung Wien/Linz/Graz/Klagenfurt A 9 Pyhrn-Autobahn, Abfahrt Selzthal, weiter auf der B 320 (Ennstal-Bundesstraße) über Liezen bis Schladming. Dort abzweigen auf die L 772 Richtung Rohrmoos-Untertal. Nach ca. 5,5 km erreicht man Untertal. Weiter Richtung Riesacher Wasserfall bis zum Alpengasthaus Weiße Wand.
Aus Richtung Salzburg/Villach A 10 Tauern-Autobahn, Abfahrt beim Knoten Ennstal nach Radstadt, auf der B 320 bis Schladming. Weiter wie zuvor.

Ausgangspunkt:
Parkplatz ca. 300 m vor dem Gasthaus Weiße Wand (bei der Brücke, 1047 m).

Aufstieg:
Über die Brücke des Untertalbaches und kurz über die Wiese zur Forststraße. In Kehren hinan

Durch eindrucksvolles Kargelände zieht man hinauf zur Wasserfallspitze.

zur Jagdhütte auf der Herzmaieralm (1649 m). Weiter über freie Flächen und lichten Lärchenwald (Gedenktafel an das Lawinenunglück 1985) hinauf ins Herzmaierkar bis vor den ersten Steilaufschwung.

Möglichst rechts unter der Brechelspitze sehr steil empor und im flachen Kar zum nächsten Steilaufschwung. Mit den Schiern so weit wie möglich hinauf und das letzte Stück zu Fuß über den felsigen Grat zum Gipfel.

Abfahrt:

Wie Aufstieg, mit Varianten.

Aufstiegszeit:	4 Std. 15 Min.
Höhenmeter:	1460 Hm
Tourenlänge:	7,19 km
Schwierigkeit:	III
Beste Zeit:	Spätwinter bis Frühjahr
Exposition:	Nord
Karte:	ÖK 127
GPS: Startpunkt	N 47° 20' 10"
	E 13° 44' 26"
Gipfel	N 47° 18' 10"
	E 13° 43' 46"

Tipp!
Bei sicheren hochwinterlichen Verhältnissen erfreut die Wasserfallspitze den Könner und Genießer mit einer herrlichen Pulverabfahrt.

Die Gedenktafel erinnert an ein tragisches Lawinenunglück im Jahr 1985.

Unten: Die letzte Überwindung – nach dieser steilen Rinne erreicht man das Schidepot am Gipfelgrat.

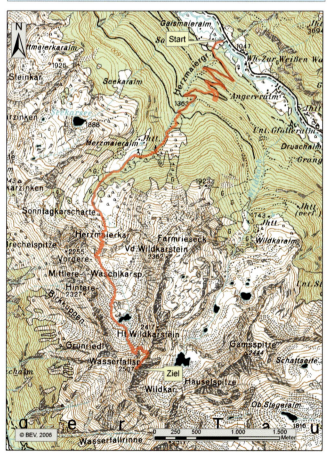

Oberes Murtal

Die Welt zu Füßen – über dem Hochtal der Krakau.

Eine Kulturlandschaft ersten Ranges! Vor allem besticht die Krakau, eine Hochebene mit den Teilgebieten Krakaudorf, Krakauschatten und Krakauhintermühlen. Sie ist Ausgangspunkt für Touren in die südlichen Wölzer und Schladminger Tauern. Die Sölkpass-Bundesstraße markiert die Grenze zwischen den beiden Berggruppen. Das Wölzertal war bereits zur Urnenfelderzeit besiedelt. Neben anderen Funden bekundet das ein im Vorjahr nächst Oberwölz gefundenes, rund 3300 Jahre altes Achtkant-Vollgriffschwert aus Bronze. Oberwölz ist eine der ältesten Städte der Steiermark (schon 1305 als „civitas" erwähnt) und gleichzeitig auch die kleinste Stadt der Grünen Mark. Der einstige wirtschaftliche Aufschwung war vor allem dem regen Handel über den heutigen Sölkpass und über den zweiten Tauernübergang des Gebietes, das Glattjoch zwischen Donnersbachwald und dem Schöttlgraben, zu verdanken.

Hier gibt es lange Täler, traumhafte Almen, und die Hütten laden zur Einkehr ein. Sanfte Bergrücken ragen bis in Höhen zwischen 2400 und 2700 Meter auf. Obwohl die Anstiege im Allgemeinen weit und anstrengend sind, übertreffen die Bilderbuch-Ausblicke all die Mühen. Der Greim beispielsweise, ein südseitiger Bergkamm, gibt besonders im Frühjahr Firn vom Feinsten her und ist bekannt als eine der tollsten Sonnentouren! Das scheint insbesondere den Frauen unter dem Tourengehervölkchen bestens zu gefallen, so zahlreich steigen sie an und schwingen herunter.

Und dann gibt es hier noch den Preber – den Grenzberg zwischen dem Land Salzburg und der Steiermark. Mit seinen 2740 Metern ragt er beachtlich weit in den Himmel über den Bergen und zählt damit zu den höchsten Erhebungen der Niederen Tauern. Er ist nicht nur der bekannteste Schiberg des Landes, sondern auch eines der beliebtesten Schitourenziele der Ostalpen: ein unwiderstehlicher Anziehungspunkt für jeden Schitourengeher, ein absolutes Muss. Denn wer könnte seinen über 1000 Höhenmeter hindernisfreien Hang in idealer Neigung unbefahren lassen, ohne danach an Entzug zu leiden? Der Preber muss zeitlich am Vormittag, am besten morgens bestiegen werden, bei fortgeschrittener Tageszeit erhöht der sumpfige Schnee die Lawinengefahr. Nicht vergessen: Harscheisen, Sonnenschutz- und Lippencreme, ausreichend Getränke. Von der Salzburger Seite aus ziehen wir immerhin rund dreieinhalb Stunden hinauf. Weiß man um die Aussicht vom Gipfel, verfliegt die Zeit aber. Oben purzelt das Herz bei dem Panorama: Gegen Süden sieht man bis zu den Julischen Alpen, im Westen bis zum Großglockner und gegen Nordwesten kann man links des nahen Rotecks das kühne Kasereck und den mächtigen Hochgolling bewundern.

Die weitläufigen Hänge der „Südabfahrt" sind die faszinierende Umsetzung der herrlichen Aussicht auf das Schifahren. Mit Juchhe-Rufen fahren wir diese Hänge im Vollgenuss hinunter, keiner bleibt stehen, auch wenn die Muskeln nicht mehr wollen.

Tour Nr. 31 | Wölzer Tauern

Greim 2474 m

Die legendäre Greimrinne

Er ist ein begehrtes Ziel, der Greim – einerseits wegen seiner guten Erreichbarkeit (Zufahrt bis zur Greimhütte auf 1649 Metern), andererseits wegen seiner tollen, nicht allzu schweren Abfahrtsmöglichkeiten, insbesondere über die weithin geläufige Greimrinne. Bestens geeignet für alle, die sich im Tourengehen versuchen wollen! Das Panorama am hölzernen Herrgottskreuz ist beeindruckend. Die Greimrinne ist bis ins späte Frühjahr hinein befahrbar, selbst wenn am Auslauf der Rinne schon die Blumen blühen.

Anfahrt:
Aus Richtung Graz/Wien von der S 36 (Murtal- Schnellstraße) auf die Bundesstraße (B 317) nach Scheifling. Dort rechts weiter auf der B 96 bis Katsch an der Mur, rechts nach St. Peter am Kammersberg abzweigen. Weiter Richtung Norden bis auf die Pöllauer Höhe, bei der Abzweigung Greimhütte links der asphaltierten Straße bis zur Greimburg folgen. Die Straße geht in einen geschotterten Forstweg über, der stetig steigend durch einen immer lichter werdenden Lärchenwald bis zur Greimhütte führt.

Der mächtige Greim – der Aufstieg verläuft annähernd entlang der oberen Licht- und Schattengrenze.

Aus Richtung Klagenfurt auf der B 317 über den Perchauer Sattel nach Scheifling. Weiter auf der B 96 nach Katsch an der Mur (oder kürzer über Neumarkt, Mariahof und Teufenbach). Weiter wie zuvor.

Ausgangspunkt:
Greimhütte (1649 m).

Aufstieg:
Von der Greimhütte nordwestwärts an Almhütten vorbei höher und nach links in die breite Flanke des Greims Richtung Greimrinne queren. Anfangs steil höher (in der Rinne oder rechts davon) und flacher der Rinne folgen bis vor die Einsattelung zwischen Sandkogel und Greim. Rechts nordwärts über den meist abgeblasenen Hang höher zum eindrucksvollen hölzernen Gipfelkreuz.

Abfahrt:
Wie Aufstieg oder durch die Greimrinne.

Das reine Vergnügen – Tiefschneeabfahrt durch die Greimrinne.

Aufstiegszeit: 2 Std. 20 Min.
Höhenmeter: 825 Hm
Tourenlänge: 2,85 km
Schwierigkeit: I
Beste Zeit: gesamter Winter
Exposition: Südost
Karte: ÖK 159
GPS: Startpunkt N 47° 13' 55"
E 14° 10' 26"
Gipfel N 47° 14' 51"
E 14° 09' 04"

Tipp!
Eventuell den Sandkogel mitnehmen.

Tour Nr. 32 — Schladminger Tauern

Preber 2740 m

Die kaiserliche Tour

Der Preber – ein allseits bekannter, massenhaft in Anspruch genommener Mode-Schiberg in den südlichen Schladminger Tauern an der Grenze zwischen der Steiermark und Salzburg. An schönen Frühjahrstagen bevölkern ihn Kolonnen von Schitourengehern, die Parkplätze bei der Ludlalm sind oft überfüllt. Und trotzdem ist er ein lohnendes Ziel, weil seine mächtigen Hänge Platz für alle bieten. Von allen Seiten sichtbar, beherrscht er den Tamsweger Raum.

Anfahrt:
Aus Richtung Salzburg/Villach A 10 Tauern-Autobahn, Abfahrt St. Michael im Lungau. Anschließend der Katschberg-Bundesstraße (B 99) ca. 5,6 km folgen. Weiter auf der B 96 (Murtal-Bundesstraße) nach Tamsweg und entlang der Preberstraße nach Prebersee. Aus Richtung Wien/Graz S 36 (Murtal-Schnellstraße), bei Judenburg auf die B 317, weiter auf die B 96 über Scheifling, Murau nach Seebach. Dort rechts auf die Landesstraße, über Krakauschatten nach Prebersee. Parkmöglichkeit beim Gasthaus Ludlalm.

Ausgangspunkt:
Parkplatz am Prebersee, Gasthaus Ludlalm (1514 m).

Aufstieg:
Entlang der nördlich abzweigenden markierten Forststraße durch schütteren Hochwald zur Eberlhütte. Diese Variante ist der leichtere, aber auch der weitere Weg (in der Karte ist der Aufstieg entlang der Sommermarkierung direkt

Gemütlich geht es vorbei an den Prodingerhütten.

zur Prodingerhütte eingezeichnet). Von der Prodingerhütte (1734 m) weiter auf der Forststraße und wieder kurz durch den Wald. Vorbei an der Preberhalterhütte (1862 m), direkt an der Waldgrenze, nun kurz nordostwärts und dann direkt über den 850 m hohen, leicht gestuften, breiten Rücken zum Vorgipfel (Schidepot, je nach Schneelage). Weiter über den unschwierigen Kamm zum Gipfelkreuz.

Abfahrt:
Wie Aufstieg oder Preberrinne.

Der Gipfel des Glücks – ein berauschender Fernblick und unten im Tal das Becken von Tamsweg.

Aufstiegszeit:	3,5 Std.
Höhenmeter:	1226 Hm
Tourenlänge:	4,84 km
Schwierigkeit:	II–III
Beste Zeit:	gesamter Winter
Exposition:	Süd
Karte:	ÖK 158
GPS: Startpunkt	N 47° 11' 06"
	E 13° 51' 16"
Gipfel	N 47° 13' 11"
	E 13° 51' 52"

Tipp!
Am besten unter der Woche!

Am Preber gibt's Schnee für alle – Abfahrt zur Prodingerhütte.

Tauplitzalm

Es ist ein malerisches, vor allem aber ein schneesicheres Gebiet. Unten liegt das idyllische Almdorf Tauplitz, im Hintergrund ragt die Runde des Karstgebirges bis hin zum Dachstein auf. Der meterhohe Schnee ist das Kennzeichen der Tauplitzalm – sie verdankt ihn ihrer meteorologischen Lage als Wetterscheide: Die Niederschläge bekommt sie sowohl von Süden als auch von Norden ab. Diese Schneesicherheit nutzen die Schitourengeher bereits seit vielen Jahren. Doch die meisten der urigen, roh zusammengezimmerten Almhütten mussten mittlerweile den kompakteren Schihütten weichen. Legendär war und ist die Grazerhütte, auf der sogar Heinrich Harrer Dienst versah und als Schilehrer zur Verfügung stand. Nach dem Zweiten Weltkrieg errang die Tauplitzalm auch internationalen Ruhm: 1954 errichtete man die Einsesselbahn vom Ort Tauplitz auf die Tauplitzalm. Mit über vier Kilometer Länge hielt sie lange den Rekord als längster Sessellift der Welt! Wer allerdings zur Zeit des beginnenden Wirtschaftswunders an einem eiskalten Wintermorgen in dem frei schwebenden Sessel Platz nahm und die Schier und den schweren Rucksack mühsam auf seinem Schoß verstaute, der fand sich nach einer halben Stunde Fahrt beinahe als Eiszapfen auf der Tauplitzalm wieder. Heute flitzt man entweder über die gut geräumte Straße oder aber mit dem Viererssessellift auf die Alm. Und die Schilifte auf dem Plateau machen dem Tourengehen eine bequeme Konkurrenz.

Das Tote Gebirge zwischen der Steiermark und Oberösterreich ist mit 1130 km² die größte Hochfläche der Nördlichen Kalkalpen und bietet sowohl im Sommer wie auch im Winter eine Vielzahl wunderschöner und anspruchsvoller Tourenziele. Eines davon, von der Tauplitzalm zu den Tragln, werden wir vorstellen. Schon seit jeher birgt die Karsthochfläche große Gefahren – in Form von tiefen Dolinenschächten. Kein Wunder, dass hier

Uraltes Almgebiet – vom Sturzhahn bis zum Steirersee.

auch etliche Unglücksfälle vorkamen. So zeugt etwa das Jungbauerkreuz aus dem Jahr 1948 von einem ungewöhnlichen Schiunfall mit tödlichem Ausgang. Am 13. März selbigen Jahres stürzte der Schitourist Jungbauer bei der Abfahrt von den Tragln in eine nur leicht verwehte Doline. Neun Admonter und drei Stainacher Bergretter forschten nach dem Vermissten. Dabei kam eine in Österreich noch nie da gewesene Novität zum Einsatz: Die Retter ließen sich an einem Stahlseil in den Schacht hinabseilen. Der Frontmann der Rettungsmannschaft berichtete die Details: *Mit zwei Rossen haben wir die Stahlseile auf zwei Trommeln hinaufbringen lassen, mein Vater ließ sich 60 Meter tief in den Schacht hinunterfahren, er hat den Verunglückten nicht gefunden. „Da unten ist alles schwarz und schiach, es geht noch tiefer", sagte er, nach oben gekommen. Ich bin dann selbst hinuntergefahren, über das Risiko habe ich nicht nachgedacht, den Verunglückten habe ich nicht gefunden, obwohl ich 180 Meter tief im Schacht war! Es gab keine Verständigung nach oben – ich musste aufgeben.*

Erst 30 Jahre später entdeckten Höhlenforscher die Überreste des Vermissten. Derzeit ist die Unglücksstelle einer der Eingänge in den Burgunderschacht, eines der tiefsten Höhlensysteme Österreichs.

Gottlob, dass die Aufstiegsroute heute mit Markierungsstangen gut gekennzeichnet ist. So können wir getrost unsere Spuren in der frisch verschneiten, unberührten Winterlandschaft ziehen, vorbei an den Steirerseehütten. Weiter oben strahlen die von der Sonne beschienenen Tragl-Felsen Wärme ab. Entlang der markierten Stangen erreichen wir bei blauem Himmel und leichtem, eisigem Wind den Gipfel. Ja, die Tauplitz, das heißt sich sonnen und dann Schi fahren oder umgekehrt. Die Fernsicht ist einmalig, der Dachstein zum Greifen nahe. Der Bergführer namens Pulver-Pauli jauchzt: „Pulver!!!" – und für alle erfüllt die nachfolgende Abfahrt ihre kühnsten Träume.

Tour Nr. 33 | Totes Gebirge

Großes Tragl 2179 m

Schigenuss überm Steirersee

Unter den Wänden des Großen Tragls geht es über sanfte Kuppen zum Traglhals.

Der hoch gelegene Ausgangspunkt und die damit verbundene Schneesicherheit machen aus dem Großen Tragl einen nahezu idealen Gesamtwinter-Schiberg. Nach dem Start und nach dem Passieren des Steirersees führt der Weg im Angesicht der auffallenden Felsengestalt des Sturzhahns stufenförmig nach oben. Die Schneestangen-Markierung ist eine wichtige Hilfe im schön durchsetzten Gelände. Der Aufstieg führt über dolinenreiches Gelände und erfordert wachsame Augen.

Anfahrt:

Aus Richtung Graz/St. Michael A 9 Pyhrn-Autobahn, Abfahrt Selzthal. Weiter auf der B 320 Richtung Salzburg bis Trautenfels, dann auf der B 145 (Salzkammergut-Bundesstraße) Richtung Bad Aussee. In Bad Mitterndorf abbiegen auf die L 730. Die Tauplitzalm ist von Bad Mitterndorf über eine 10 km lange Panoramastraße mit Mautgebühr zu erreichen bzw. von Tauplitz aus mit der Viersesselbahn mit Wetterschutzhauben.

Aufstiegszeit:	2 Std. 45 Min.
Höhenmeter:	720 Hm, Gegenanstieg vom Steirersee
Tourenlänge:	6,76 km
Schwierigkeit:	II
Beste Zeit:	gesamter Winter
Exposition:	Südwest
Karte:	ÖK 97
GPS: Startpunkt	N 47° 35' 57" E 14° 00' 25"
Gipfel	N 47° 37' 08" E 14° 01' 55"

Tipp!
Südwestseitige imposante Abfahrt über das Langkar hinunter zum Geisterwald. Gegenaufstieg 1–1,5 Std. zum Hollhaus.

Schwung um Schwung – ein Traumtag über dem Steirersee.

Aus Richtung Salzburg auf der B 158 nach Bad Ischl, dort auf die B 145 Richtung Bad Aussee bis Bad Mitterndorf. Weiter wie zuvor.
Aus Richtung Villach/Salzburg A 10 Tauern-Autobahn, Abfahrt beim Knoten Ennstal nach Radstadt, auf der B 320 (Ennstal-Bundesstraße) nach Trautenfels. Weiter wie zuvor.

Ausgangspunkt:
Tauplitzalm, Parkplatz (1590 m).

Aufstieg:
Vom Parkplatz zum Naturfreunde-Haus (1630 m) und weiter in Richtung der Steirerseehütten abfahren (langes Flachstück, auch ohne Felle möglich). Links an den Hütten vorbei und in nördlicher Richtung an den Ausläufern des Sturzhahnes entlang. Der Wintermarkierung strikt folgend unter den Felswänden des Tragls hinauf zum Traglhals (2070 m). Nach Süden zum Gipfel.

Abfahrt:
Wie Aufstieg (auf die Dolinen-Markierungen achten!).

Variante Nachbargipfel Almkogel:
Ausgangspunkt und Anstieg wie zuvor zum Steirersee. Weiter östlich zum Schwarzensee und zur Leistenalm (1647 m). Von dort über das Steigtal bergauf zur Zirbenleiten und auf das Kleinfeld (1899 m). Am breiten Gipfelhang leicht rechts haltend zum Schidepot am meist überwechteten Grat. Über Schrofengelände zum Gipfelkreuz. Abfahrt wie Anstieg. (II, Südwest, ca. 700 Hm, einige Gegenanstiege, 3,5 Std.)

Haller Mauern

Das wild zerklüftete Gebirge über dem Talboden Admont – Hall – Weng wurde in Urzeiten von eiszeitlichen Gletschern gefurcht und ist auch heute noch kaum erschlossen. Das bedeutet aber auch, von ganz unten aus aufzubrechen, wodurch sich die Aufstiege zu den Gipfeln besonders langwierig gestalten und über sehr viele Höhenmeter führen. Im Frühjahr besteht in tiefen Lagen das Hindernis des Schneemangels, was zusätzliche Mühe heißt, nämlich die Schier zu schultern. Besonders hervorzuheben ist der wildromantische Aufstieg zum Gipfel der Kreuzmauer und danach die rassige Firnabfahrt. Bei dieser Tour bitte unbedingt die Harscheisen mitnehmen. Für manche Tourengeher ist beim vereisten Gipfelaufbau mit dem Schidepot bereits das Ziel erreicht. Denn diese Felsformationen sind sehr ausgesetzt, dafür schwebt der Blick nach Norden luftig weit nach Oberösterreich hinein. In Richtung Süden präsentieren sich der imposante Reichenstein und das Hochtor.

Die schneearmen Verhältnisse im Tal tun jedoch der Freude keinen Abbruch, dass man in den Haller Mauern bis weit in den April hinein Schitouren unternehmen kann. Vielleicht blühen auf den aperen Fleckerln in der Alm- und Waldzone bereits Schneerosen, Soldanellen oder der Seidelbast. Im Vorfrühling keimt in den sonnigen Haller Mauern die ganze bunte Blumenpracht auf, die zwei Monate später die Gipfelhänge wie ein Blütenmeer überzieht. Auf dem Grabnerstein – dem schönsten Blumenberg der Steiermark – kann man im Juni sogar die Narzisse bewundern. Ebendort hat Pater Gabriel Strobl, der Mönch mit der Botanisiertrommel und Gründer des Naturhistorischen Museums im Stift Admont, im 19. Jahrhundert seine Studien betrieben. Um 1074 wurde das zweitälteste Kloster der Steiermark geweiht. Die wirtschaftliche Grundlage bildeten unter anderem das Erz und der Salzabbau. Der Talboden gehörte zum Stift, durch Rodungen wurde der Besitz erweitert.

Zahlreiche Bergweiden lagen früher in den Verebnungen südlich der Gipfelkette zwischen Pyhrgas und Lahnerkogel. Speziell bei der Tour auf den Grabnerstein stößt der Schitourengeher auch im Winter auf die Spuren der alten Almen und ihren ehemaligen Anlagen. An der Landwirtschaftsschule (früher Alpschule) Grabnerhof vorbeifahrend, benützt man ab dem Buchauer Sattel den „neuen" verfestigten Almweg, der 1910 erbaut wurde. Und auch die Flurnamen der freien schneebedeckten Almflächen wie Kleinboden, Großboden und Freitagleitn weisen auf ihre seinerzeitige landwirtschaftliche Nutzung hin. Bis auf den Gipfel wurde früher geweidet. Nordseitig wurde das Vieh des Grabnerbauern tief unten am Großen Seeboden über das Grabnertörl (heute beim Admonterhaus) getrieben. Außerdem trotteten ansehnliche Herden im Sommer den weiten Weg über das Grabnertörl zu den Almen zwischen Haller Mauern und Laussabach. Der Schitourist wandelt also zeitweise „auf den Spuren der Almochsen". Aber wenigstens die steileren Gipfel wie der Pyhrgas oder die Kreuzmauer müssen doch den kletternden Gesäuse-Pionieren vorbehalten gewesen sein? Falsch getippt: Bereits im Jahr 1709 stellte man anlässlich eines Grenzstreites zwischen der Steiermark und Oberösterreich auf diesen beiden Gipfeln Grenzsteine auf. Wer vom Wintergipfel der Kreuzmauer bei guten Schneeverhältnissen zum Sommergipfel hinüberspurt, weiß um die Ausgesetztheit dieses Gipfels und warum in den Haller Mauern der Name „Mauer" enthalten ist.

Eine Bergwelt der Superlative – der Blick ins obere Ennstal begleitet uns auf den letzten Schritten zum Gipfel des Lahnerkogels.

Tour Nr. 34 | Haller Mauern – Ennstaler Alpen

Lahnerkogel 1834 m

Die In-Tour über dem Pyhrnpass

Die letzten Sonnenstrahlen verzaubern den Gipfelbereich des Lahnerkogels.

Schon im Frühwinter kann man eine Tour auf den Lahnerkogel hinauf wagen, zudem durch die höhere Ausgangslage auch noch relativ unschwierig. Die klotzigen Lawinenverbauten lassen erahnen, dass dieser Lahnerkogel seinen Namen nicht zu Unrecht trägt, denn Lahn heißt bekanntlich in unserer Mundart Lawine, und folglich ist hier ganz besondere Vorsicht walten zu lassen. An und für sich bietet der Berg Tourenschnee für den gesamten Winter an. Die Aussicht zum Warscheneck und ins Sengsengebirge über dem Windischgarstener Becken ist einfach erfüllend.

Anfahrt:

Aus Richtung Graz/St. Michael A 9 Pyhrn-Autobahn, Abfahrt Selzthal, und weiter nach Liezen. Hier bei der zweiten Ampelkreuzung rechts auf die Hauptstraße. Dem Straßenverlauf folgend auf die B 138 (Pyhrnpass-Bundesstraße). Ca. 150 m vor der Passhöhe rechts beim Gebäude

Ein kalter Winterabend — Blick zum Bosruck.

der Straßenmeisterei oder gegenüber parken. Aus Richtung Linz A 9 Pyhrn-Autobahn, Abfahrt Spital am Pyhrn, weiter auf der B 138 in Richtung Liezen. Ca. 150 m nach der Passhöhe links beim Gebäude der Straßenmeisterei oder gegenüber parken.

Ausgangspunkt:
Parkplatz unweit der Pyhrnpasshöhe bei der Straßenmeisterei (961 m).

Aufstieg:
Den markierten Weg rechts weg auf einer Forststraße, durch den Fuchsgraben weiter zur freien Fläche der Fuchsalm. Diese links liegen lassend über Hochwald in Kehren zur markanten Waldschneise. Zügig hinauf und im oberen Bereich steiler über den Gratrücken (meist abgeblasen) vorbei an den Lawinenverbauten zum Gipfelkreuz des Lahnerkogels.

Abfahrt:
Wie Anstieg, mit Varianten; im oberen Bereich nicht der ersten Rinne folgen.

Aufstiegszeit: 2,5 Std.
Höhenmeter: 873 Hm
Tourenlänge: 3,18 km
Schwierigkeit: II–III
Beste Zeit: gesamter Winter
Exposition: West
Karte: ÖK 98
GPS: Startpunkt N 47° 37' 09"
E 14° 17' 55"
Gipfel N 47° 37' 08"
E 14° 19' 50"

Tipp!
Nordabfahrt ins Sandkar für Extremschifahrer (IV).

Abfahrt zum Pyhrnpass mit Licht und Schatten.

Lahnerkogel, 1834 Meter, ÖK 50 Kartenausschnitt

111

Tour Nr. 35

Haller Mauern – Ennstaler Alpen

Scheiblingstein 2197 m

Schiparadies in alpiner Landschaft

Als einer der bekanntesten Schiberge der Haller Mauern ist der Scheiblingstein zu nennen. Den Kräfte raubenden Anstieg über fast 1500 Höhenmeter belohnt er mit einer hinreißenden Aussicht zur wuchtigen Berggestalt des Pyhrgas und mit herrlichen Tiefblicken ins Admonter Becken. Die Abfahrt führt über die oft genannte „Lange Gasse".

Anfahrt:

Aus Richtung Graz/St. Michael und Linz A 9 Pyhrn-Autobahn, Abfahrt Ardning und auf die Gesäuse-Bundesstraße (B 146) nach Admont, von hier über Hall nach Mühlau bis zum Ende der Fahrmöglichkeit.

Aus Richtung Salzburg/Villach A 10 Tauern-Autobahn, Abfahrt beim Knoten Ennstal nach Radstadt, auf der B 320 bis Liezen und weiter auf der B 146 nach Admont. Weiter wie zuvor.

Ausgangspunkt:

Mühlau (749 m).

Aufstieg:

Auf der Forststraße zur Gstattmaier-Niederalm (963 m), der Markierung folgend (Sommerweg) durch steileren lichten Wald hinauf zur Pyhrgas-Jagdhütte (1352 m) am Ende der Steilstelle. Weiter rechts haltend in die Lange Gasse.

Malerische Winterlandschaft — vorbei am Pyhrgas-Jagdhaus und hinauf zur Langen Gasse.

Nordöstlich vorbei unter den Wänden des Großen Pyhrgas, bis man den Verbindungsrücken zwischen Pyhrgas und Scheiblingstein erreicht (Wegweiser). Hier meist Schidepot, da der Weg über den Grat häufig vereist ist. Rechts aufwärts zu Fuß zum Gipfel.

Abfahrt:
Wie Aufstieg (mit Varianten) durch die Lange Gasse.

Variante von der oberösterreichischen Seite:
Ausgangspunkt ist die Bosruckhütte (1043 m), von Spital am Pyhrn aus erreichbar: Fahrmöglichkeit bis kurz vor die Hütte. Dann dem markierten Weg zum Pyhrgasgatterl (1308 m) folgen. Vom Gatterl ca. 100 Hm abfahren und über eine Forststraße ins Goldkar und weiter zur Pyhrgas-Jagdhütte (1352 m) queren. Weiter wie Haupttour. Abfahrt wie Anstieg, kurzer Gegenanstieg zum Pyhrgasgatterl.
(II–III, West + Südwest, 1254 Hm, 4 Std.)

Rechts: In der Langen Gasse — vor uns das Ziel: die markante Gestalt des Scheiblingsteins.

Scheiblingstein, 2197 Meter, ÖK 50 Kartenausschnitt

Mit Stil den Westhang hinunter ...

Aufstiegszeit:	4,5 Std.
Höhenmeter:	1448 Hm
Tourenlänge:	6,98 km
Schwierigkeit:	II–III
Beste Zeit:	Frühjahr, bei sicheren Verhältnissen schon im Jänner
Exposition:	Südost + Südwest
Karte:	ÖK 99
GPS: Startpunkt	N 47° 37' 39" E 14° 26' 26"
Gipfel	N 47° 39' 10" E 14° 25' 23"

Tour Nr. | Haller Mauern – Ennstaler Alpen

36 Kreuzmauer 2091 m

Eine Firnabfahrt voller Biss und Klasse

Heikle Querung – der Gipfel in Reichweite, der Tiefblick unvergesslich.

Nach einem abwechslungsreichen und schweren Anstieg ist im Gipfelbereich noch zusätzlich alpines Gelände zu erklimmen. Wie beim Scheiblingstein wird man durch die traumhaften Ausblicke belohnt. Durch die Südlage der übrigen Hänge ist die Kreuzmauer idealerweise als Frühjahrstour mit Firngenuss geeignet.

Anfahrt:
Aus Richtung Graz/St. Michael und Linz auf der A 9 Pyhrn-Autobahn, Abfahrt Ardning, und auf der Gesäuse-Bundesstraße (B 146) bis nach Admont, von hier über Hall nach Mühlau bis zum Ende der Fahrmöglichkeit.
Aus Richtung Salzburg/Villach A 10 Tauern-Autobahn, Abfahrt beim Knoten Ennstal nach Radstadt, auf der B 320 bis Liezen und weiter auf der B 146 nach Admont. Weiter wie zuvor.

Ausgangspunkt:
Mühlau (749 m).

Aufstieg:
Auf der Forststraße Richtung Norden, bis nach etwa 500 m rechts nordostwärts die Forststraße in den Volkernotgraben (Wegweiser zur Kreuzmauer) abzweigt. Nach links und in Kehren hinaufziehen (900 m, die oberste Kurve kann abgekürzt werden, indem man rechts neben einem Wildgatter ansteigt). Weiter auf der Forststraße durch zwei Tunnels bis zum Ende der Straße bei einer Grabenteilung. Links den mit Gebüsch be-

Bei frühlingshaften Temperaturen sind die Anstrengungen des Aufstiegs bald vergessen.

Aufstiegszeit:	3 Std. 55 Min.
Höhenmeter:	1342 Hm
Tourenlänge:	5,31 km
Schwierigkeit:	III–IV
Beste Zeit:	Frühjahr
Exposition:	Süd
Karte:	ÖK 99
GPS: Startpunkt	N 47° 37′ 39″
	E 14° 26′ 26″
Gipfel	N 47° 39′ 18″
	E 14° 26′ 39″

Tipp!
Nicht zu spät in die Südhänge einfahren, Vorsicht im steilen Gipfelbereich.

wachsenen Graben hinan und in einem weiten Bogen nach Nordwest ins breite, schöne Südkar. Unter der Kreuzmauer rechts auf einen Rücken, auf dem man bis zum felsigen Gipfelaufbau ansteigt (hier Schidepot). Nur bei sehr guten Verhältnissen mit den Schiern zum Gipfel aufsteigen. Die Steilabfahrt vom Gipfel ist nur etwas für Top-Tourengeher!

Abfahrt:
Wie Aufstieg, mit Varianten.

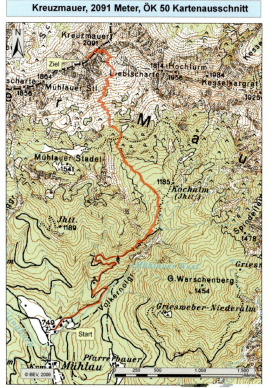

Ein Teppich wie aus Samt und Seide – eine Firnabfahrt voller Klasse.

Tour Nr. 37 | Haller Mauern – Ennstaler Alpen

Grabnerstein 1847 m

Winterzauber über dem Buchauer Sattel

Vom Admonter Talboden führt die Verbindungsstraße über den Buchauer Sattel hinüber nach St. Gallen, wo sich ein sanftes Hochplateau eröffnet. Die Wege zur Grabneralm und zum Admonterhaus sind im unteren Bereich identisch mit unserem Anstieg. Ab der Grabneralm wird der Anstieg Richtung Grabnerstein richtiggehend alpin und stufenförmig. Am Gipfel warten Ausblicke in die bizarren Spitzen und Grate der gegenüberliegenden berühmten Gesäuseriesen wie Hochtor, Ödstein und Reichenstein.

Anfahrt:
Aus Richtung Graz/Klagenfurt/Wien und Linz auf der A 9 Pyhrn-Autobahn, Abfahrt Ardning, und auf die Gesäuse-Bundesstraße (B 146) bis nach Admont, von hier über Weng zum Buchauer Sattel.

Aus Richtung Salzburg/Villach A 10 Tauern-Autobahn, Abfahrt beim Knoten Ennstal nach Radstadt, auf der B 320 bis Liezen und weiter auf der B 146 nach Admont. Weiter wie zuvor.

Ausgangspunkt:
Buchauer Sattel, Parkplatz 100 m links bei den Hofgebäuden (868 m).

Aufstieg:
Zunächst über die ebene Wiese und der markierten Forststraße entlang bis zur Grabneralm (1391 m). Die freien Hänge kurz vor der Grabneralm, über die die Straße führt, sind bei Neuschneemengen genauestens zu beobachten! Weiter in östlicher Richtung leicht ansteigend queren bis zum flachen Sattel zwischen Grabnerstein und Zilmkogel (1598 m). Über den ausgeprägten Rücken auf den Grabnerstein.

Ein Traumtag – die Sonne als ständiger Begleiter spendet Energie für den Anstieg.

Nach der Grabneralm wird der Weg alpin.

Oben: Der Blick vom Gipfel zu den Gesäusebergen – bizarre Spitzen und Grate.

Abfahrt:
Wie Anstieg, mit Varianten; oder direkt südlich zur Anstiegsquerung.

Variante: Mittagskogel (2041 m):
Nur für geübte Schibergsteiger! Ausgangspunkt und zunächst weiter wie bei der Haupttour. Dann von der Grabneralm (1391 m) weiter zum Admonterhaus (1723 m). Den steilen südseitigen Gratrücken (Vorsicht, Abbrüche!) empor zum Gipfel. (III–IV, Süd, 1150 Hm, 3,5 Std.)

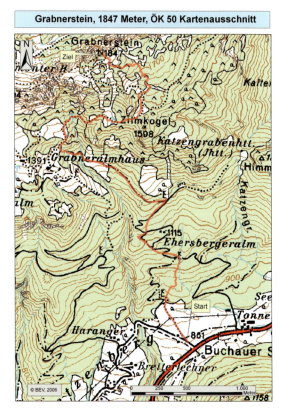

Grabnerstein, 1847 Meter, ÖK 50 Kartenausschnitt

Aufstiegszeit:	2 Std. 50 Min.
Höhenmeter:	979 Hm
Tourenlänge:	4,88 km
Schwierigkeit:	II
Beste Zeit:	gesamter Winter
Exposition:	Süd
Karte:	ÖK 99
GPS: Startpunkt N 47° 36' 39"	Gipfel N 47° 37' 58"
E 14° 30' 48"	E 14° 30' 16"

Kaiserau – Johnsbachtal

Von Admont kommend bahnt sich die Enns ihren Weg und bricht am so genannten Gesäuse-Eingang rauschend und sausend durch einen tiefen Felseinschnitt zwischen Himberstein und Haindlmauer. Die Nordwände des Gesäuses sind beim ersten Anblick Furcht erregend, und sie bleiben auch Kletterziele – nur für die besten Alpinisten. Gleichwohl zieht die pittoreske Landschaft auch den Tourengeher in ihren Bann, so wie schon seinerzeit: *Einzig schön sind die Gesäuseberge im Winter; reich an packenden Bildern des Hochgebirges. Weite wellige Flächen branden gleich riesigen erstarrten Wogen um trutzige Felsburgen, die des Winters Macht, alles Schartige ausgleichend, zu ruhigeren Formen gestaltet.* Weitere Eindrücke dieser Art kann man im „Führer für Schneeschuhläufer durch die Ennstaler Alpen", verfasst von den Bergpionieren Josef Borde und Adolf Noßberger im Jahr 1921, nachlesen.

Die bizarren Felsmonumente entlang des Johnsbachtales zeugen nicht nur von der fortwährenden Veränderung der Landschaft durch Erosion, sondern sie beflügeln seit jeher auch die Phantasie der Menschen. So wurden die eigenartigen Gebilde „Amtmannsgalgen", „Buckliger Schneider" oder „Helllichter Stein" genannt, und am Johnsbacher „Sagenweg" kann man sich über die Mythen und Legenden, die sich um sie ranken, bestens informieren. Zu dieser Thematik passt auch der bekannte Bibelweg in Johnsbach. Er führt über elf Stationen mit Bildstöcken, die vom Künstler Helmut Witte gestaltet wurden.

Das Johnsbachtal ist ein Schitouren-Eldorado nicht nur für Abenteuerhungrige. Zwar finden wir eine Vielfalt von großartigen, rassigen und hochalpinen Touren in einer bizarren Bergwelt, doch ausgleichend bietet das Tal auch ruhige und wunderschöne Routen in einer herrlichen Almlandschaft. Und gerade die Almen werden in den letzten Jahren bei zahlreichen Tourengehern immer beliebter. Überhaupt ist hier das Ziel je nach Schneelage variierbar. Für den Eingeweihten gibt es noch genug unberührte Plätze.

Blickt man vom Leobner zum Festkogel, so denkt man nicht einmal im Traum daran, dass hier eine Möglichkeit für eine „normale" Schitour besteht – einen solch abweisenden und steilen Eindruck macht das Gelände aus der Entfernung. Offenen Mundes starren wir die Teufelshänge an, die uns gehörigen Respekt abnötigen. Unwillkürlich kommt einem der Bergsteigerfriedhof von Johnsbach in den Sinn, wie er unterhalb seiner schaurig schön verschneiten Oberfläche die Verunglückten birgt. Nichtsdestotrotz ist man verwundert und über sich selbst erstaunt, wenn man dann ein oder zwei Tage später eine faszinierende Tour inmitten dieser prachtvollen alpinen Landschaft, inmitten der verschneiten Bergwelt von Großem Ödstein, Schneekarturm und Hochtor erlebt. Im Nachhinein genießt man seine Leistung noch mehr, insbesondere beim Festkogel. Die Abfahrt – ob im Pulver- oder Firnschnee – ist und bleibt ein Highlight. Die Lawine vom Hochtor sollte sicherheitshalber aber schon abgegangen sein.

Das Johnsbachtal war einst ein Zentrum des Bergbaues. Montan-Archäologen fanden bis weit hinauf auf die Almen Spuren von den einstigen Verhüttungsstätten des begehrten Kupfererzes. Sie konnten anhand der Schlackenfunde nachweisen, dass in dem Erz führenden Haselgebirge zwischen dem Palten- und dem Ennstal vor etwa 3500 Jahren eine regelrechte Montan-Industrie bestand, die größte in den Ostalpen. Wer nach Johnsbach selbst, eine 173 Einwohner/innen zählende Gemeinde, will, muss tatsächlich durch ein in Fels gehauenes Tor. Der Ort auf 1000 Metern Seehöhe zählt zum Kerngebiet des Nationalparks Gesäuse. Mehrere Gasthäuser (Kölblwirt, Ödsteinblick und Donnerwirt) sind nach einem Schitourentag begehrte Stützpunkte. Als weiterer Ausklang für Outdoor-Romantiker ist eine nächtliche Rodelabfahrt von der Ebneralm durch die wildromantische Ebnerklamm zu empfehlen.

Am Lahngangkogel erwartet uns die einmalige Kulisse der Hochtorgruppe.

Tour Nr. 38 | Gesäuseberge

Lahngangkogel 1778 m

Der sportive Allwetterberg

Zwischen Trieben und Admont liegt das Hochplateau der Kaiserau, das vom Admonter Kalbling überragt wird. Auf der Hochebene befindet sich ein kleines Wintersportzentrum, wodurch sich der Lahngangkogel als Schlechtwetterberg der besonderen Art etablieren konnte. Auch für Eingeh- und Anfängertouren ist er wärmstens zu empfehlen. Durch die fakultative Liftbenützung und den sicheren Waldanstieg steht man relativ schnell am Gipfel mit seinem kolossalen 3-D-Panorama auf die berühmten Gesäusewände.

Anfahrt:

Aus Richtung Graz/Klagenfurt/Wien ebenso wie von Liezen/Salzburg auf der A 9 Pyhrn-Autobahn, Abfahrt Trieben. Weiter auf der Kaiserauer Landesstraße (L 713) Richtung Kaiserau/Admont bis zu den Parkplätzen der Kaiserau-Lifte. Vom Ennstal und von Oberösterreich kommend, bis Admont und über die Kaiserauer Landesstraße (L 713) Richtung Kaiserau/Trieben zu den Parkplätzen der Kaiserau-Lifte.

Die stürmischen Tage sind vorbei – ein Zauberwald am Lahngangkogel.

Panoramablicke zu den Bergen des Gesäuses — Kreuzkogel, Kalbling, Sparafeld und Reichenstein.

Ausgangspunkt:
Kaiserau-Lifte (1131 m).

Aufstieg:
Die rechte Piste aufwärts und bei der Bergstation des langen Schleppliftes links der Forststraße folgen. Bevor sie einen Graben überquert, geht es rechts über steileres Waldgelände bergauf. Nach 150 Hm erreicht man den markanten Gratrücken, der sanft im lichten Wald zum Gipfel führt.

Abfahrt:
Vom Gipfel dem Nordostrücken folgen, abfahren und nach einem kurzen Gegenanstieg weiter zum Kalblinggatterl und zur Oberst-Klinke-Hütte (1486 m) schwingen. Über die präparierte Straße zum Lift. Die Abfahrt in Richtung Flitzen entpuppt sich öfters als ein Pulvertraum. Den kurzen Gegenanstieg nimmt man dafür gerne in Kauf.

Variante über die Oberst-Klinke-Hütte (1486 m):
Vom Parkplatz der Kaiserau-Lifte (1131 m) auf dem Schiweg zur Oberst-Klinke-Hütte und weiter zum Kalblinggatterl (Kreuz). Von dort rechts durch Hochwald auf einen Rücken, der hinauf zu einer Kuppe führt und hinan über den breiten Gratrücken (kurz abfahren) zum Lahngangkogel-Gipfel. Abfahrt wie zuvor. (I, Nordost, 660 Hm, 2,5 Std.)

Aufstiegszeit: 1 Std. 55 Min.
Höhenmeter: 647 Hm
Tourenlänge: 2,96 km
Schwierigkeit: I
Beste Zeit: gesamter Winter
Exposition: West + Nordost
Karte: ÖK 99
GPS: Startpunkt N 47° 31' 37"
 E 14° 29' 07"
 Gipfel N 47° 31' 43"
 E 14° 30' 31"

Tipp!
Bei Liftbenützung verkürzt sich der Aufstieg.

Kurze Rast im Schnee ...

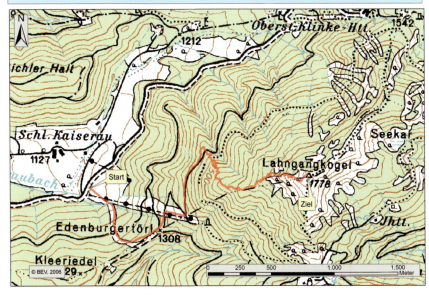

Lahngangkogel, 1778 Meter, ÖK 50 Kartenausschnitt

Tour Nr. | Eisenerzer Alpen – Gesäuseberge

39 | Blaseneck 1969 m

Der vom Wind Gezauste

Das Blaseneck, wie der Leobner im Eisenerzer Alpenhauptkamm gelegen, genießt einen guten Ruf bei den Schitourengehern. Besonders der Zugang aus dem Hinteren Johnsbachtal wird vor allem an Wochenenden gerne genützt. Es sind nicht nur Steirer, die hier unterwegs sind, sondern zum Großteil sogar Oberösterreicher. Die Tour ist an und für sich nicht schwierig, im oberen Bereich gibt es nordseitig einige Abfahrtsvarianten. Seinen Namen verdient das Blaseneck wegen seiner turbulenten Luftzirkulationen übrigens zu Recht.

Anfahrt:
Aus Richtung Graz/Klagenfurt/Wien ebenso wie von Liezen/Salzburg und Linz A 9 Pyhrn-Autobahn, Abfahrt Ardning und über die Gesäuse-Bundesstraße (B 146) nach Admont und weiter ins Gesäuse. Beim Gasthof Bachbrücke nach Johnsbach abzweigen, weiter bis zum Kölblwirt und zum Gscheidegger am Ende des Tals. Mit Schneeketten ist die Weiterfahrt bis ganz in den Talschluss möglich. Eine weitere Anfahrt aus dem Süden bzw. aus dem Osten ist

Windverblasen – wie der Name schon sagt. Im Hintergrund der Leobner.

Blaseneck, 1969 Meter, ÖK 50 Kartenausschnitt

Wenn das Herz des Tourengehers höher schlägt – im Angesicht des Blasenecks.

Links: Tief eintauchen in die Schneehänge des Blasenecks.

über die Abfahrt Traboch – Eisenerz – Hieflau – Johnsbach möglich. Von Westen Anreise auch über Eisenerz – Hieflau – Gstatterboden.
Aus Richtung Salzburg/Villach A 10 Tauern-Autobahn, Abfahrt beim Knoten Ennstal nach Radstadt, auf der B 320 bis Liezen und weiter auf der B 146 nach Admont. Weiter wie zuvor.

Ausgangspunkt:
Johnsbachtal, Parkplatz (980 m) zwischen Ebnerklamm und dem Gehöft Gscheidegger. Mit Schneeketten kann man auch im Talschluss (1080 m) parken.

Aufstieg:
Vorbei am Gscheideggerhof auf der Forststraße taleinwärts zur ersten Abzweigung bei der Hinweistafel zur Ploden. Die Forststraße hinauf auf die Breitenbergeralm (1355 m) zum Fuße der Ploden. Die flachen Almwiesen hinauf und leicht rechts haltend über lichte Hänge. Weiter geht es über kurze Steilstufen in eine flache Mulde. Von dort rechts über den Rücken in westlicher Richtung zum Gipfelhang. Steil hinauf auf den Grat und über diesen zum Gipfel. Oder man steigt beim Johnsbach-Lift über die Lifttrasse bis zur Forststraße auf, geht bis zur Breitenbergeralm und von dort steigt man wie bei der Haupttour auf.

Abfahrt:
Wie Aufstieg, mit Varianten.

Variante über den Sebringgraben:
Ausgangspunkt ist das Gasthaus Ödsteinblick (853 m) in Johnsbach. Südlich im Sebringgraben auf der Forststraße bis zur Wölgeralm. Weiter durch Waldgelände zur Kainzenalm (1620 m), dann auf den Nordrücken und zum Gipfelkreuz. Abfahrt wie zuvor – oder wie hier Aufstieg. (II, Nordwest, 1116 Hm, 3,5 Std.)

Aufstiegszeit: 3 Std. 15 Min.
Höhenmeter: 989 Hm
Tourenlänge: 6,63 km
Schwierigkeit: II–III
Beste Zeit: gesamter Winter
Exposition: Nordost
Karte: ÖK 100, 131
GPS: Startpunkt N 47° 31' 35"
E 14° 38' 45"
Gipfel N 47° 29' 53"
E 14° 37' 17"

Tipp!
Nur bei sicheren Verhältnissen: Einfahrt in das Nordkar.

Tour Nr. 40

Eisenerzer Alpen – Gesäuseberge

Leobner 2036 m

Der Hit im Johnsbachtal

Sonnenlicht kämpft sich auf den letzten Schritten zum Gipfel durch den Nebel.

Wohl einer der meistbegangenen Schigipfel der Eisenerzer Alpen. Besonders gerne wird er aus dem Johnsbachtal über den schweißtreibenden Sautrog bestiegen. Im oberen Bereich geht es gemütlich durch das weite Kar zum Aussichtsgipfel. Beim Rundblick zu den Gesäusebergen, zur gegenüberliegenden Pyramidenspitze des Lugauers, zu den Seckauer und zu den Rottenmanner Tauern schlagen Augen und Herz Saltos.

Anfahrt:

Aus Richtung Graz/Klagenfurt/Wien ebenso wie von Liezen/Salzburg und Linz A 9 Pyhrn-Autobahn, Abfahrt Ardning und über die Gesäuse-Bundesstraße (B 146) nach Admont und weiter ins Gesäuse. Beim Gasthof Bachbrücke nach Johnsbach abzweigen, weiter bis zum Kölblwirt und zum Gscheidegger am Ende des Tals. Mit Schneeketten ist die Weiterfahrt bis ganz in den Talschluss möglich. Eine weitere Anfahrt aus dem Süden bzw. aus dem Osten ist über die Abfahrt Traboch – Eisenerz – Hieflau – Johnsbach möglich. Von Westen Anreise auch über Eisenerz – Hieflau – Gstatterboden.

Aus Richtung Salzburg/Villach A 10 Tauern-Autobahn, Abfahrt beim Knoten Ennstal nach Radstadt, auf der B 320 bis Liezen und weiter auf der B 146 nach Admont. Weiter wie zuvor.

Ausgangspunkt:

Johnsbachtal, Parkplatz (980 m) zwischen Ebnerklamm und dem Gehöft Gscheidegger. Mit

Schneeketten kann man auch ganz im Talschluss (1080 m) parken.

Aufstieg:
Vorbei am Gehoft Gscheidegger die Forststraße taleinwärts zur Grössingeralm (1319 m). Die Hütten links liegen lassen und durch die Steilmulde, den Sautrog, ein stellenweise sehr enges Grabengelände, hinauf zum Leobnertörl (1730 m). Südseitig etwas hinunter in das Kar und weiter ostwärts bis zur hintersten Karmulde zu einem sehr markanten Stein. Links haltend (nach Süden) hinauf zum Ostgratrücken und darüber zum Gipfelkreuz des Leobners.

Abfahrt:
Wie Aufstieg oder Nordwest- und Ostabfahrt bei sicheren Verhältnissen.

Variante von Vorwald am Schoberpass:
Ausgangspunkt ist das Gasthaus Gruber (830 m) in Vorwald, rund 1,5 km von Wald am Schoberpass an der B 116 in Richtung Trieben. Von dort über die Straße rechts der Paltenklamm in den Puchgraben. In nördlicher Richtung ansteigend zur Aigelsbrunneralm (1526 m). Weiter durch das Kar zum Leobnertörl – weiterer Anstieg wie Haupttour. Abfahrt wie Haupttour oder direkt zur Aigelsbrunneralm. (II–III, Südost, 1206 Hm, 4 Std.)

Dem Himmel nahe – eindrucksvolle Panoramastimmung rund um den Leobner.

Aufstiegszeit: 3 Std. 10 Min.
Höhenmeter: 1056 Hm
Tourenlänge: 5,42 km
Schwierigkeit: II
Beste Zeit: gesamter Winter
Exposition: Nord + Nordost
Karte: ÖK 100, 131
GPS: Startpunkt N 47° 31' 35"
　　　　　　　　E 14° 38' 45"
　　　Gipfel N 47° 29' 39"
　　　　　　　　E 14° 39' 00"

Tipp!
Die Nordwestrinne hinunter zur Breitenbergeralm, auf der Forststraße zum Ausgangspunkt.

Berg Heil! – Ein freundlicher Empfang am Gipfel.

Tour Nr. 41 | Eisenerzer Alpen – Gesäuseberge

Gscheideggkogel 1788 m

Ein Berg, der dem Schlechtwetter trotzt

Der „Gschoadeggkogl", wie man ihn im Gesäuse nennt, ist ein leichter Schitourenberg, der nicht nur bei schönem Wetter, sondern auch bei ungünstigeren Bedingungen Winterfreude verspricht. Eine ideale Schitour für alle, die die gleichmäßigen Schritte und die malerische Landschaft beim Tourengehen kennen lernen wollen.

Anfahrt:

Aus Richtung Graz/Klagenfurt/Wien ebenso wie von Liezen/Salzburg und Linz A 9 Pyhrn-Autobahn, Abfahrt Ardning und über die Gesäuse-Bundesstraße (B 146) nach Admont und weiter ins Gesäuse. Beim Gasthof Bachbrücke nach Johnsbach abzweigen, weiter bis zum Kölblwirt und zum Gscheidegger am Ende des Tals. Mit Schneeketten ist die Weiterfahrt bis ganz in den Talschluss möglich. Eine weitere Anfahrt aus dem Süden bzw. aus dem Osten ist über die Abfahrt Traboch – Eisenerz – Hieflau – Johnsbach möglich. Von Westen Anreise auch über Eisenerz – Hieflau – Gstatterboden.

Aus Richtung Salzburg/Villach A 10 Tauern-Autobahn, Abfahrt beim Knoten Ennstal nach Radstadt, auf der B 320 bis Liezen und weiter auf der B 146 nach Admont. Weiter wie zuvor.

Der Neuschnee zaubert malerische Märchenwälder.

Der mächtige Lugauer begleitet uns zum Gipfel.

Ausgangspunkt:
Johnsbachtal, Parkplatz (980 m) zwischen Ebnerklamm und Gehöft Gscheidegger. Mit Schneeketten kann man auch ganz im Talschluss (1080 m) parken.

Aufstieg:
Am Gehöft Gscheidegger vorbei auf der Forststraße taleinwärts bis zum Wegknoten Zeiringeralm (Beschilderung, Wintermarkierung). Links abbiegen, über die Zossegleitn, weiter über die Lichtung und zum alten Schleifweg. Diesem bis zum Übereck folgen und entlang der Beschilderungen und markierten Schneestangen zum Gipfel.

Abfahrt:
Wie Aufstieg.

Variante aus der Hinterradmer:
Ausgangspunkt Taxacher Anger bei der Kapelle, 970 m. Westlich aufwärts zu einem Forstweg bis zur Weggabelung und links bis zur Schafbödenalm. Nördlich zu einem breiten Höhenrücken und über diesen zum Gipfel. Abfahrt über die Osthänge in Richtung Leschalm und über die Forststraße zurück zum Ausgangspunkt. (I–II, Ost, 818 Hm, 2,5 Std.)

Herz, was willst du mehr – leidenschaftliche Schwünge.

Aufstiegszeit: 2 Std. 25 Min.
Höhenmeter: 808 Hm
Tourenlänge: 5,07 km
Schwierigkeit: I
Beste Zeit: gesamter Winter
Exposition: Nordwest
Karte: ÖK 100
GPS: Startpunkt N 47° 31' 35"
E 14° 38' 45"
Gipfel N 47° 30' 45"
E 14° 40' 35"

Tipp!
Anstieg mit Wintermarkierung auch von der Ebnerklamm über die Ebneralm möglich. Und – nicht nur für Naturschützer wichtig: Vor allem in den Kammbereichen und den lückigen Waldbeständen der Nordwesthänge befinden sich die Lebensräume des Birk- bzw. Auerwildes. Daher beim Aufstieg sich genau an die Wintermarkierung halten und nur im Bereich der markierten Route abfahren! Dadurch bieten wir Tourengeher dem Raufußhuhn die Möglichkeit zum Rückzug in ungestörte Waldbereiche.

Tour Nr. 42 — Gesäuseberge

Festkogel 2269 m

Große Schitour in hochalpiner Landschaft

Eine der hervorragendsten Schitouren lockt ins Gebiet zwischen dem Großen Ödstein und dem mächtigen Hochtor. Ein einzigartiger Aufstieg in einer pittoresken hochalpinen Landschaft im Herzen des Gesäuses wartet. Der Gipfelhang verlangt Erfahrung und Konzentration, denn der Abbruch unterhalb des Gipfels verzeiht auch nicht den kleinsten Fehler. Dafür ist er weit in das Frühjahr hinein befahrbar.

Anfahrt:

Aus Richtung Graz/Klagenfurt/Wien ebenso wie von Liezen/Salzburg und Linz A 9 Pyhrn-Autobahn, Abfahrt Ardning und über die Gesäuse-Bundesstraße (B 146) nach Admont und weiter ins Gesäuse. Beim Gasthof Bachbrücke nach Johnsbach abzweigen und weiter bis zum Kölblwirt (Parkplatz). Eine weitere Anfahrt aus dem Süden bzw. aus dem Osten ist über die Abfahrt Traboch – Eisenerz – Hieflau – Johnsbach möglich. Von Westen Anreise auch über Eisenerz – Hieflau – Gstatterboden.
Aus Richtung Salzburg/Villach A 10 Tauern-Autobahn, Abfahrt beim Knoten Ennstal nach Radstadt, auf der B 320 bis Liezen und weiter auf der B 146 nach Admont. Weiter wie zuvor.

Ausgangspunkt:

Mittleres Johnsbachtal, Parkplatz beim Gasthof Kölblwirt (864 m).

Unter dem bizarren Felsgebilde des Schneekarturms verläuft die Aufstiegsroute zum Festkogel.

Das letzte Steilstück – schwierig und ausgesetzt.

Aufstieg:

Auf markiertem Weg in Richtung Koderalm und Hesshütte. Am Ende des ersten Koderbodens bis zum Wegknoten (Wegweiser Schneeloch). Die Abzweigung Schneelochweg/Hochtor nehmen, weiter nordwestlich Richtung Rinnerstein bergauf. Bevor die Steilstufe kommt, rechts durch Buchenwald hinauf in das Schneekar queren, am Schneekarturm vorbei, und immer steiler werdend hinauf zum Gipfelgrat. Knapp unter der Gratschneide westlich querend erreicht man den Gipfel. (Bei schlechten Verhältnissen Schidepot am ersten Gratstück.)

Abfahrt:

Wie Aufstieg. Sehr sichere Steilhangfahrer können die direkte Einfahrt vom Gipfel wählen. Eine steile, felsige Stufe erfordert besondere Vorsicht (sehr schwierig).

Jauchzend im Pulver ...

Festkogel, 2269 Meter, ÖK 50 Kartenausschnitt

Aufstiegszeit: 4 Std. 10 Min
Höhenmeter: 1405 Hm
Tourenlänge: 4,77 km
Schwierigkeit: III–IV
Beste Zeit: Frühjahr
Exposition: Süd
Karte: ÖK 100
GPS: Startpunkt N 47° 31' 53"
　　　　　　　　　E 14° 36' 55"
**　　　Gipfel** N 47° 33' 24"
　　　　　　　　　E 14° 37' 15"

Tour Nr. 43 | Gesäuseberge

Gsuchmauer 2116 m

Faszinierende Tour in toller Umgebung

Aufstieg in der Glaneggluckn – im Hintergrund Glaneggturm und Hochhäusl.

Eine schöne südseitige Tour, die Bergsonnen-Hungrige beachten sollten. Schon der Anstieg aus dem Hinteren Johnsbachtal über das wunderschöne Steilkar und weiter in den Sattel zum Hochhäusl und zum Gipfel hinauf erwärmt das Herz. Und schließlich die Ausblicke zum Gesäuse-Hauptkamm: eine Augenweide fast ohne Ende. Die steile, beliebte Südabfahrt in alpiner Umgebung ist bei Firn äußerst genussreich zu befahren und lässt das Herz noch höher schlagen.

Anfahrt:
Aus Richtung Graz/Klagenfurt/Wien ebenso wie von Liezen/Salzburg und Linz A 9 Pyhrn-Autobahn, Abfahrt Ardning und über die Gesäuse-Bundesstraße (B 146) nach Admont und weiter ins Gesäuse. Beim Gasthof Bachbrücke nach Johnsbach abzweigen, weiter bis zum Kölblwirt und zum Parkplatz unterhalb des Gehöftes Ebner, ca. 2 km taleinwärts nach dem Kölblwirt.

Blick zurück vom flachen Gipfelkamm – eingebettet zwischen Glaneggturm, Hochhäusl und Stadelfeldschneid führt der Anstieg aufwärts.

Eine weitere Anfahrt aus dem Süden bzw. aus dem Osten ist über die Abfahrt Traboch – Eisenerz – Hieflau – Johnsbach möglich. Von Westen Anreise auch über Eisenerz – Hieflau – Gstatterboden.

Aus Richtung Salzburg/Villach A 10 Tauern-Autobahn, Abfahrt beim Knoten Ennstal nach Radstadt, auf der B 320 bis Liezen und weiter auf der B 146 nach Admont. Weiter wie zuvor.

Ausgangspunkt:
Johnsbachtal, Parkplatz Ebnerklamm (957 m).

Aufstieg:
Auf der Forststraße durch die Klamm und östlich bis zur ersten Kehre hinauf. Die Forststraße verlassen, am „Karl-Gollmaier-Weg" (Wintermarkierung) aufwärts bis zum nächsten Forstweg. Darauf zur Pfarralm (1302 m, Wegweiser). Durch das immer steiler werdende Südkar aufsteigend gelangt man schließlich in den Kessel, der von den drei Gipfeln Stadelfeldschneid, Gsuchmauer und Glaneggturm umgeben wird. Links haltend auf den Kamm zwischen Stadelfeldschneid und Gsuchmauer, von dort rechts haltend auf dem Kamm zum Gipfel.

Abfahrt:
Abfahrt wie Aufstieg, mit Varianten.

Aufstiegszeit:	3 Std. 25 Min.
Höhenmeter:	1159 Hm
Tourenlänge:	4,70 km
Schwierigkeit:	II–III
Beste Zeit:	Frühjahr
Exposition:	Süd
Karte:	ÖK 100
GPS: Startpunkt	N 47° 31' 37"
	E 14° 38' 36"
Gipfel	N 47° 32' 55"
	E 14° 40' 00"

Tipp!
Abfahrt in den Koderboden schwierig, nur mit einem Bergführer ratsam. Am Gipfelgrat der Stadelfeldschneid befinden sich die Rückzugsgebiete und Nahrungsquellen des Schneehuhns. Daher diesen Bereich von der Schitour aussparen.

Mit Schwung und Elan bergab ...

Gsuchmauer, 2116 Meter, ÖK 50 Kartenausschnitt

Tour Nr. 44 | Gesäuseberge

Lugauer 2217 m

Das steirische Matterhorn

Aufstiegszeit: 5 Std. + Gegenanstieg 50 Min.
Höhenmeter: ca. 1540 Hm (mit Gegenanstieg)
Tourenlänge: 9,34 km
Schwierigkeit: III
Beste Zeit: ab Februar, Frühjahr
Exposition: Südwest
Karte: ÖK 100
GPS: Startpunkt N 47° 31' 37"
                    E 14° 38' 36"
        Gipfel   N 47° 33' 07"
                    E 14° 43' 15"

Tipp!
Der Haselkogel (zwischen Hüpflingerhals und Haselkar) ist eines der letzten Raufußhuhn-Biotope in Europa. Unbedingt an die Wintermarkierungen halten! Die alte Route über den Haselkogel sollte eben wegen dieser Raufußhuhn-Biotope gemieden werden.

Der Lugauer ist in jedem Schibergsteiger als ein Lebensziel verankert, sobald er seine Gestalt auch nur von der Ferne aus wahrgenommen hat. Besonders die Lugauerplan glitzert in strahlendem Weiß. Bei guten Verhältnissen bietet die Plan eine tollkühne 600 Meter hohe Steilabfahrt ins Haselkar zurück. Die gesamte Unternehmung wächst sich aufgrund der außergewöhnlichen Länge zu einer Ganztagestour aus, daher rechtzeitig in der Früh aufbrechen.

Der Lugauer – Traumschiberg zum Anfassen.

Anfahrt:

Aus Richtung Graz/Klagenfurt/Wien ebenso wie von Liezen/Salzburg und Linz A 9 Pyhrn-Autobahn, Abfahrt Ardning und über die Gesäuse-Bundesstraße (B 146) nach Admont und weiter ins Gesäuse. Beim Gasthof Bachbrücke nach Johnsbach abzweigen, weiter bis zum Kölblwirt und zum Parkplatz unterhalb des Gehöftes Ebner, ca. 2 km taleinwärts nach dem Kölblwirt.
Eine weitere Anfahrt aus dem Süden bzw. aus dem Osten ist über die Abfahrt Traboch – Eisenerz – Hieflau – Johnsbach möglich. Von Westen Anreise auch über Eisenerz – Hieflau – Gstatterboden.
Aus Richtung Salzburg/Villach A 10 Tauern-Autobahn, Abfahrt beim Knoten Ennstal nach Radstadt, auf der B 320 bis Liezen und weiter auf der B 146 nach Admont. Weiter wie zuvor.

Ausgangspunkt:

Johnsbachtal, Parkplatz bei der Ebnerklamm (957 m).

Aufstieg:

Der Forststraße durch eine kleine Klamm folgen, danach östlich zu einer Kehre. Über den „Karl-Gollmaier-Weg" (Wintermarkierung) auf die Forststraße zurück, östlich weiter zur Pfarralm (1302 m). Der Beschilderung über die Schröckalm (1330 m) und die Neuburgalm (1450 m) Richtung Hüpflingerhals (Beginn der Wintermarkierung) folgen. Weiter nach der Beschilderung über den Hüpflingerhals, darauf Abfahrt in die Wirtsalm und Aufstieg in das Haselkar zum Fuß der Lugauerplan; über diese große Westflanke, zum Schluss rechts haltend (Steilstufe) zum Vorgipfel (Schidepot 2100 m). Über den kurzen schmalen, ausgesetzten, stellenweise heiklen Grat zum Südwestgipfel (Hauptgipfel) mit dem Gipfelkreuz des Lugauer.

Abfahrt:

Wie Aufstieg, Wintermarkierung beachten.

Variante aus dem Hartelsgraben:

Ausgangspunkt ist der Parkplatz bei der Ennsbrücke am Eingang zum Hartelsgraben (521 m). Im Hartelsgraben über die Forststraße hinein bis zum Jagdhaus (1100 m). Südwärts weiter zur Haselkaralm und weiterer Anstieg wie Haupttour. Abfahrt wie Anstieg. (III, Nordwest, 1696 Hm, 5,5 Std.)

First class – die Bergkulisse rund um den Lugauer. Der Blick schweift zu den Niederen Tauern und zur Hochtorgruppe.

Eisenerzer Alpen

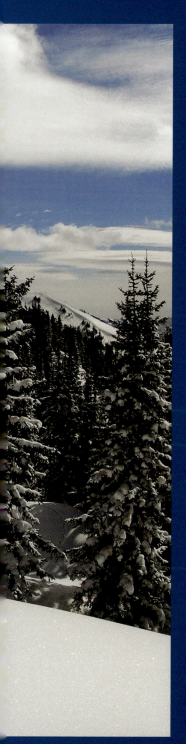

Einsamkeit und Stille in den Eisenerzer Alpen – vom Teicheneggsattel zum Wildfeld.

„Vom Admonter zum Eisenerzer Reichenstein", so wird der gnadenlose, rund 40 Kilometer lange Höhenweg der Eisenerzer Alpen genannt. Und diese Länge des Gebirgszuges, vom Dürrenschöberl bei Selzthal bis zum Präbichl im Osten, bedingt, dass wir die folgenden Touren von drei verschiedenen Ausgangspunkten starten: vom Norden aus von der wohl bekanntesten Bergstadt Österreichs, nämlich Eisenerz, und der gleichnamigen Ramsau-Gemeindealm, die auch als Langlaufzentrum bekannt ist. Die Hochebene liegt auf 1000 Metern, ist schneesicher und ideal für Schibergsteiger.

Der Start zum Stadelstein erfolgt aus dem Raum Trofaiach, genauer dem Gößgraben. Die Parkmöglichkeiten sind hier genau angegeben und streng begrenzt. Last but not least brechen wir von Kalwang und dem sich nördlich anschließenden Gebiet „in der Teichen" auf, einem Ort, der unweit des Schoberpasses malerisch vor der grandiosen Kulisse der Eisenerzer Alpen liegt.

Reich an Erzen ist oder, korrekter gesagt, war dieses Gebirge schon immer. Bereits vor 4000 Jahren haben Bergleute dort nach Kupfer und Eisen gegraben. Im Bereich Johnsbach, Radmer und in der Eisenerzer Ramsau können wir sogar von einem der bedeutendsten Abbaugebiete auf Kupfer in der Bronzezeit ausgehen. Im Mittelalter gab es Bergbau am Dürrenschöberl (Blaberg), in Johnsbach, Radmer und eben am Erzberg. „Der steirische Brotlaib" ist bei den meisten Schitouren sichtbar, selbst wenn er zurzeit in „Unwürde" (abbauarme Zeit) ruht. In den Minen in der Teichen bei Kalwang wiederum wurde Kupfer abgebaut und in den Hammerwerken des Ortes verarbeitet. Die beiden Reichensteine schließlich geben als Bergnamen noch immer Kunde vom sagenhaften Erzreichtum der Landschaft.

Für alle, die Geologie mit Schitouren kombinieren wollen, sei gesagt: Die geologische Formation, also die Erz führende Grauwacke, beginnt mit dem Dürrenschöberl bei Selzthal und reicht bis zum Präbichl. Die paläozoischen Gesteine des Grauwackenzuges sind stärker verwittert und damit runder, sanfter und für Schitourengeher angenehmer als die nördlich anschließenden Kalkalpen.

Schitouren gibt es auf jeden Fall eine Fülle – von einfachen bis zu schwierigen Unternehmungen, vom Norden und vom Süden. Bei der Tour aus der Teichen zum Zeiritzkampel geht es aus dem tiefen Taleinschnitt recht flott über die steilen Hänge hinauf zum Hinkareck. Mit jeder Geländestufe öffnet sich ein weiterer Ausblick – vor allem nach Süden in die Seckauer Berge. Eine optimale Gelegenheit, innezuhalten und zu versuchen, die einzelnen Gipfelformationen zu erkennen und zu bestimmen. Das Tal liegt bereits tief unter uns. Vor uns zieht der Verbindungskamm vom Hinkareck ins Zeiritztörl. Bald erreichen wir den Vorgipfel des Zeiritzkampels (Schidepot), wo stürmischer kalter Wind von Norden bläst. Vorsichtig klettern wir zum Gipfelkreuz. Das Wetter hat rasch umgeschlagen. Eile tut Not, dem unwirtlichen Wetter zu entkommen und den wärmenden Einkehrschwung anzusetzen.

Tour Nr. 45 — Eisenerzer Alpen

Zeiritzkampel 2125 m (über das Hinkareck)

Die Sonnenflanke über der Teichen

Dieser Vorschlag ist eher eine Tour für Genießer, da die meisten Schibergsteiger das Hinkareck allein bevorzugen. Doch der Übergang über Antonikreuz und Zeiritztörl ist nicht schwierig und verschafft wunderbare Ausblicke nach allen Himmelsrichtungen. Die Abfahrt über die steile Südwestflanke zur Zeiritzalm ist nur bei guten Firnverhältnissen ratsam, in einem solchen Fall aber ein unvergessliches Erlebnis.

Auch das Hinkareck allein als eigenständige Tour (Abfahrt wie Aufstieg) ist einen Schitag wert. Der Anstieg von Norden von der Radmer aus und die so genannte Kammerlabfahrt stellen weitere interessante Varianten dar.

Nach dem Schidepot — leichtfüßig geht es ohne Schier zum Gipfel.

Anfahrt:

Aus Richtung Salzburg A 10 Tauern-Autobahn, Abfahrt beim Knoten Ennstal nach Radstadt, auf der B 320 (Ennstal-Bundesstraße) Richtung Graz. In Liezen beim Kreisverkehr auf die B 146 und weiter Richtung Admont/Hieflau. Dann Abzweigung Richtung Eisenerz auf die B 115 (Eisen-Bundesstraße). In Eisenerz nach der Alten Hauptschule (großes altes Gebäude) rechts abzweigen, ca. 5 km in Richtung Ramsau.

Aus Richtung Graz/St. Michael A 9 Pyhrn-Autobahn, Abfahrt Traboch/Trofaiach. Weiter Richtung Eisenerz auf der B 115, in Eisenerz nach der Rot Kreuz-Dienststelle links Richtung Ramsau einordnen. Danach den Wegweisern ca. 5 km in Richtung Ramsau folgen. Parkmöglichkeit kurz nach dem Gasthof Pichlerhof.

Ausgangspunkt:

Parkplatz beim Jagdhaus Thon (995 m) oder weiter taleinwärts beim nächsten Parkplatz (1100 m).

Aufstieg:

Den Teichengraben über die Forststraße taleinwärts. Bei der Brücke (1300 m) rechts über Schläge vordringen und westlich über die freie Fläche hinauf zum Gipfel des Hinkarecks (1932 m). Abwärts zum Antonikreuz und weiter abwärts

Gemeinsame Abfahrt – mit gemütlichen Schwüngen hinunter. Im Hintergrund die Seckauer Tauern mit dem markanten Hochreichhart.

ins Zeiritztörl (1854 m). Aus ihm aufsteigend erreicht man den Vorgipfel des Zeiritzkampels, wo die Schier zurückgelassen werden. Über den breiten Gratrücken zum Hauptgipfel mit dem Gipfelkreuz.

Abfahrt:
Vor dem Zeiritztörl über die Südwestflanke zur Zeiritzalm (bei kritischen Verhältnissen wie Aufstieg, mit Gegenanstieg!).

Variante aus der Hinterradmer (Kammerlabfahrt):
Ausgangspunkt ist der Parkplatz am Ende der Straße in der Hinterradmer (970 m). Nach dem Schranken über den markierten Weg taleinwärts. Über eine steilere Waldstufe hinauf zur Kammerlalm (1350 m). Weiter ins große Kar und rechts der markanten Kammerlwand steil über die Flanke höher. Rechts haltend zum Höhenrücken und über diesen zum Gipfel. Abfahrt wie Anstieg oder direkt in die Nordrinne. (III, Nord, 1155 Hm, 3,5 Std.)

Aufstiegszeit:	3,5 Std.
Höhenmeter:	1025 Hm
Tourenlänge:	6,23 km
Schwierigkeit:	II–III
Beste Zeit:	Frühjahr
Exposition:	Südwest
Karte:	ÖK 131
GPS: Startpunkt N 47° 28' 12" E 14° 43' 44"	Gipfel N 47° 29' 28" E 14° 43' 35"

Zeiritzkampel, 2125 Meter, ÖK 50 Kartenausschnitt

Tour Nr. **46** — Eisenerzer Alpen

Kragelschinken 1845 m

Wald und Alm

Er ist der kleinere Nachbar des Wildfelds und des Stadelsteins. Der Aufstieg ist bis zum Teicheneggsattel identisch mit der Schitour auf das Wildfeld. Von der Scharte führt eine eigenständige Route zum Gipfel. Die Nordlage und der lockere Wald sorgen bei Pulverschnee für einen Hochgenuss. Grandioser Ausblick zum Wildfeld!

Anfahrt:

Aus Richtung Salzburg A 10 Tauern-Autobahn, Abfahrt beim Knoten Ennstal nach Radstadt, auf der B 320 (Ennstal-Bundesstraße) Richtung Graz. In Liezen beim Kreisverkehr auf die B 146 und weiter Richtung Admont/Hieflau. Dann Abzweigung Richtung Eisenerz auf die B 115 (Eisen-Bundesstraße). In Eisenerz nach der Alten Hauptschule (großes altes Gebäude) rechts abzweigen, ca. 5 km in Richtung Ramsau.

Aus Richtung Graz/St. Michael A 9 Pyhrn-Autobahn, Abfahrt Traboch/Trofaiach. Weiter Richtung Eisenerz auf der B 115, in Eisenerz nach der Rot Kreuz-Dienststelle links Richtung Ramsau einordnen. Danach den Wegweisern ca. 5 km in Richtung Ramsau folgen. Parkmöglichkeit kurz nach dem Gasthof Pichlerhof.

Oben: Jeder Schritt eröffnet neue Welten — stimmungsvolle Bilder auf dem Weg zum Kragelschinken. Auf dem Bild in der Mitte ragt im Hintergrund das Wildfeld auf.

Rechts: Perfekte Gipfelstimmung — Sonne, Wolken, Gipfelkreuz.

Ausgangspunkt:

Eisenerzer Ramsau, Parkplatz kurz nach dem Gasthof Pichlerhof (1033 m).

Aufstieg:

Die Forststraße taleinwärts bis zur Grabenteilung. Den Steg über den Bach nehmen und den engen Weg über lichten Wald hinauf zur Teicheneggalm (1690 m). Über schütteren Wald weiter zum Teicheneggsattel (1720 m). Über den vorgegebenen Bergrücken, ein kurzes steileres Stück überwindend, erreicht man den Gipfel in westlicher Richtung.

Abfahrt:

Wie Aufstieg, mit Varianten. Oder nach der nordostseitigen Abfahrt zum Blauen Herrgott (Kreuz) zum Plöschkogel ansteigen und darauf Abfahrt in den Lasitzengraben.

Ein Hochgenuss – perfekte Schwünge vom Gipfel.

Aufstiegszeit:	2 Std. 15 Min.
Höhenmeter:	812 Hm
Tourenlänge:	3,89 km
Schwierigkeit:	I–II
Beste Zeit:	gesamter Winter
Exposition:	Nordost
Karte:	ÖK 131
GPS: Startpunkt	N 47° 30' 48"
	E 14° 50' 41"
Gipfel	N 47° 28' 57"
	E 14° 50' 52"

Tipp!
Leichterer, dafür aber längerer Anstieg über den Plöschkogel.

Tour Nr. 47 | Eisenerzer Alpen

Wildfeld 2043 m
Tour der Extraklasse

Das Wildfeld einmal anders! Auf unserer Route wird der Schitag zu einem großen Unternehmen. Der Anstieg durch die 350 Meter hohe Westflanke ist besonders steil und ausgesetzt. Die Felsformationen verleihen dem Berg ein dolomitenartiges Flair. Die Abfahrt durch die nordseitige Wildfeldrinne ist abwechslungsreich und anspruchsvoll. Unterhalb des Nebelkreuzes verläuft die Abfahrt meist in wundervollem Pulverschnee.

Anfahrt:
Aus Richtung Salzburg A 10 Tauern-Autobahn, Abfahrt beim Knoten Ennstal nach Radstadt, weiter auf der B 320 (Ennstal-Bundesstraße) Richtung Graz. In Liezen beim Kreisverkehr auf die B 146 und weiter Richtung Admont/Hieflau. Dann Abzweigung Richtung Eisenerz auf die B 115 (Eisen-Bundesstraße). In Eisenerz nach der Alten Hauptschule (großes altes Gebäude) rechts abzweigen, ca. 5 km in Richtung Ramsau.

Nach dem Teicheneggsattel wird es schwieriger – Aufstieg in der steilen Westflanke.

Aus Richtung Graz/St. Michael A 9 Pyhrn-Autobahn, Abfahrt Traboch/Trofaiach. Weiter Richtung Eisenerz auf der B 115, in Eisenerz nach der Rot Kreuz-Dienststelle links Richtung Ramsau einordnen. Danach den Wegweisern ca. 5 km in Richtung Ramsau folgen. Parkmöglichkeit kurz nach dem Gasthof Pichlerhof.

Ausgangspunkt:
Eisenerzer Ramsau, Parkplatz kurz nach dem Gasthof Pichlerhof (1033 m).

Aufstieg:
Die Forststraße taleinwärts bis zur Grabenteilung. Über den Steg des Baches und den engen Weg über lichten Wald hinauf zur Teicheneggalm (1690 m). Durch schütteren Wald weiter zum Teicheneggsattel (1720 m). Nach dem Verlassen des Waldes kann man den freien Blick auf das Wildfeld genießen. Südwestlich dem Gratrücken folgen (Sommerweg teilweise sichtbar), dann die Flanke queren und weiter nach einer eventuell eisigen Stelle auf einen Felsabsatz. Die Felswand wird rechts umgangen. Einen steilen Hang zu einem Hochplateau erklimmen und flach weiter zum Gipfel.

Abfahrt:
Vom Gipfel nach Norden in die Wildfeldrinne zum Nebelkreuz (1692 m). Westlich kurz ansteigend erreicht man einen Rücken, von dem die Abfahrt durch steilen, lichten Wald zum Lasitzengraben hinunterführt.

Variante aus dem Gößgraben über die Kreuzen:
Ausgangspunkt ist das Jagdhaus (1020 m) im Talschluss des Gößgrabens. Auf Forst- und Ziehwegen oberhalb vom Höllgraben zur Kreuzen (1417 m). Leicht rechts haltend in Richtung Arnikariedel zum Kreuzentörl an der Baumgrenze. Über die ausgeprägte Karmulde hinauf zum Gipfel. Abfahrt wie Anstieg. (II, Südost, 1023 Hm, 3 Std.)

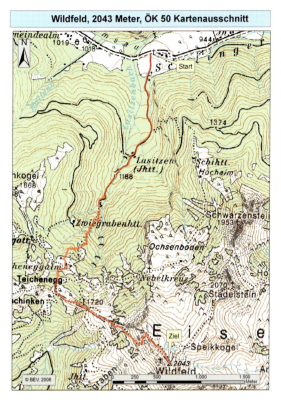

Aufstiegszeit: 3 Std. 10 Min.
Höhenmeter: 1010 Hm
Tourenlänge: 5,06 km
Schwierigkeit: III–IV
Beste Zeit: Frühjahr
Exposition: West + Nord
Karte: ÖK 132
GPS: Startpunkt N 47° 30' 48"
E 14° 50' 41"
Gipfel N 47° 29' 02"
E 14° 50' 45"

Tipp!
Aus der Ramsau übers Nebelkreuz zum Wildfeld.

Abwechslungsreich und anspruchsvoll —
die untere Wildfeldrinne.

Tour Nr. 48

Eisenerzer Alpen

Stadelstein 2070 m

Ein Schitourenzuckerl

Der Stadelstein zählt zu den beliebtesten Schitouren, die man vom Gößgraben aus unternehmen kann. Nach der Waldzone öffnet sich ab der Moosalm das Gelände und zeigt ein herrliches Panorama. Der weitere Aufstieg wird vom gewaltigen Bergstock des Reitings begleitet. Die eigenwillig aufgeschossene Gestalt des Stadelsteins täuscht darüber hinweg, dass er nur unwesentlich höher als die Nachbargipfel ist. Bis zur Moosalm liegt oft einladender Pulverschnee.

Anfahrt:

Aus Richtung Salzburg A 10 Tauern-Autobahn, Abfahrt beim Knoten Ennstal nach Radstadt, weiter auf der B 320 (Ennstal-Bundesstraße) Richtung Graz. In Liezen beim Kreisverkehr Richtung Graz auf die A 9 Pyhrn-Autobahn bis zur Abfahrt Traboch/Trofaiach. Weiter auf der B 115 (Eisen-Bundesstraße) nach Trofaiach. In Trofaiach westlich auf die Gößgrabenstraße in den Gößgraben (Wegweiser) bis zu den Parkplätzen unterhalb der Moosalm. Aus Richtung Graz/Wien A 9 Pyhrn-Autobahn, Abfahrt Traboch/Trofaiach. Weiter wie zuvor.

Ausgangspunkt:

Gößgraben, Parkplatz Moosalm (947 m).

Aufstieg:

Kurz durch einen Wald zur Forststraße im Moosalmbachgraben. Dieser Forststraße in den Graben folgen und bei der Gabelung (Schild Moosalm) rechts über steiles Waldgelände zur Moosalm ansteigen. Über flaches und welliges Almgelände westlich weiter unter dem Törlstein vorbei und links haltend zum Grat zwischen Stadelstein und Speikkogel. Kurz über den Grat nach Norden zum Schidepot. Schließlich unschwierig zu Fuß zum Gipfel.

Aufstiegszeit: 3 Std. 10 Min.
Höhenmeter: 1123 Hm
Tourenlänge: 5,94 km
Schwierigkeit: II
Beste Zeit: gesamter Winter
Exposition: Südost
Karte: ÖK 132
GPS: Startpunkt N 47° 27' 56"
          E 14° 53' 31"
     Gipfel N 47° 29' 24"
          E 14° 51' 24"

Tipp!
Ein Abstecher auf das Wildfeld.

Kurz vor dem Grat — erwartungsvoller Blick zum Stadelstein.

Abfahrt:

Über die steilen Hänge zur Moosalm und zur Forststraße (bei guten Verhältnissen direkt in die Ostflanke einfahren, meist überwechtet).

Variante aus der Eisenerzer Ramsau:

Ausgangspunkt ist der Parkplatz kurz nach dem Gasthof Pichlerhof (1033 m). Die Forststraße taleinwärts in den Lasitzengraben. Links bei der ersten Abzweigung (Beschilderung) steil zur Hochalm. Weiter unter dem Schwarzenstein zum Ochsenboden und zum Nebelkreuz. Links der Wildfeldrinne zum Höhenrücken zwischen Speikkogel und Stadelstein (Schidepot). Nördlich zum Gipfel. Abfahrt wie Anstieg, ab Nebelkreuz wie bei Tour 47 (Wildfeld) lohnend. (II–III, Südost, 1037 Hm, 3,5 Std.)

Ein grenzenloses Gefühl der Freiheit – im Bereich des Nebelkreuzes im Pulver eintauchen.

Am Gipfel eröffnet sich der freie Blick auf den Erzberg, den Brotlaib der Steiermark.

Hochschwabmassiv

Wir haben ein Gebirge der Superlative vor uns, das keinen Bergsteigerwunsch offenlässt. So sieht es auch der Alpinist Peter Baumgartner: *Wer hier nur Wald und Felsen sieht, hat nichts begriffen.* Der Hochschwab ist nicht eigentlich Gebirg', er ist eine Seelenlandschaft: weit und eng, sanft und schroff – und so romantisch. Und beim Erzählen vom Hochschwab im Winter verfällt so mancher hartgesottene Tourengeher in eine Liebeserklärung an eines der schönsten Schitourengebiete der Steiermark. Viele Wege führen auf den Gipfel: Von Süden wird das „Steirische Gebirg" vor allem von Seewiesen aus über die Voisthalerhütte, vom Bodenbauer aus über die Häuslalm oder den Trawiessattel (Rauchkar), vom Schwabenbartl (Fölz) aus über die Fölzalm und vom Tragößertal aus über die Sonnschienalm bestiegen.

Vom Norden ist der Winteranstieg von Weichselboden über die Edelbodenalm am beliebtesten. Eine Herausforderung der besonderen Art ist die Winterüberquerung vom Präbichl bis Seewiesen oder gar über die Aflenzer Staritzen zum Seebergsattel.

Beim Aufstieg übers Rauchkar wird der Hochschwab seiner Verehrung voll gerecht. Mit jedem Schritt eröffnet sich dem aufmerksamen Auge ein neues, großartiges Bild. Durch die bizarren Berggestalten des Beilsteins und der Stangenwand erreichen wir die Hochebene – plötzlich ist der Raum weit und unendlich. Und über dieses Plateau erreichen wir den Gipfel des Hochschwabs. Im Hochwinter können hier Stürme toben – größte Vorsicht ist geboten.

Desgleichen verlangen Schlechtwettereinbrüche und ebenso oft auftretende Nebel fundierte Orientierungskenntnisse.

Rund um den Hochschwab gibt es eine große Anzahl von kulturhistorischen Zeugnissen aus längst vergangenen Zeiten, z. B. die romanische Pfarrkirche in Tragöß-Oberort aus dem 12. Jahrhundert. In der Nähe des Gasthauses Bodenbauer wurde eine alte Keusche zu einem Hochschwab-Museum umgestaltet. Ein Besuch dort wäre ein würdiger Tour-Abschluss.

Über den Hochschwab sachlich etwas zu ergänzen, ist fast müßig. Höhepunkte im Lebenslauf des Tourengehers sind vielmehr die vielen, vielen schönen Eindrücke und Erlebnisse, die man mit Freunden an so manchen Schitourentagen erleben kann. Vollständigkeitshalber sei erwähnt: Der steirische Schipionier Toni Schruf aus Mürzzuschlag bestieg den Gipfel des „Schwaben" vom Bodenbauer über die Häuslalm im Jahr 1895 erstmals mit Schiern. Über den Hochschwab führen der Nordalpen-Weitwanderweg 01 und der Nord-Süd-Weitwanderweg 05. Und das berühmte G'hackte, die vom Bodenbauer über die Trawiesalm zur Hochfläche führende, versicherte Steiganlage, besteht bereits seit dem Jahr 1901! An ihrem oberen Ende befindet sich die Fleischer-Biwakschachtel, benannt nach dem Obmann der AV-Sektion „die Voisthaler". Sie hat schon viele in Bergnot Geratene vor Tragödien bewahrt.

Über der Nebelgrenze – die „Seelenlandschaft" des Hochschwabmassivs wartet.

Tour Nr. 49 | Hochschwabgruppe

Hochschwab 2277 m

Am König von Nebel und Vielfalt

Die Tourenmöglichkeiten im Hochschwabgebiet sind so vielfältig wie kaum woanders. Durch die Weite des Gebirgsstocks im Zentrum der Steiermark zählen die Routen zu den beeindruckendsten Unternehmungen. Von der einfachen, leichten Anfängertour bis zum anspruchsvollen Schibergsteigen: Alles ist möglich. Hat man den wildromantischen Aufstieg hinter sich, so verlangt die Abfahrt zwischen den Wänden der bekannten Kletterberge Stangenwand und Beilstein durch das Rauchtal eine sichere Abfahrtstechnik. Der 360-Grad-Rundblick umfasst die gesamte Steiermark.

In der eindrucksvollen Felsszenerie des Rauchtals.

Anfahrt:

Aus Richtung Graz A 9 Pyhrn-Autobahn beim Knoten Deutschfeistritz rechts Richtung Bruck an der Mur halten. Auf der S 35 bis zum Knoten Bruck an der Mur, dort rechts Richtung Kapfenberg/Wien auf die S 6 abzweigen, weiter bis zur Ausfahrt Kapfenberg. In Kapfenberg der Beschilderung Richtung Thörl/St. Ilgen auf der B 20 (Mariazeller-Bundesstraße) folgen. Bei Thörl auf die L 125 nach St. Ilgen abzweigen. Dort der Beschriftung folgen, ca. 5 km bis zum Gasthaus Bodenbauer.

Aus Richtung Wien A 2 Süd-Autobahn beim Knoten Seebenstein rechts halten, Richtung Semmering/Kapfenberg auf die S 6 abzweigen. Bis zur Abfahrt Kapfenberg. Weiter wie zuvor.

Aus Richtung Salzburg A 10 Tauern-Autobahn, Abfahrt beim Knoten Ennstal nach Radstadt, weiter auf der B 320 (Ennstal-Bundesstraße) Richtung Graz. In Liezen beim Kreisverkehr weiter Richtung Graz auf die A 9 Pyhrn-Autobahn bis zum Knoten St. Michael, einordnen Richtung Leoben/Bruck/Wien. Auf die S 6 bis Abfahrt Kapfenberg. Weiter wie zuvor.

Ausgangspunkt:

Gasthaus Bodenbauer (884 m).

Aufstieg:

Dem Sommerweg ins lang gestreckte Trawiestal folgen. Nach dem ersten steileren Aufschwung nach der Felsmauer „Hundswand" bei Höhe 1150 m links in das Rauchtal zwischen Stangenwand und Beilstein abzweigen und dieses hinauf. Über eine kurze Steilstufe bergauf zur Hochfläche des Hochschwabs. Nach rechts den Schneestangen folgen und flach über den Rauchtalsattel zum Fleischer-Biwak (2140 m) und weiter zum Gipfel.

Abfahrt:

Wie Aufstieg.

Variante von Seewiesen über die Voisthalerhütte:

Ausgangspunkt ist die Seetal-Kapelle (930 m). Das Seetal einwärts, über die Florlhütte und das Franzosenkreuz aufwärts. Nach kurzer Abfahrt in den Höllboden zur Voisthalerhütte (1654 m) steiler bergan. In die Obere Dullwitz (1750 m) und über den Graf-Meran-Steig zum Rotgangkogel höher (oder nach der Voisthalerhütte abkürzend an der Südseite des Wetterkogels zum Rotgangkogel). Geleitet von Schneestangen zum Schiestlhaus und zum Gipfel. Abfahrt wie Anstieg. (II–III, Ost + Süd + Ost, 1347 Hm, 5 Std.)

Unendliche Weite am Hochschwab-Gipfel – schauen, innehalten und genießen.

Aufstiegszeit:	5 Std.
Höhenmeter:	1393 Hm
Tourenlänge:	7,5 km
Schwierigkeit:	III–IV
Beste Zeit:	Frühjahr
Exposition:	Südwest
Karte:	ÖK 101, 102
GPS: Startpunkt	N 47° 34' 48"
	E 15° 06' 48"
Gipfel	N 47° 37' 05"
	E 15° 08' 33"

Tipp! Besonders schön bei Firn.

Die Veitsch

Unverspurte Hänge, Schwung für Schwung Genuss — die Belohnung eines Schitourengehers.

Die Veitsch – ein Name, der wohl in der gesamten Steiermark Anklang findet. Nicht nur als großartiges Bergmassiv, als ein Teil der Nördlichen Kalkalpen, sondern auch als eine Tallandschaft mit einer großen industriellen Vergangenheit und Gegenwart. Die neu ausgebaute Brunnalmstraße bringt uns einerseits angenehm und schnell zu den Brunnalm-Liften, andererseits zu unserem Ausgangspunkt, dem Gasthaus Scheikl. Der Aufstieg zur Hohen Veitsch birgt viele landschaftliche Reize, vor allem, wenn man oberhalb des Schigebietes im freien Gelände zum Graf-Meran-Haus ansteigt. Weit streift der Blick nach Osten in die romantische Mürztaler Waldgegend, die Heimat von Peter Rosegger.

Am Gipfel angekommen, bläst uns ein leichter Wind entgegen, blauer Himmel und angenehme Temperaturen erfreuen uns. In beeindruckender Schärfe erblickt man die nahe liegenden Gipfel von Hochschwab, Schneealpe, Rax und den Fischbacher Alpen.

Auch wenn an schönen Tagen der Ansturm an Tourengehern groß ist, kommt bei der Abfahrt vom Gipfel über das Graf-Meran-Haus und durch die aufgefirnte, steile Schallerrinne ungeschmälertes Schivergnügen auf. Leider findet der Genuss durch die Kürze (ca. 450 Hm) ein allzu schnelles Ende. Verlängern kann man ihn durch die Abfahrts-Variante in den Radgraben: Zuerst die Schallerrinne nehmen, dann bei der Geländestufe an ihrem Ende statt zum Gasthaus Scheikl über die Großveitsch in den Radgraben. Das ergibt zusammen über 1000 Höhenmeter vom Gipfelkreuz bis ganz hinunter.

Die Veitsch gehört als rechtes Seitental des Mürztals seit langer Zeit zur Industriezone der Mürz-Mur-Furche. Seit über 400 Jahren spielt der Bergbau hier eine wichtige Rolle. Schon 1584 wurde hier nach Kupfer gegraben, und es wurde auch nach Eisenerz und Graphit geschürft. Der eigentliche industrielle Durchbruch gelang 1881 mit der Entdeckung des Magnesitsteins am Dürrenkogel durch einen Koblenzer Großkaufmann. 1899 wurde die Veitscher Magnesitwerke AG gegründet, weltweit das erste Unternehmen, das Magnesit industriell verarbeitete. Heute befindet sich hier eines der weltweit modernsten Feuerfestwerke. Ursprünglich gehörte das Gebiet zum riesigen Besitz des Benediktinerstifts St. Lambrecht und später dann steirischen Adelsgeschlechtern. Die gotische Pfarrkirche St. Veit stammt aus dem 15. Jahrhundert. Der Bergstock Veitsch verbindet das „Steirische Gebirg", den Hochschwab, mit den Ausläufern der Nördlichen Kalkalpen, also mit Schneealpe, Rax und dem Schneeberg mit seinen 2076 Metern, dem östlichsten Zweitausender der Alpen. Auch der berühmte Wallfahrerweg von Kärnten, der südlichen Steiermark und Graz nach Mariazell führt über das Gebiet der Veitsch. Erst vor kurzem wurde im Zusammenhang mit diesem Pilgerweg ein gigantisches Holzkreuz am Ölberg errichtet.

Tour Nr. 50 | Die Veitsch

Hohe Veitsch 1981 m

Über die steilen Hänge des Magnesits

Das Nachbargebirge zum Hochschwab ist das „Alltime-Ziel" der Mürztaler Schitourengeher. Ein überaus empfehlenswerter Schiberg, den man freilich mit vielen Gleichgesinnten teilen muss. Die bekannteste Abfahrt führt über die Schallerrinne, wobei man bei guter Kenntnis bis in den Radgraben hinunterfahren kann.

Anfahrt:

Aus Richtung Graz A 9 Pyhrn-Autobahn beim Knoten Deutschfeistritz rechts halten Richtung Bruck an der Mur. Auf der S 35 bis zum Knoten Bruck an der Mur, dort rechts auf die S 6 Richtung Kapfenberg/Wien abzweigen. Abfahrt Mitterdorf im Mürztal auf die L 102 nach Veitsch und weiter geradeaus über den Kreisverkehr ca. 8 km zur Brunnalm (Schilifte). Parkmöglichkeit beim Gasthaus Scheikl.

Aus Richtung Wien A 2 Süd-Autobahn beim Knoten Seebenstein rechts halten, Richtung Semmering/Bruck abzweigen. Auf der S 6 bis Abfahrt Mitterdorf im Mürztal. Weiter wie zuvor.

Aus Richtung Salzburg A 10 Tauern-Autobahn, Abfahrt beim Knoten Ennstal nach Radstadt, weiter auf der B 320 (Ennstal-Bundesstraße) Richtung Graz. In Liezen beim Kreisverkehr weiter Richtung Graz auf die A 9 Pyhrn-Autobahn bis zum Knoten St. Michael, einordnen Richtung Leoben/Bruck/Wien. Auf die S 6 bis Abfahrt Mitterdorf im Mürztal. Weiter wie zuvor.

Ausgangspunkt:

Gasthof Scheikl (1154 m).

Aufstieg:

Vom Gasthof Scheikl dem Pistengelände folgen und später über einen kurzen Waldgürtel, bis man an den markanten, steileren Rücken stößt, der die Schallerrinne östlich begrenzt. Über diesen steiler bergan bis zum gastlichen Graf-Meran-Haus (1836 m). Vom Graf-Meran-Haus geht es im flacheren Gelände weiter in nordwestlicher Richtung. Der Stangenmarkierung ca. 30 Min. unschwierig zum Gipfelkreuz der Hohen Veitsch folgen.

Abfahrt:

Vom Gipfel direkt südlich, nach dem flacheren Stück zum Graf-Meran-Haus, dann entweder über die Schallerrinne (III) oder mit Varianten zum Liftgelände.

Aufstiegszeit: 2 Std. 25 Min.
Höhenmeter: 827 Hm
Tourenlänge: 2,84 km
Schwierigkeit: II–III
Beste Zeit: Frühjahr
Exposition: Nord
Karte: ÖK 103
GPS: Startpunkt N 47° 37' 57"
 E 15° 25' 28"
 Gipfel N 47° 38' 52"
 E 15° 24' 18"

Tipp!
Bei Liftbenützung verkürzt sich der Aufstieg deutlich.

Ratsamer Wegweiser ...

Variante vom Niederalpl über die Rodel:
Ausgangspunkt ist die Pension Gamsjäger (921 m) auf dem Niederalpl. Den Forstweg südwärts, über die steilen Hänge der Rodel gelangt man zu einer felsigen Steilstufe. Über diese in flacheres Gelände. Weiter zur Gingatzwiese und über die Hochfläche zum Gipfel. (III, Nord, 1060 Hm, 3 Std.)

Glücklich am Gipfel –
mit Blick zum Hochschwab.

Nur (Schi-)Fliegen
ist schöner …

Orientierung mit dem GPS

Was ist GPS und was kann es – Verfahren der GPS-Navigation

GPS steht für **„Global Positioning System"** und ist ein satellitengestütztes Navigationssystem zur weltweiten Standortbestimmung. Navigationssatelliten, die in Erdumlaufbahnen von ca. 20.000 km Höhe zweimal am Tag die Erde umkreisen, senden laufend ihre Bahndaten und die genaue Uhrzeit aus. Aus den Laufzeiten der Signale berechnet der GPS-Empfänger ständig, z. B. einmal pro Sekunde, seine Position auf der Erde.

Die Geräte sind dabei in der Lage, bei ihrer erstmaligen Standortbestimmung entweder einen **„AutoLocate"** durchzuführen, d. h. selbstständig ihre Position zu ermitteln, oder aber – nach Angabe des Standort-Landes durch den Bediener – den aktuellen Standpunkt in wesentlich kürzerer Zeit aufgrund der jeweiligen **„Almanach-Daten"** zu zeigen.

Das System ist unabhängig von Licht- und Sichtverhältnissen, von Missweichung (der natürlichen Abweichung des Kompasses vom Nordpol), von Ablenkung oder Landmarken. GPS ist also auch dort noch einsetzbar, wo andere Orientierungsverfahren versagen. Der Standort kann oft auf einen einzigen Tastendruck hin angezeigt werden, ohne dabei rechnen oder zeichnen zu müssen.

Um die Anzeige optimal zu nutzen, verwendet man am besten eine topographische Karte mit Angaben zum geographischen Netz (Längen- und Breitengrade) oder geodätischen Gittern. Eingeschränkt werden die Empfangsmöglichkeiten allein durch die Tatsache, dass sich die Funkwellen der verwendeten Frequenz geradlinig fortpflanzen, also – außer auf See und zumeist auch im Flugzeug – durch Hindernisse (Berge, Bäume, Gebäude) abgeschattet werden können.

Ein GPS-Gerät ersetzt jedoch in der Regel weder Kompass noch Höhenmesser (vor allem dann, wenn keine Bewegung erfolgt). Als reiner Empfänger bietet es auch keine Ortungsmöglichkeiten – z. B. für Suchtrupps.

Die Systemgenauigkeit im Zentimeterbereich stand aufgrund des militärischen Ursprungs und der bewussten Verfälschung für zivile Nutzer bis

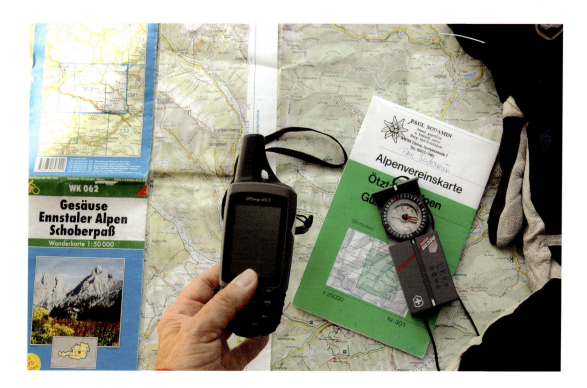

zum 1. Mai 2000 nicht zur Verfügung, sondern bewegte sich etwa im 100-Meter-Bereich. Diese Größenordnung reichte für Orientierungszwecke in der Regel jedoch aus, zumal zu berücksichtigen ist, dass wesentlich größere Fehler durch ungenaue Messungen aus der Karte entstehen können. Mit 1. Mai 2000 wurde diese so genannte SA (Selective Availability) jedoch abgeschaltet, womit sich die Genauigkeit der aktuellen GPS-Empfänger drastisch erhöht hat.

Für den mobilen Einsatz, also auch für Schitourengeher, reichen batteriebetriebene Handgeräte, die zurzeit nur noch wenige hundert Gramm wiegen.

Die **Hauptfunktionen** sind im Dauerbetrieb oder mit Einzelmessungen verfügbar: geographische Breite und Länge, Datum und Uhrzeit (auch für Berechnungen des Sonnenaufgangs oder des Sonnenuntergangs), Speichern von „Waypoints" sowie „GoTo-Funktionen" (Richtung und Entfernung vom derzeitigen Standort zum eingespeicherten Zielpunkt).

GPS ist genauer, vielseitiger und handlicher als alle anderen bisher verfügbaren Navigationshilfen. Allerdings muss aber auch davor gewarnt werden, sich ausschließlich von der Satellitennavigation abhängig zu machen: GPS-Geräte können technisch versagen, also nicht nur die mögliche Abschattung und die Stromversorgung setzen Grenzen, sondern auch Bedienungsfehler, Beschädigungen, Feuchtigkeit und extreme Hitze oder Kälte.

Seit einigen Jahren ist die Verwendung von GPS-Geräten bei Bergführern und Schitourengehern beinahe schon zum Standard geworden, sei es zur eigenen Orientierungshilfe (Routenplanung, Erstellung von Marschskizzen etc.) oder aber natürlich auch bei Rettungseinsätzen. Neben den wichtigen klassischen Orientierungshilfen wie Karte, Bussole und Höhenmesser ist das GPS-Handgerät heute ein wichtiger Zusatzbegleiter von Einsatzgruppen im alpinen Gelände.

Die Christophorus-Hubschrauber-Flotte und ähnliche Rettungsorganisationen fliegen nur mit GPS-Daten, die dem Hubschrauber von den Rotkreuz-Einsatzzentralen per Funk übermittelt werden.

Sicher auf Schitour – Risiko- und Notfallmanagement abseits der Piste

1. Lawinen – die Weiße Gefahr

Vier grundlegende Faktoren beeinflussen die Lawinensituation. Wetter, Gelände und Schneedecke sind untrennbar miteinander verbunden, beeinflussen sich gegenseitig und machen eine Beurteilung der Lawinensituation überaus komplex. Den größten Unsicherheitsfaktor stellt jedoch der Mensch dar.

Die für die Wintersportler gefährlichste Lawinenart ist die Schneebrettlawine. Dabei lösen sich die Schneemassen mit einem linienförmigen Anriss in Schollen, die auf glatter Fläche blitzschnell nach unten gleiten.
Voraussetzung für Schneebrettlawinen ist gebundener Schnee (meist Triebschnee) in Verbindung mit einer störanfälligen Schwachschicht – die sich z. B. bildet, wenn Neuschnee auf eine Raureifschicht fällt – in einem steilen Hang.
Erst der Mensch macht die Lawine zum Risiko!

2. Lawinenfaktoren

Lawinenfaktor Wetter

■ Niederschlag

Für die Beurteilung der Lawinengefahr ist die Niederschlagsmenge in Verbindung mit dem Wind, der Temperatur und der vorhandenen Altschneedecke eine zentrale Größe. Ob die in einer Schneefallperiode (ein bis drei Tage) gefallenen Schneemengen als kritisch oder eher als unproblematisch zu bewerten sind, ist von den oben genannten Bedingungen während des Schneefalls und unmittelbar danach abhängig. Eine Neuschneemenge von zehn bis 20 Zentimetern, gefallen auf eine alte Harschschicht unter starken Windeinwirkungen bei tiefen Temperaturen, kann sich als überaus kritisch erweisen. Andererseits muss eine Neuschneemenge von 30 Zentimetern, gefallen auf eine feuchte Schicht bei Windstille und einer Temperatur um 0° C bei Beginn, keine bedeutende Gefahrenerhöhung nach sich ziehen. Höhenlage und Temperaturverlauf während der Niederschläge haben unterschiedliche Auswirkungen auf die Lawinensituation, weshalb diese kritisch beurteilt werden müssen.

Nicht die Neuschneemenge ist entscheidend, sondern die Bedingungen während und nach dem Schneefall!

■ Temperatur

Eine der zu beachtenden Rahmenbedingungen während und nach dem Schneefall ist die Temperatur. Kälte, Warmluft und Sonneneinstrahlung beeinflussen die Umwandlungsvorgänge in der Schneedecke und somit auch die Lawinensituation massiv.

- Massive Erwärmung führt zu sehr kritischen Situationen, ist jedoch in ihren Auswirkungen gut einzuschätzen.
- Langsame maßvolle Erwärmung fördert die Setzung der Schneedecke und damit die Bindung zwischen den einzelnen Schichten.
- Erwärmung bei Tag und Abkühlung bei Nacht bewirken eine ideale Verfestigung der Schneedecke, jedoch muss eine Verschärfung der Lawinensituation durch die Sonneneinstrahlung im Tagesverlauf von Ost nach West beachtet werden.
- Kälte konserviert bestehende Gefahren und verzögert die Setzung des Schnees.
- Anhaltende große Kälte fördert die Bildung von Schwimmschnee (Kugellager-Wirkung) und von Oberflächenreif, wodurch eine Verschärfung der Situation entsteht.

Abhängig von der Temperatur wird die Schneedecke stabiler oder instabiler!

■ Wind

Der Wind wird als Baumeister der Lawine bezeichnet, weil er durch Schneeverfrachtungen von frisch gefallenem oder auch älterem Schnee für die Entstehung von Schneebrettern sorgt. Dabei werden Schneeteilchen zerkleinert, verfrachtet und als gebundener Triebschnee abgelagert.

Die Richtung der Bodenwinde ist abhängig von der Hauptwindrichtung der jeweiligen Wetterlage, der Windstärke und des Geländereliefs. Triebschnee findet man nicht nur in kammnahen Windschattenbereichen von Luv nach Lee, sondern auch in Rinnen und Mulden durch hangpralle Winde.

Je stärker der Wind, desto größer die Triebschneeansammlung!

Lawinenfaktor Gelände

■ Hangform

Geländeformen beeinflussen die Lawinenbildung, weil sie einen entscheidenden Einfluss auf die Windrichtung und -geschwindigkeit haben und damit auch auf das Ausmaß der Schneeverfrachtungen.

Lawinen fördernd sind

- Rinnen,
- Mulden,
- Gefallsbrüche.

Diese Geländeformen begünstigen die Bildung von Triebschneeablagerungen im Lee und von Pressschneeablagerungen im Luv.

Lawinen hemmend können sein

- Rippen (häufig abgeblasen, kaum Tiefschnee),
- Rücken (häufig abgeblasen, kaum Tiefschnee),
- stark kupiertes Gelände (gute Stützung der Schneedecke durch kleinräumige Hangformen).

Das Gelände ist der hilfreiche Partner bei der Beurteilung der Lawinengefahr. Dazu sind jedoch gute Sicht und ein hohes Maß an Erfahrungen erforderlich.

Geländeformen beeinflussen die Lawinenbildung!

■ Hangausrichtung

Während Hangform und Wind zusammen zu betrachten sind, beeinflusst die Hangausrichtung (auch Hangexposition) die Temperatur der Schneedecke und damit deren Aufbau. In Schattenhängen (Richtung NW bis NO) setzt sich die Schneedecke aufgrund der geringen Sonneneinstrahlung nur sehr langsam, wodurch vorhandene Gefahren länger erhalten bleiben und neue Gefahren entstehen können. Durch die längere Sonneneinstrahlung weisen Südhänge (SW bis SO) häufig einen stabileren Schneedeckenaufbau auf. Das Gelände kann daher in günstige und ungünstige Hänge eingeteilt werden. Zusätzlich liefern Lawinenlagebericht und eigene Beobachtungen wertvolle Informationen zur Einteilung in günstige und ungünstige Hänge.

Die Hangausrichtung lässt sich mit der Karte oder dem Kompass feststellen. Die Hangexposition richtet sich dabei nach der Richtung, in die man schaut, wenn man mit dem Rücken zum Hang steht. Zur Verdeutlichung: Blickt man im Hang stehend vom Hang weg in Richtung Norden, dann handelt es sich um einen Nordhang).

70 Prozent aller Lawinenunfälle ereignen sich in nordexponierten Hängen (W über N bis O), 56 Prozent im Nordsektor (NW bis NO)!

■ Hangneigung

Die Steilheit eines Hanges ist eine der drei Voraussetzungen für die Bildung eines Schneebrettes. Deshalb spielt dieser Faktor in der Beurteilung und der Entscheidungsfindung eine übergeordnete Rolle.

Bei der Festlegung der Hangsteilheit ist die steilste Stelle eines Hanges (ca. 10 x 10 m) zu betrachten. Etwa 97 Prozent aller Lawinenunfälle ereignen sich in Hängen mit über 30° Grad Neigung. Hänge über 30° werden im Lawinenlagebericht als Steilhänge bezeichnet. Bei 84 Prozent der Lawinenauslösungen hatte die steilste Hangpartie mindestens 35° Neigung.

Allgemein lässt sich daher sagen: Je steiler der Hang, desto leichter können Lawinen abgehen. Umgekehrt heißt das aber auch: Wenn auf steile Hänge verzichtet wird, kann das Risiko einer Lawinenauslösung deutlich gesenkt werden. Da die Abfahrt aber für viele erst auf Hängen mit mehr als 30° richtig Spaß macht, wird der Bezug der Hangsteilheit zu Lawinenhäufigkeit gerne verdrängt. Als Gedankenstütze für eine einfache Risikoreduktion können die nebenstehenden Obergrenzen dienen:

Gefahrenstufe im Lawinenlagebericht	Maximale Steilheit
1	
2	unter 40°
3	unter 35°
4	unter 30°
5	Verzicht auf Touren

Die Hangsteilheit lässt sich messen und schätzen (siehe auch „Lawinenfaktor Mensch – Während der Tour").

Wenn auf steile Hänge verzichtet wird, kann das Risiko einer Lawinenauslösung deutlich verringert werden!

Lawinenfaktor Schneedecke

Je nach Wetter- und Geländesituation ergeben sich Stabilitätsunterschiede in der Schneedecke. Dabei gilt:
- Die Festigkeiten im Einzelhang können stark variieren.
- Selbst gleiche Wetterbedingungen werden im gleichen Hang unterschiedliche Festigkeitsmuster ergeben.
- Schon kleine Veränderungen im Festigkeitsmuster können die Gesamtstabilität des Hanges verändern.
- Auf so genannten „Hot Spots" (sehr schwache Hangbereiche, in denen praktisch keine Verbindung zur darunter liegenden Schicht besteht) ist eine Auslösung durch den Schifahrer besonders leicht möglich. Die Lawine kann bereits durch kleine zusätzliche Belastungen, z. B. das Gewicht eines Skifahrers, ausgelöst werden.

„Hot Spots" sind unsichtbare schwache Hangzonen!

Lawinenfaktor Mensch

Der Mensch stellt den wichtigsten Lawinenfaktor dar. Erfahrung, Wissen, persönliches Können und angepasstes oder nicht angepasstes Verhalten sind mitentscheidend für die Auslösung von Lawinen. Deshalb sind eine gewissenhafte Tourenplanung, aufmerksame Beobachtungen und risikobewusste Entscheidungen während der Tour unabdingbare Bestandteile von Aktivitäten abseits der Piste.

■ Vor der Tour

Durch gewissenhafte Vorbereitung können gefährliche Situationen im Gelände deutlich reduziert werden. Die wichtigsten Punkte bei der Auswahl eines Tourenzieles sind der Wetterbericht (Wind, Niederschlag, Temperatur), der Lawinenlagebericht, die Geländebeurteilung aus Karte und Führerliteratur (Hangneigung, -form und -exposition), die Teilnehmer an der Tour (Anzahl, Können, psychische Verfassung) sowie die Überprüfung der Notfallausrüstung. Der Lawinenbericht kann über www.lawine.at oder telefonisch abgerufen werden.

Richtige Tourenplanung reduziert das Risiko!

Land	Tonband	Spezielle Beratung
Tirol	++43 (0)512/1588	++ 43(0)512/581839
Vorarlberg	++43 (0)5522/1588	keine
Salzburg	++43 (0)663/1588	++43 (0)662/8042-2170
Oberösterreich	++43 (0)732/1588	++43 (0)732/7720-2485
Kärnten	++43 (0)505/361588	++43 (0)664/6202 229
Steiermark	++43 (0)316/1588	++43 (0)316/242 200
Bayern	++49 (0)89/9214-1210	++49 (0)89/9214-1555
Südtirol	++39 (0)471/271177	++39 (0)471/414740
Schweiz	++41 (0)1/187	++41 (0)81/417-01-11
Frankreich	++33 (0)836/681020	++33 (0)836/680 808

In den Alpenländern gilt die gemeinsame europäische Lawinen-Gefahrenskala mit fünf Gefahrenstufen.

Gefahrenstufe	Schneestabilität	Auslösewahrscheinlichkeit
1 gering	Die Schneedecke ist allgemein gut verfestigt und stabil.	Auslösung ist allgemein nur bei großer Zusatzbelastung an sehr wenigen, extremen Steilhängen möglich. Spontan sind nur kleine Lawinen (so genannte Rutsche) zu erwarten.
2 mäßig	Die Schneedecke ist an einigen Steilhängen nur mäßig verfestigt, ansonsten allgemein gut verfestigt.	Auslösung ist insbesondere bei großer Zusatzbelastung, vor allem an den angegebenen Steilhängen möglich. Größere spontane Lawinen sind nicht zu erwarten.
3 erheblich	Die Schneedecke ist an vielen Steilhängen mäßig bis schwach verfestigt.	Auslösung ist bei geringer Zusatzbelastung, vor allem an den angegebenen Steilhängen möglich. Fallweise sind spontan einige mittlere, vereinzelt aber auch große Lawinen möglich.
4 groß	Die Schneedecke ist an den meisten Steilhängen schwach verfestigt.	Auslösung ist bereits bei geringer Zusatzbelastung an den meisten Steilhängen wahrscheinlich. Fallweise sind spontan viele mittlere, mehrfach auch große Lawinen zu erwarten.
5 sehr groß	Die Schneedecke ist allgemein schwach verfestigt und weitgehend instabil!	Spontan sind zahlreiche große Lawinen, auch in mäßig steilem Gelände zu erwarten.

Verschiedene Institutionen in den Alpenländern geben je nach Verhältnissen ständig neue Lawinenlageberichte (LLB) heraus. Der Lawinenlagebericht informiert über die aktuelle Lawinensituation in den jeweiligen Gebieten. Kern des LLB ist die Aussage zur Gefahrenstufe.
Er enthält darüber hinaus wichtige zusätzliche Informationen wie:
- die vergangene und die aktuelle Wettersituation (Niederschlag, Wind, Temperatur) und die Konsequenzen für die Schneedecke,
- den Schneedeckenaufbau (Verfrachtung, Setzungszustand, schwache Zwischenschichten etc.) und dessen Störanfälligkeit,
- die Beurteilung der Lawinengefahr und die Beschreibung möglicher Gefahrenbereiche (Höhenlage, Gelände, Auslösewahrscheinlichkeit etc.),
- eine Prognose über die zu erwartende Entwicklung.

Es genügt also nicht, nur die Gefahrenstufe zu kennen. Wer auf die Informationen des LLB verzichtet, verzichtet auf größere Sicherheit.

Der Lawinenlagebericht ist die Planungsbasis für jede Skitour!

Die Notfallausrüstung sollte bereits am Vortag der Tour auf Vollständigkeit und Funktionstüchtigkeit (Batterien) überprüft werden. Die Grafik zeigt, wie sich nutzbare Ausrüstung bei der Bergung eines Verschütteten aus einem Meter Tiefe auswirkt.

Zur Grundausrüstung jedes einzelnen Tourengehers gehören:
- Lawinenverschütteten-Suchgerät (LVS-Gerät): Ein LVS-Gerät zu besitzen reicht nicht aus. – Jeder muss mit seinem Gerät vertraut sein und regelmäßig damit üben (Gelegenheiten dazu unter www.paul-sodamin.at).
- Lawinenschaufel: Die Bergung von Verschütteten ist nur mit einer Schaufel möglich.
- Lawinensonde: Nur mit einer Sonde kann bei der Punktortung möglichst schnell eine genaue Lokalisierung vorgenommen werden.
- Erste-Hilfe-Set: Zur Erstversorgung von Verletzten.
- Biwaksack: Schutz vor Auskühlung und Hilfe beim Abtransport.

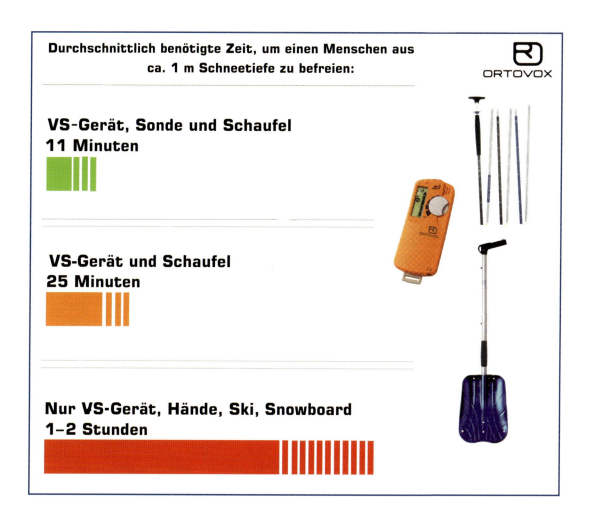

Durchschnittlich benötigte Zeit, um einen Menschen aus ca. 1 m Schneetiefe zu befreien:

VS-Gerät, Sonde und Schaufel
11 Minuten

VS-Gerät und Schaufel
25 Minuten

Nur VS-Gerät, Hände, Ski, Snowboard
1–2 Stunden

Zusatzausrüstung für ein Plus an Sicherheit:
- Handy: Für die Organisation professioneller Hilfe.
- ABS-Rucksack: Kann komplette Verschüttung verhindern.
- Lawinenballon: Kann die Suche nach dem Verschütteten erleichtern.
- Avalung: Spezielle Weste mit eingebautem Atemschutz.

Recco-Reflektoren an der Kleidung ersetzen das LVS-Gerät nicht, da sie für die schnelle Kameradenhilfe völlig ungeeignet sind.

Jedes Mitglied einer Tourengruppe trägt das LVS-Gerät am Körper, Schaufel und Sonde im Rucksack!

■ **Während der Tour**

Am Beginn jeder Tour steht die Überprüfung der Notfallausrüstung. Dabei wird jedes LVS-Gerät auf Senden und Empfangen überprüft. Der Gruppenleiter stellt sein Gerät auf Senden. Alle anderen Gruppenmitglieder prüfen den Empfang ihres Gerätes. Danach legen alle Gruppenmitglieder das Gerät im Sendemodus an. Der Gruppenleiter stellt sein Gerät auf Empfang. Jedes Gruppenmitglied geht nun einzeln am Gruppenleiter vorbei, der damit die Sendefunktion aller Geräte prüft. Danach legt auch der Gruppenleiter sein Gerät an, und die Tour kann beginnen. Idealerweise bleibt das LVS-Gerät während der gesamten Tour angelegt, und die Sendefunktion wird vor der Abfahrt noch einmal überprüft.

Ein der Situation angepasstes Verhalten beim Aufstieg reduziert die Lawinengefahr. Bei jedem Einblick in einen neuen Geländeabschnitt erfolgt die systematische Geländebeurteilung nach den Kriterien:
- Orientierung (Wo bin ich? Wo ist das Ziel/Zwischenziel?).
- Beurteilung der Lawinensituation des nächsten Abschnitts.
- Wo ist das Gelände am leichtesten begehbar?
- Überlegen und Festlegen von Maßnahmen zur Minimierung des Risikos.

Das Ergebnis der Geländebeurteilung sollte eine Aufstiegsspur sein, die der Lawinensituation, dem Gelände, der Gruppe und der Schneebeschaffenheit entsprechend angepasst ist. Ungünstige Geländeformen wie Rinnen sollten umgangen und günstige Geländeformen wie Rücken sollten genutzt werden. Mögliche Maßnahmen zur Risikoreduktion sind Entlastungsabstände (mindestens 10 m Abstand zwischen den einzelnen Tourengehern) und möglichst hohe Einzelquerungen von Rinnen.

Bei der Anlage der Spur ist auch der Bereich der Geländebeurteilung, unter anderem der Hangneigung, entscheidend. Da die Möglichkeit der Lawinenauslösung über weite Strecken mit der Gefahrenstufe steigt, müssen dementsprechend größere Bereiche in die Beurteilung mit einbezogen werden.

Dies gilt natürlich nicht nur für den Aufstieg, sondern auch für die Abfahrt.

Stufe 1 – Beurteilung im direkten Spurbereich.
Stufe 2 – Beurteilung im Umkreis von 20 bis 40 Metern um die Spur.
Stufe 3 – Der gesamte Hang wird in die Beurteilung einbezogen.
Stufe 4 – Der gesamte Bereich (Geländekammer) wird in die Beurteilung einbezogen.

Großen Abstand zu Hängen über 30° halten, Auslaufzonen weiträumig meiden!

Je höher die Gefahrenstufe, umso größer muss der Beurteilungsbereich im Gelände sein!

Die Hangsteilheit lässt sich mithilfe der seitlich angebrachten Markierung auf der Tourenkarte im Maßstab 1 : 25 000 herauslesen. Im Gelände gibt der Pendeltrick mit den Skistöcken Aufschluss über die Neigung.

Nur wer Gelände und Umfeld bewusst aufnimmt, kann sein Verhalten der Situation anpassen. Windzeichen geben Aufschluss über die vorherrschende Windrichtung. Alarmzeichen wie „Wumm"-Geräusche, Risse in der Schneedecke oder spontane Schneebretter weisen deutlich auf eine bestehende Gefahr hin.

Alarmzeichen deuten auf erhebliche Lawinengefahr hin!

Sowohl beim Aufstieg als auch bei der Abfahrt sollte die Spur auf der Basis einer systematischen Geländebeurteilung sorgfältig gewählt werden. Gerade bei der Abfahrt, wenn alles schneller gehen soll und die Eigendynamik des Abfahrtsrausches eintritt, ist die Risikoschwelle bald überschritten. Der Situation angepasste Organisationsformen helfen, das Risiko bei der Abfahrt zu reduzieren.

Formationsfahren	**Einzelfahren**	**Spurenfahren**
Gelände > übersichtlich	Gelände > schwierig	Gelände > gefährlich
Verhältnisse > sicher	schmale Rinnen	Sicht > schlecht
Begrenzungsspur	Entlastung	Schnee > schlecht

Weitere Grundregeln für eine Abfahrt mit minimiertem Risiko:
- Der Führer wird nicht überholt.
- Die Fahrweise entspricht dem persönlichen Können.
- Teilstrecken sollten einsehbar sein.
- Die sicheren Sammelpunkte, die nicht in der direkten Abfahrtslinie liegen.
- Die seitliche Begrenzungsspur, die ein Tourenführer vorgibt, grenzt den gefährlichen Hang ab. Die Gruppenmitglieder beobachten sich gegenseitig.

Diszipliniertes Abfahren bringt mehr Spaß und mehr Sicherheit!

	Verhältnisse	**Gelände**	**Mensch**
Regional (Tourenplanung)	Lawinenlagebericht Wetterbericht Persönliche Berichte Witterungsfolge	Landkarte Neigungsmesser Führer/Literatur Persönliche Berichte	Gruppengröße Motivation Störfaktoren Verantwortlichkeit etc.
Lokal (Routenwahl)	Schneehöhe, Neuschnee Anzeichen von Wind- und Temperatureinwirkung Abgegangene Lawinen Wummgeräusche Pers. Berichte	Stimmt meine Vorstellung? Beurteilung auf Sicht Fernglas Persönliche Berichte	Stimmung in der Gruppe Weitere Tourengeher unterwegs? Konkurrenz mit anderen? Erfolgsdruck? Motivation?
Zonal (Einzelhang)	Sicht Überprüfung von Filter 1 und 2 Was ist anders als gedacht? Windzeichen: Lee oder Luv? Faktoren: Einzelhangcheck	Was ist über/unter mir? Steilste Hangpartie Hangexposition Höhenlage, Kammnähe Hangform	Wie viele Leute im Hang? Finaldenken? Druck durch Verhalten anderer? Führungstaktik

■ **Entscheidungsstrategien**

Das Grundprinzip einer Entscheidungsstrategie ist die strikte Trennung von Beurteilung und Entscheidung.

Bei der Beurteilung der Lawinengefahr hilft die 3x3-Filtermethode von Werner Munter. Dabei werden die drei Lawinenfaktoren durch drei Filter betrachtet.

Mehr über diese Entscheidungsstrategien erfahren Sie aus dem Buch von Werner Munter: „3x3 Lawinen. Risikomanagement im Wintersport". Rother Verlag, Garmisch-Partenkirchen 2003.

Weitere Informationen über Entscheidungsstrategien finden Sie unter:

www.av-snowcard.de
Snowcard des DAV; visuelle Darstellung des Risikos mittels der Faktoren Steilheit, Exposition, Gefahrengrad sowie Empfehlungen zum Verhalten.

www.alpenverein.at
„Stop or go" des OeAV; die Handlungsanweisungen „Stop or go" ergeben sich aus Checks auf der Basis des LLB in Verbindung mit den Lawinenfaktoren sowie empfohlenen Standardmaßnahmen.

Eine Strategie sicher zu beherrschen ist besser, als viele nur zu kennen!
Wichtig ist die Trennung von Beurteilung und Entscheidung!

3. Lawinenunfall

Die Überlebenswahrscheinlichkeit bei einer Lawinenverschüttung ist innerhalb der ersten 15 Minuten relativ hoch, sie liegt bei etwa 90 Prozent.

Daraus ergibt sich, dass es unbedingt erforderlich ist, dass jeder (!) Tourenteilnehmer die komplette Notfallausrüstung bei sich trägt und deren Handhabung sowie die Suchstrategien beherrscht. Denn nur die schnelle Kameradenhilfe bietet im Ernstfall eine reelle Chance für den Verschütteten, weshalb regelmäßiges Üben mit dem LVS-Gerät auf alle Fälle zur Vorbereitung auf die Tourensaison gehören sollte.

Schnelle Kameradenhilfe setzt Übung voraus!

Zur Minimierung der Suchzeit wird das Suchgebiet eingegrenzt, sofern der Lawinenabgang beobachtet werden konnte. Die gedachte Linie, vom „Erfassungspunkt" (die Stelle, an der der Tourengeher zuletzt gesehen wurde) talwärts, ergibt den primären Suchbereich im Staubereich der Lawine. Je nach dem Standpunkt der Helfer beginnt die Suche am oberen oder unteren Ende des Suchbereiches.

Die Suche nach Verschütteten lässt sich in drei Phasen einteilen: Grobsuche, Feinsuche und Punktortung. Die **Grobsuche** ist der Weg zum Erstempfang eines Signals. Nachdem alle Helfer ihr LVS-Gerät auf Empfang umgestellt haben, wird der Suchweg in Serpentinen (bei einem Helfer) oder geradlinig (bei mehreren Helfern) möglichst schnell zurückgelegt und dabei wird gleichzeitig nach herausragenden Körper- oder Ausrüstungsteilen gesucht und auf Hilferufe ge-

achtet. Die Breite des Suchstreifens ist abhängig von der Größe der Lawine, der Anzahl der Helfer und der Zahl der eingesetzten LVS-Geräte. Eine grundsätzliche Empfehlung ist eine Suchstreifenbreite von 20 Metern.

Sobald der Sucher einen Erstempfang hat, beginnt die Phase der **Feinsuche.** Dabei folgt der Sucher der Richtung des stärksten Signals (egal, ob lauter werdender Analogton, Entfernungsanzeige oder digitaler Pfeil) und nähert sich dem Verschütteten auf der Feldlinie.

Die Annäherung erfolgt bei allen Geräten auf der Feldlinie im Bogen, niemals auf direktem Weg. Wenn der Sucher auf der Feldlinie bis auf zwei bis drei Meter an den Verschütteten herangekommen ist, beginnt die **Punktortung.** Dabei ist es wichtig, dass der Sucher das Suchtempo verlangsamt, das LVS-Gerät direkt auf der Schneeoberfläche bewegt und dabei das Gerät nicht mehr schwenkt oder dreht. Auf der Feldlinie kommend, geht der Sucher so lange auf dieser Achse weiter, bis er wieder deutlich schwächere Signale erhält. In der Mitte des Bereiches mit den stärksten Signalen (kleinste Werte oder lautester Ton) wird dieses Vorgehen auf einer zweiten Achse, senkrecht zur ersten Achse, wiederholt. (Wichtig: Gerät nicht drehen.) In der Mitte des Bereiches mit den stärksten Signalen wird mit dem Sondieren begonnen.

Das Sondieren mit einer Lawinensonde verkürzt die exakte Punktortung wesentlich!

Dazu legt man ein Stockkreuz auf die Stelle mit dem stärksten Signal und beginnt mit der systematischen Sondierung von innen nach außen. Die VS-Suche lässt sich mit einem Landeanflug vergleichen: vor dem Aufsetzen immer langsamer, immer tiefer, immer präziser.

Um eine Mehrfachverschüttung bewältigen zu können, muss die Suche nach einem Verschütteten beherrscht werden. Sobald der erste Verschüttete mit der Sonde lokalisiert wurde, wird mit dem Ausgraben begonnen.

Sofern mehrere Helfer vor Ort sind, kann parallel mit der Suche nach weiteren Verschütteten begonnen werden. Eine für alle LVS-Geräte anwendbare und einprägsame Methode für nahe beieinander liegende Verschüttete ist die 3-Kreis-Methode. Dabei geht der Sucher in einem Radius von drei Metern (ca. eine Sondenlänge) um den ersten Georteten, anschließend einen Kreis mit sechs und neun Metern. Liegt ein neues deutliches Signal vor, wird dieses verfolgt, und der nächste Verschüttete wird lokalisiert. Bei analogen Geräten stellt man den Lautstärkenregler zurück, bei digitalen Geräten geschieht dies automatisch.

Der Ablauf der Kameradenhilfe ist immer situationsabhängig. Dennoch gibt es einige klare Anhaltspunkte für den Ablauf einer Verschüttetensuche.

- Lawine beobachten: Anzahl der Verschütteten? Anzahl der Helfer? Primärer Suchbereich?
- Ein Helfer: Suche sofort beginnen, Notruf 112 absetzen!
- Mehrere Helfer: Eine Person übernimmt das Kommando und die Aufgabenteilung (Bergrettung Österreich, Notruf 140, verständigen; Euro-Notruf 112), so viele LVS-Sucher wie nötig, Schaufelmannschaften.

- Alle Helfer stellen ihr LVS-Gerät auf Empfang.
- Grobsuche, Feinsuche, Punktortung nach System.
- Nach der Punktortung des Verschütteten möglichst schnell das Gesicht freischaufeln und lebensrettende Maßnahmen einleiten (Atmung, Bewusstsein, Zirkulation – ABC der Lebensrettung).
- Erst dann die Suche nach weiteren Verschütteten fortsetzen (es sei denn, es sind genügend Helfer vor Ort).
- Bei der Bergung und beim Abtransport auf Unterkühlung und Kreislauf achten.

Ein Grundsatz auf allen Touren: Durch risikobewusste Tourenwahl Lawinenverschüttungen vermeiden! Deshalb mein Rat: Besuchen Sie ein Lawinenseminar (www.paul-sodamin.at).

Wichtige Information!

Wie bereits allgemein bekannt ist, ermöglicht der EUROPÄISCHE NOTRUF 112 den Zugang in alle Netze, was vor allem dann von Wichtigkeit ist, wenn der eigene Netzbetreiber keinen ausreichenden Empfang bietet. Allerdings wird dies als Maßnahme zur Verständigung der Rettungskräfte oft nicht in vollem Umfang genützt, weil nicht bekannt ist, dass die Notrufnummer 112 nur dann den Zugang in alle Netze ermöglicht, wenn der PIN-Code nicht eingegeben wird. Daher: Bei Handys, die die Eingabe eines PIN-Codes erfordern, anstelle des PIN die Nr. 112 eingeben und den Ruf absetzen. Dieser Ruf gelangt dann zur Polizei, die alles Weitere veranlasst. Sollte man dies nicht beachten, kommt man nur in das Netz des jeweiligen Betreibers (z. B. A1), was zur Folge haben kann, dass der Notruf nicht möglich ist, obwohl ein anderer Netzbetreiber (z. B. ONE) einen tadellosen Empfang gewähren würde. Der Notruf 112 kann auch ohne SIM-Karte abgesetzt werden. Da bei Verwendung des Notrufs 112 keine Kosten anfallen, ist ein Ruf auch mit Wertkartenhandys möglich, bei denen kein Guthaben mehr vorhanden ist.

Wichtige Information und Adressen

Lawinenwarndienst

Tonband: 0316 1588
Persönliche Beratung: 0316 242200
Handy: 0664 8105928
Faxabruf: 0316 242300
ORF-Teletext: Seite 615
www.lawine.at
www.lawine-steiermark.at
Wetter Steiermark: www.zamg.ac.at

Bergrettung Steiermark und Bergführer

Bergrettung: www.bergrettung-stmk.at
Flugrettung: www.oeamtc.at
Bergführerverband: www.bergfuehrer.at/steiermark
Bergführer Paul Sodamin: Schitourenkurse für Anfänger, Tagesschitouren und Lawinenseminare, www.paul-sodamin.at
Berg- und Schitouren: www.schitouren-steiermark.at

Notrufe

Bergrettung: 140
Euro-Notruf: 112

Ausrüstungstipps

Sturmhaube
Sonnenbrille
Sonnencreme

Reservehandschuhe
Essen
Thermosflasche (Getränk)
Bleistift und Papier

Verschüttetensuchgerät
Lawinensonde
Lawinenschaufel
Erste-Hilfe-Set mit Rettungsdecke
Biwaksack
Karte 1 : 25 000
Höhenmesser und Uhr
Kompass
GPS-Gerät
Handy

Draht für eine provisorische Reparatur
Taschenmesser
5 m Rebschnur, Ø 5 mm

Bekleidung:
funktionelle Schitourenbekleidung
(Anorak, Überhose, Pullover)
Schier mit Tourenbindung und Steigfellen
längenverstellbare Schistöcke
Harscheisen
Tourenschischuhe
Tourenrucksack (ca. 30 Liter)

Naturverträgliche Schitouren

Durch die starke Zunahme im Bereich des Schitourensportes werden zunehmend sensible Gebiete begangen. Um hier Konflikte mit Naturschutz und Jägerschaft zu vermeiden, sind einige grundsätzliche Richtlinien einzuhalten. Dadurch können großflächige Betretungsverbote vermieden werden, und die Natur, unser wertvollstes Gut, kann erhalten bleiben.

- Informiere dich über Natur und Kultur des Tourengebietes (z. B. durch Bergführer, Reiseführer etc.).

- Plane mehrtägige Aufenthalte statt häufige Tagestouren, nutze das örtliche Angebot der Gastronomie.

- Reise umweltschonend an, möglichst mit öffentlichen Verkehrsmitteln oder in Fahrgemeinschaften.

- Richtige Zeitplanung: Keine Schitouren vor Sonnenaufgang oder nach Sonnenuntergang; die Dämmerungszeiten dienen zur (kargen) Äsung für manche Wildtiere.

- Umgehe Wildfütterungen und halte dich fern von Wildtieren im freien Gelände.

- Vermeide unnötigen Lärm. Steige ruhig bergan, vielleicht kannst du Wildtiere beobachten.

- Lass deinen Hund nicht frei im Wald herumlaufen.

- Befahre keinen Jungwald. Die Kanten deiner Schier könnten den Jungwuchs köpfen.

- Beachte unbedingt lokale Hinweise bezüglich der naturverträglichen Routenwahl und halte dich an bestehende Wintermarkierungen und Sperrzonen.

- Die Natur ist kein Abfalleimer. Nimm die Reste deiner Gipfeljause wieder ins Tal mit.

Dankesworte

Ein Dankeschön

Bei der Erstellung eines Buches ist man für jede Unterstützung dankbar.
Stellvertretend für die vielen Tipps und Ratschläge möchten wir uns bei jenen Bergkameraden bedanken, die sich besonders um uns bemüht haben:

bei Prof. Dr. Walter Hausleitner vom Universitätszentrum Rottenmann für die Projekterstellung der GPS-Daten, die von Mag. Sandro Steininger und Mag. Peter Hirschler aufbereitet wurden;

beim Land Steiermark – Abteilung GIS mit Dr. Rudolf Aschauer –, das uns die Karten zur Verfügung gestellt hat;

bei der Firma Ortovox in Schladming und München für die Überlassung der aktuellen Lawinenkunde und des Beitrags zum Risikomanagement;

bei unserem langjährigen Freund und Wegbegleiter Ing. Hans Premm, der uns bei allem mit Rat und Tat zur Seite stand;

sowie bei allen Gönnern und Sponsoren für die finanzielle Unterstützung bei der Verwirklichung unseres Bildbandes.

Ein besonderer Dank gebührt unserem Bergfreund aus Admont, Herrn Prof. Dr. Sepp Hasitschka, dem Autor mehrerer Bücher, der uns mit großer Sorgfalt und viel Engagement bei den kulturgeschichtlichen Beiträgen unterstützt hat.

Eine Aussichtskanzel der besonderen Art — am Gamskogel.

Vorhergehende Doppelseiten:
Seite 168/169: Neuschnee-Märchen im Triebental.
Seite 170/171: Die letzte Abendsonne verwandelt das steirische Matterhorn,
              den Lugauer, in eine Szenerie voller Mystik und einzigartiger Schönheit.
Seite 172/173: Natur und Mensch — in diesem Fall eine wunderbare Harmonie.

Foto- und Quellennachweis:

Kartenausschnitte: © BEV 2006, vervielfältigt mit Genehmigung des BEV
– <u>B</u>undesamtes für <u>E</u>ich- und <u>V</u>ermessungswesen in Wien, EB 2006/01906
Höhenprofile: © Paul und Peter Sodamin

Alle Fotos © Paul und Peter Sodamin, außer:
Foto Gerlinde Kaltenbrunner: Ralf Dujmovits
Foto Paul Sodamin: Foto Fischer, Graz

© 2006 im Styria Verlag in der Verlagsgruppe Styria
GmbH & Co KG, Wien – Graz – Klagenfurt
www.styriaverlag.at
Alle Rechte vorbehalten
Kein Teil des Werkes darf in irgendeiner Form (durch Fotografie,
Mikrofilm oder ein anderes Verfahren) ohne schriftliche Genehmigung
des Verlages reproduziert oder unter Verwendung elektronischer Systeme
verarbeitet, vervielfältigt oder verbreitet werden.

Umschlaggestaltung und Innenlayout: malanda-Buchdesign,
Andrea Malek, Graz
Druck und Bindung: Druckerei Theiss GmbH, St. Stefan im Lavanttal
Printed in Austria

ISBN-10: 3-222-13214-3
ISBN-13: 978-3-222-13214-8

26 Donnersbacher Tauern
Lämmertörlkopf 2046 m

Anfahrt: Aus Richtung Salzburg/Villach A 10 Tauern-Autobahn, Abfahrt beim Knoten Ennstal nach Radstadt, auf der B 320 nach Trautenfels. Hier auf die Glattjoch-Bundesstraße (B 75) Richtung Irdning abzweigen, weiter auf der B 75 bis nach Donnersbachwald. Aus Richtung Wien/Linz/Graz/Klagenfurt A 9 Pyhrn-Autobahn, Abfahrt Selzthal, weiter auf der B 320 über Liezen nach Trautenfels. Weiter wie zuvor.

Ausgangspunkt: Donnersbachwald, Parkplatz vor dem Hotel Stegerhof (976 m).

Aufstieg: Auf der präparierten Straße (Rodelbahn) westwärts zur Mörsbachhütte (1303 m). Von der Hütte ca. 120 m auf dem Winterwanderweg taleinwärts der Beschilderung „Winterweg oder Sommerweg" rechts über eine Steilstufe

empor zum flachen Schusterboden folgen. Weiter in südlicher Richtung, dann rechts hinauf durch Latschen zum breiten Gipfelhang. Über diesen steigt man sanft höher und erreicht nach einer kleinen Einschartung den Grat (Schidepot), der über eine kurze felsige Passage zum Gipfel führt.

Abfahrt: Gleich wie Aufstieg, mit Varianten (ab Schusterboden rechts haltend).

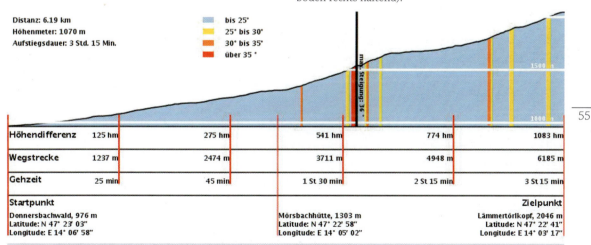

Aufstiegszeit: 3 Std. 15 Min. **Höhenmeter:** 1070 Hm **Tourenlänge:** 6,19 km **Schwierigkeit:** II **Beste Zeit:** Frühjahr
Exposition: Ost **Karte:** ÖK 128, 129 **GPS: Startpunkt** N 47° 23' 03" E 14° 06' 58" **Gipfel** N 47° 22' 41" E 14° 03' 17"

27 Rottenmanner Tauern Großes Bärneck 2071 m

Anfahrt: Aus Richtung Salzburg/Villach A 10 Tauern-Autobahn, Abfahrt beim Knoten Ennstal nach Radstadt, auf der B 320 nach Trautenfels. Abzweigen auf die Glattjoch-Bundesstraße (B 75) Richtung Irdning. Weiter auf der B 75 bis nach Donnersbachwald. Aus Richtung Wien/Linz/Graz/Klagenfurt A 9 Pyhrn-Autobahn, Abfahrt Selzthal, weiter auf der B 320 über Liezen nach Trautenfels. Weiter wie zuvor.

Ausgangspunkt: Donnersbachwald, Parkplätze vor dem Hotel Stegerhof (976 m) oder bei Liftbenützung bei der Talstation der Riesneralmbahnen (983 m).

Aufstieg: Vom Parkplatz auf der präparierten Straße (Rodelbahn) zur Mörsbachhütte (1303 m) und weiter taleinwärts hinauf zur Hinteren Mörsbachalm (1482 m). Weiter zunächst durch lichten Wald über kurze Geländestufen ins Silberkar. Nun

Abfahrt: Über den prächtigen Westhang direkt zur Stalleralm; von der Goldbachscharte hinunter in den Plannerkessel und zum Parkplatz.

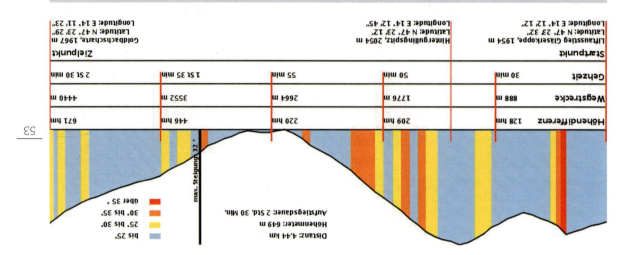

Großes Bärneck, 2071 Meter, ÖK 50 Kartenausschnitt

Aufstiegszeit: **2,5 Std.** Höhenmeter: **649 Hm** Tourenlänge: **4,44 Km** Schwierigkeit: **II–III** Beste Zeit: **gesamter Winter**
Exposition: **Nord + West + Süd** Karte: **ÖK 129** GPS: **Startpunkt N 47° 23' 32" E 14° 12' 12" Gipfel N 47° 23' 12" E 14° 12' 45"**

	Gehzeit	Wegstrecke	Höhendifferenz
Startpunkt Liftausstieg Gläserkoppe, 1954 m Latitude: N 47° 23' 32" Longitude: E 14° 12' 12"	30 min	888 m	128 hm
	50 min	1776 m	209 hm
Hinterguflingspitz, 2054 m Latitude: N 47° 23' 12" Longitude: E 14° 12' 45"	55 min	2664 m	220 hm
	1 St 35 min	3552 m	446 hm
Zielpunkt Goldbachscharte, 1967 m Latitude: N 47° 23' 29" Longitude: E 14° 11' 23"	2 St 30 min	4440 m	671 hm

Distanz: 4,44 km
Höhenmeter: 649 m
Aufstiegsdauer: 2 Std. 30 Min.
max. Steigung 32°

- bis 25°
- 25° bis 30°
- 30° bis 35°
- über 35°

25 Donnersbacher Tauern
Hintergullingspitz 2054 m

Anfahrt: Aus Richtung Salzburg/Villach A 10 Tauern-Autobahn, Abfahrt beim Knoten Ennstal nach Radstadt, auf der B 320 (Ennstal-Bundesstraße) nach Trautenfels. Abzweigen auf die Glattjoch-Bundesstraße (B 75) Richtung Irdning und weiter bis Donnersbach. Von hier aus über die neue Planneralmstraße in die Erlebniswelt Planneralm. Aus Richtung Wien/Linz/Graz/Klagenfurt A 9 Pyhrn-Autobahn, Abfahrt Selzthal, weiter auf der B 320 nach Trautenfels. Weiter wie zuvor.

Ausgangspunkt: Auf der Planneralm: Talstation Gläserboden-Lift (1588 m) bis Liftausstieg (1954 m).

Aufstieg: Von der Bergstation des Gläserboden-Liftes kurz ostwärts zum Großen Rotbühel (2019 m) und über die kurze, steile Abfahrt südöstlich hinunter zum Plientensattel (1902 m). Über den Rücken hinan zum Hintergullingspitz (2054 m). Unweit vom Gipfel nach Süden abfahren. Dann über den Westhang hinunter zur Stalleralm (1505 m). Von dort über die Goldbachalm hinauf in die Goldbachscharte (1967 m). Anfangs etwas steiler, schließlich flacher in die Scharte.

Hintergullingspitz, 2054 Meter, ÖK 50 Kartenausschnitt

die freien Hänge hinauf und westlich bis unter den Gipfelhang, der dann rechts über den steileren Nordrücken zum Gipfel führt.

Abfahrt: Abfahrt wie Aufstieg, mit vielen Varianten zur Mörsbachhütte.

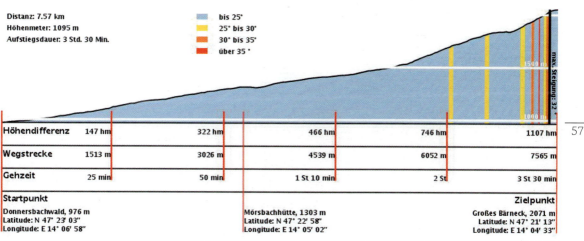

Aufstiegszeit: 3,5 Std. (2 Std. bei Liftbenützung) **Höhenmeter: 1095 Hm** **Tourenlänge: 7,57 km** **Schwierigkeit: II–III**
Beste Zeit: gesamter Winter Exposition: **Nord** Karte: **ÖK 128, 129** GPS: **Startpunkt N 47° 23' 03" E 14° 06' 58"**
Gipfel N 47° 21' 13" E 14° 04' 33"

28 Großer Knallstein 2599 m
Schladminger Tauern

Anfahrt: Aus Richtung Salzburg/Villach A 10 Tauern-Autobahn, Abfahrt beim Knoten Ennstal nach Radstadt, weiter auf der B 320, bei Pruggern nach Stein an der Enns abfahren. Von dort den Wegweisern folgend auf der gut ausgebauten Passstraße (Erzherzog-Johann-Straße L 704) in das Großsölktal, nach 18 km erreicht man das Gebirgsdorf St. Nikolai. Hier zum Parkplatz beim Gasthaus Gamsjäger. Aus Richtung Wien/Linz/Graz/Klagenfurt A 9 Pyhrn-Autobahn, Abfahrt Selzthal, weiter auf der B 320 über Liezen nach Espang. Dort abfahren bis Stein an der Enns (L 712). Weiter wie zuvor.

Ausgangspunkt: St. Nikolai, Gasthaus Gamsjäger (1155 m).

Aufstieg: Vom Gasthaus an der Kirche vorbei über die Brücke des Brüalbaches, auf den

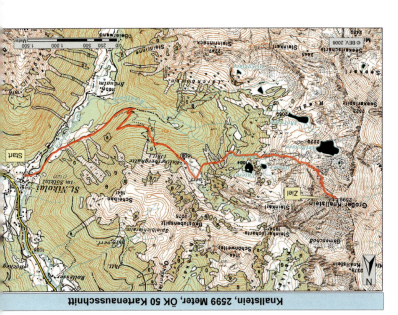

Knallstein, 2599 Meter, ÖK 50 Kartenausschnitt

Kehren der Forststraße emporziehend, bis die Markierung teils steil hinauf durch den Wald (Hohlweg) zur Kaltherbergalm (1608 m) führt. Bald danach links queren, über

schnallen) zum Gipfel der Karlspitze. Kurz abfahren und über den flachen Verbindungsgrat, der zum Schreinl weiterführt. Über die knappe Flanke steiler nach oben und rechts flach zum aussichtsreichen Gipfel.

Abfahrt: Vom Gipfel zum nordöstlich liegenden Goldbachsee. Gegenanstieg (130 Hm) zur Goldbachscharte und Abfahrt zur Planneralm.

Distanz: 6,51 km			
Höhenmeter: 729 m			
Aufstiegsdauer: 2 Std. 55 Min.			

	bis 25°
	25° bis 30°
	30° bis 35°
	über 35°

	Höhendifferenz	Wegstrecke	Gehzeit	
Startpunkt Planneralm bei Kinderlift, 1641 m Latitude: N 47° 24' 10", Longitude: E 14° 11' 59"	194 Hm	1302 m	40 min	
Karlspitze, 2097 m Latitude: N 47° 23' 37", Longitude: E 14° 10' 26"	424 Hm	2604 m	1 Std 20 min	
Schreinl, 2140 m Latitude: N 47° 23' 30", Longitude: E 14° 10' 10"	573 Hm	3906 m	1 Std 50 min	
	597 Hm	5208 m	2 Std 5 min	
Zielpunkt Goldbachscharte, 1967 m Latitude: N 47° 23' 29", Longitude: E 14° 11' 23"	748 Hm	6510 m	2 Std 55 min	

Aufstiegszeit: 2 Std. 55 Min. Höhenmeter: 729 Hm Tourenlänge: 6,51 Km Schwierigkeit: I–II Beste Zeit: gesamter Winter
Exposition: Nordost Karte: ÖK 129 GPS: Startpunkt N 47° 24' 10" E 14° 11' 59"
Karlspitze N 47° 23' 37" E 14° 10' 26", Schreinl-Gipfel N 47° 23' 30" E 14° 11' 10"

24 Donnersbacher Tauern
Karlspitze 2097 m und Schreinl 2140 m

Anfahrt: Aus Richtung Salzburg/Villach A 10 Tauern-Autobahn, Abfahrt beim Knoten Ennstal nach Radstadt, auf der B 320 weiter nach Trautenfels. Abzweigen auf die Glattjoch-Bundesstraße (B 75) Richtung Irdning und weiter bis Donnersbach. Von hier aus über die neue Planneralmstraße in die Erlebniswelt Planneralm. Aus Richtung Wien/Linz/Graz/Klagenfurt A 9 Pyhrn-Autobahn, Abfahrt Selzthal, weiter auf der B 320 über Liezen nach Trautenfels. Weiter wie zuvor.

Ausgangspunkt: Talstation Gläserboden-Lift (1588 m) bis Kinderlift (1641 m) auf der Planneralm.

Aufstieg: Entlang des Kinderlifts bis zum Ende der Rodelbahn aufsteigen. In südwestlicher Richtung und unterhalb der Goldbachscharte in etwa dem Sommerweg folgen, zum Westkamm der Karlspitze queren. Über diesen kurz blockig (eventuell Schier ab-

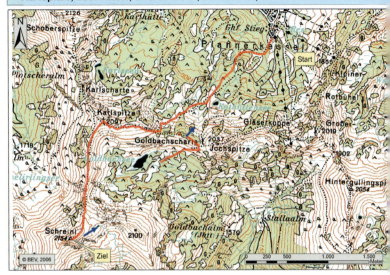

Karlspitze, 2097 Meter, und Schreinl, 2140 Meter, ÖK 50 Kartenausschnitt

kupiertes Gelände bergauf. Weiter Richtung Weißensee über einen Rücken. An drei Gebirgsseen vorbei, über eine rinnenförmige Mulde weiter und über die teilweise steile Südostflanke zum Gipfel.

Abfahrt: Im Gipfelbereich wie beim Aufstieg, eventuell am Fuße des Gipfelanstiegs rechts haltend über den Ahornsee und links des Lärchbodens ins Tal.

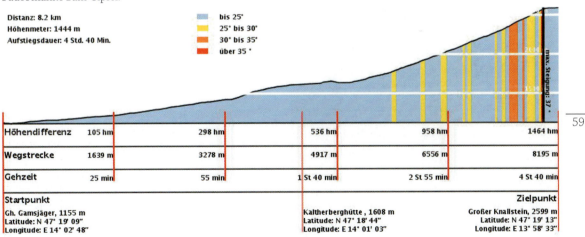

Aufstiegszeit: 4 Std. 40 Min. **Höhenmeter:** 1444 Hm **Tourenlänge:** 8,20 km **Schwierigkeit:** III **Beste Zeit:** Hochwinter–Frühjahr
Exposition: Ost **Karte:** ÖK 128 **GPS:** Startpunkt N 47° 19' 09" E 14° 02' 48" Gipfel N 47° 19' 13" E 13° 58' 33"

29 Schladminger Tauern
Hochwildstelle 2747 m

Anfahrt: Aus Richtung Salzburg/Villach A 10 Tauern-Autobahn, Abfahrt beim Knoten Ennstal nach Radstadt, weiter auf der B 320, bei Pruggern Richtung Sattental abfahren. Nach ca. 10 km erreicht man im Sattental den Parkplatz vor dem Schranken oberhalb des Gasthauses Winkler. Aus Richtung Wien/Linz/Graz/Klagenfurt A 9 Pyhrn-Autobahn, Abfahrt Selzthal, weiter auf der B 320 bis Pruggern. Weiter wie zuvor.

Ausgangspunkt: Vor dem Schranken oberhalb des Gasthauses Winkler (1070 m).

Aufstieg: Über die lange Forststraße ins Sattental hinein bis zur Tagalm (6 km), im Frühjahr Fahrmöglichkeit bis zur Perneralm (1360 m). Weiter zum Talschluss und links über den Forstweg hinauf zur Langschneerinne. Dieser kurz folgen und vor den Felsen am oberen Ende steil nach rechts ins Streikar queren, bei der Steilstufe vorübergehend die Schier abschnallen. Über Rücken und angenehme Hänge geht es weiter zu den Goldlacken. Nach Süden

Abfahrt: Aus dem Molbeggsattel (eventuell Felle aufziehen), kurz querend ansteigen, hinunter Richtung Messnerhütte (1550 m) und weiter entweder über den Saumweg oder die Forststraße zum Hochbar.

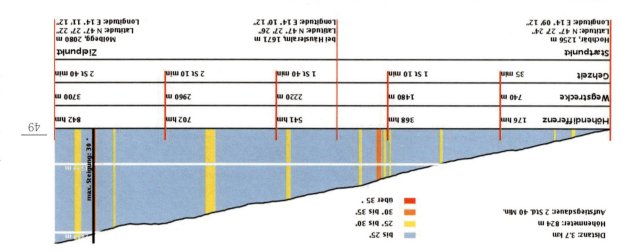

	Startpunkt				Zielpunkt	
	Hochbar, 1256 m		bei Häusleralm, 1671 m		Molbegg, 2080 m	
	Latitude: N 47° 27' 24"		Latitude: N 47° 27' 26"		Latitude: N 47° 27' 22"	
	Longitude: E 14° 09' 12"		Longitude: E 14° 10' 12"		Longitude: E 14° 11' 12"	
Gehzeit	35 min	1 St 10 min	1 St 40 min	2 St 10 min	2 St 40 min	
Wegstrecke	740 m	1480 m	2220 m	2960 m	3700 m	
Höhendifferenz	176 hm	368 hm	541 hm	702 hm	842 hm	

bis 25°
25° bis 30°
30° bis 35°
über 35°

Aufstiegsdauer: 2 Std. 40 Min.
Höhenmeter: 824 m
Distanz: 3,7 km

max. Steigung: 30°

Aufstiegszeit: 2 Std. 40 Min. Höhenmeter: 824 Hm Tourenlänge: 3,70 km Schwierigkeit: I–II Beste Zeit: gesamter Winter
Exposition: West Karte: ÖK 129 GPS: Startpunkt N 47° 27' 24" E 14° 09' 12" Gipfel N 47° 27' 22" E 14° 11' 12"

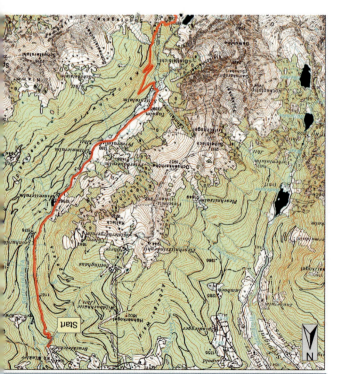

Hochwildstelle, 2747 Meter, ÖK 50 Kartenausschnitt

23 Donnersbacher Tauern
Mölbegg 2080 m

Anfahrt: Aus Richtung Salzburg/Villach A 10 Tauern-Autobahn, Abfahrt beim Knoten Ennstal nach Radstadt, auf der B 320 (Ennstal-Bundesstraße) nach Trautenfels. Hier auf die Glattjoch-Bundesstraße (B 75) Richtung Irdning abzweigen. Bis nach Donnersbach, hier abzweigen Richtung Planneralm. Nach 2 km links abzweigen und über einige Kehren (mitunter sind Schneeketten nötig!) zum Gehöft Hochbär. Aus Richtung Wien/Linz/Graz/Klagenfurt A 9 Pyhrn-Autobahn, Abfahrt Selzthal, weiter auf der B 320 über Liezen nach Trautenfels. Weiter wie zuvor.

Ausgangspunkt: Parkplatz vor dem Gehöft Hochbär (1256 m).

Aufstieg: Ca. 100 m nach rechts eine Forststraße entlang, dann nach links entlang der Markierung durch den Wald. Zuerst ca. 300 Hm durch dichteren Wald kämpfen, dann weiter über einen mäßig steilen, almartigen Rücken mit vereinzelten Bäumen bis zum Kammrücken. Bei guten Verhältnissen ist der Mölbegg-Gipfel hier schon sehr gut sichtbar. Vom Kammrücken quert man links durch ein steiles Latschenfeld in den Mölbeggsattel (1938 m). Ab dieser Scharte noch ca. 150 Hm zum Gipfelkreuz des Mölbeggs, und schon kann der Blick weit ins Ennstal schweifen.

Mölbegg, 2080 Meter, ÖK 50 Kartenausschnitt

zur Trattenscharte (2408 m) und weiter nach Westen zur Wildlochscharte (2444 m) queren. Über den steilen Rücken nach Norden zum Schidepot am Südostgrat. Weiter in ausgesetzter Kletterei in ca. 45 Min. anspruchsvoll zum Gipfel (II).

Abfahrt: Wie Aufstieg, mit Varianten.

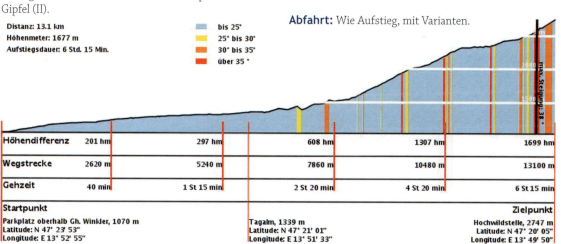

Höhendifferenz	201 hm	297 hm	608 hm	1307 hm	1699 hm
Wegstrecke	2620 m	5240 m	7860 m	10480 m	13100 m
Gehzeit	40 min	1 St 15 min	2 St 20 min	4 St 20 min	6 St 15 min
Startpunkt					Zielpunkt
Parkplatz oberhalb Gh. Winkler, 1070 m Latitude: N 47° 23' 53" Longitude: E 13° 52' 55"		Tagalm, 1339 m Latitude: N 47° 21' 01" Longitude: E 13° 51' 33"			Hochwildstelle, 2747 m Latitude: N 47° 20' 05" Longitude: E 13° 49' 50"

Distanz: 13,1 km
Höhenmeter: 1677 m
Aufstiegsdauer: 6 Std. 15 Min.

- bis 25°
- 25° bis 30°
- 30° bis 35°
- über 35°

Aufstiegszeit: 6 Std. 15 Min. **Höhenmeter:** 1677 Hm **Tourenlänge:** 13,1 km **Schwierigkeit:** III–IV **Beste Zeit:** Frühjahr
Exposition: Nordost **Karte:** ÖK 128 **GPS: Startpunkt** N 47° 23' 53" E 13° 52' 55" **Gipfel** N 47° 20' 05" E 13° 49' 50"

30 Wasserfallspitze 2507 m
Schladminger Tauern

Anfahrt: Aus Richtung Wien/Linz/Graz/Klagenfurt A 9 Pyhrn-Autobahn, Abfahrt Selzthal, weiter auf der B 320 (Ennstal-Bundesstraße) über Liezen bis Schladming. Dort abzweigen auf die L 772 Richtung Rohrmoos-Untertal. Nach ca. 5,5 km erreicht man Untertal. Weiter Richtung Riesacher Wasserfall bis zum Alpengasthaus Weiße Wand. Aus Richtung Salzburg/Villach A 10 Tauern-Autobahn, Abfahrt beim Knoten Ennstal nach Radstadt, auf der B 320 bis Schladming. Weiter wie zuvor.

Ausgangspunkt: Parkplatz ca. 300 m vor dem Gasthaus Weiße Wand (bei der Brücke, 1047 m).

Aufstieg: Über die Brücke des Untertalbaches und kurz über die Wiese zur Forststraße. In Kehren hinan zur Jagdhütte auf der Herzmaieralm (1649 m). Weiter über freie Flächen und lichten Lärchenwald (Gedenktafel an das Lawinenunglück 1985) hinauf ins Herzmaierkar bis vor den ersten Steilaufschwung. Möglichst rechts unter der Brechelspitze sehr steil empor und im flachen Kar

geblasenen) Gratrücken. Darüber leichtflüßig zum Gipfel des Hochschwungs.

Abfahrt: Weitgehend entlang der Aufstiegsspur.

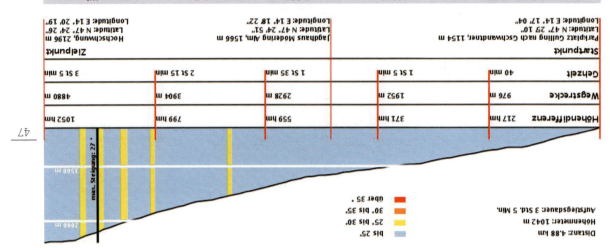

Aufstiegszeit: **3 Std. 5 Min.** Höhenmeter: **1042 Hm** Tourenlänge: **4,88 km** Schwierigkeit: **I-II** Beste Zeit: **gesamter Winter** Exposition: **Nordwest** Karte: **ÖK 129, 130** GPS: Startpunkt **N 47° 25' 10" E 14° 17' 04"** Gipfel **N 47° 24' 26" E 14° 20' 19"**

	Startpunkt				Zielpunkt
	Parkplatz Gulling nach Gschwandner, 1154 m Latitude: N 47° 29' 10" Longitude: E 14° 17' 04"		Jagdhaus Modering Alm, 1566 m Latitude: N 47° 24' 51" Longitude: E 14° 18' 22"		Hochschwung, 2196 m Latitude: N 47° 24' 26" Longitude: E 14° 20' 19"
Gehzeit	40 min	1 St 5 min	1 St 35 min	2 St 15 min	3 St 5 min
Wegstrecke	976 m	1952 m	2928 m	3904 m	4880 m
Höhendifferenz	217 hm	371 hm	559 hm	799 hm	1052 hm

bis 25°
25° bis 30°
30° bis 35°
über 35°

Distanz: 4,88 km
Höhenmeter: 1042 m
Aufstiegsdauer: 3 Std. 5 Min.

22 Rottenmanner Tauern
Hochschwung 2196 m

Anfahrt: Aus Richtung Salzburg/Liezen ebenso wie von Graz/St. Michael A 9 Pyhrn-Autobahn, Abfahrt Rottenmann. Weiter kurz auf der Bundesstraße in die Ortschaft Strechau und nach Oppenberg abzweigen. In Oppenberg selbst links hinunter ins Tal der Gulling, ca. 8,5 km. Nachdem die Straße beim Gehöft Gschwandtner den Bach überquert, findet man einen kleinen – auf nur zwei Autos beschränkten – Parkplatz (Schattnerlehen).

Ausgangspunkt: Parkplatz in der Gulling, ca. 400 m nach dem Gehöft Gschwandtner (1154 m).

Aufstieg: Über den Forstweg und den markierten Sommerweg (kürzt den Forstweg einmal ab) zur Mödering-Jagdhütte (1566 m). Im freien Kar östlich der Jagdhütte bergauf. Aus dem Kar nach rechts und flach heraus zum Kamm, dann links haltend über den breiten (je nach Schneelage meist ab-

zum nächsten Steilaufschwung. Mit den Schiern so weit wie möglich hinauf und das letzte Stück zu Fuß über den felsigen Grat zum Gipfel.

Abfahrt: Wie Aufstieg, mit Varianten.

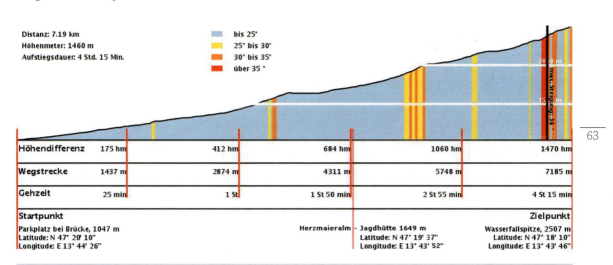

Aufstiegszeit: 4 Std. 15 Min. Höhenmeter: 1460 Hm Tourenlänge: 7,19 km Schwierigkeit: III Beste Zeit: Spätwinter–Frühjahr
Exposition: Nord Karte: ÖK 127 GPS: Startpunkt N 47° 20′ 10″ E 13° 44′ 26″ Gipfel N 47° 18′ 10″ E 13° 43′ 46″

31 Wölzer Tauern
Greim 2474 m

Anfahrt: Aus Richtung Graz/Wien von der S 36 (Murtal-Schnellstraße) auf die Bundesstraße (B 317) nach Scheifling. Dort rechts weiter auf der B 96 bis Katsch an der Mur, rechts nach St. Peter am Kammersberg abzweigen. Weiter Richtung Norden bis auf die Pöllauer Höhe, bei der Abzweigung Greimhütte links der asphaltierten Straße bis zur Greimburg folgen. Die Straße geht in einen geschotterten Forstweg über, der stetig steigend durch einen immer lichter werdenden Lärchenwald bis zur Greimhütte führt. Aus Richtung Klagenfurt auf der B 317 über den Perchauer Sattel nach Scheifling. Weiter auf der B 96 nach Katsch an der Mur (oder kürzer über Neumarkt, Mariahof und Teufenbach). Weiter wie zuvor.

Ausgangspunkt: Greimhütte (1649 m).

Aufstieg: Von der Greimhütte nordwestwärts an Almhütten vorbei höher und nach links in die breite Flanke des Greims Richtung Greimrinne queren. Anfangs steil höher (in der Rinne oder rechts davon) und flacher der Rinne folgen dann in einer Linksschleife den steilen Lawinenhang queren. Damit wird das große Kar erreicht, das in den Süden westen des Hochretteleisteins eingebettet ist. Im Kar steiler aufwärts und über die breite Flanke zum aussichtsreichen Gipfel (2220 m).

Abfahrt: Wie Aufstieg, mit Varianten (Südost).

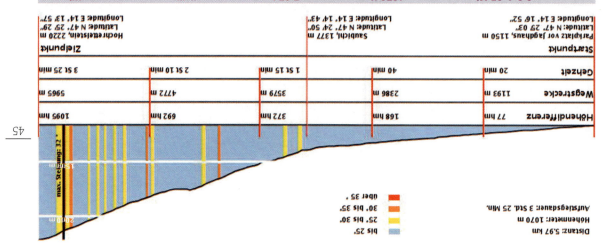

Greim, 2474 Meter, ÖK 50 Kartenausschnitt

Aufstiegszeit: 3 Std. 25 Min. Höhenmeter: 1070 Hm Tourenlänge: 5,97 Km Schwierigkeit: II–III Beste Zeit: gesamter Winter
Exposition: Südost Karte: ÖK 130 GPS: Startpunkt N 47° 25′ 03″ E 14° 16′ 52″ Gipfel N 47° 25′ 29″ E 14° 13′ 57″

		Wegstrecke	Höhendifferenz
Startpunkt	Parkplatz vor Jagdhaus, 1150 m Latitude: N 47° 29′ 03″ Longitude: E 14° 16′ 52″		
Gehzeit	20 min	1193 m	77 Hm
	40 min	2386 m	168 Hm
	Saubichl, 1377 m Latitude: N 47° 24′ 50″ Longitude: E 14° 14′ 43″		
	1 St 15 min	3579 m	372 Hm
	2 St 10 min	4772 m	692 Hm
Zielpunkt	Hochretteistein, 2220 m Latitude: N 47° 25′ 29″ Longitude: E 14° 13′ 57″		
	3 St 25 min	5965 m	1095 Hm

Distanz: 5,97 km
Höhenmeter: 1070 m
Aufstiegsdauer: 3 Std. 25 Min.

bis 25° (blau)
25° bis 30° (gelb)
30° bis 35° (orange)
über 35° (rot)

21 Donnersbacher Tauern
Hochrettelstein 2220 m

Anfahrt: Aus Richtung Salzburg/Liezen ebenso wie von Graz/St. Michael A 9 Pyhrn-Autobahn, Abfahrt Rottenmann. Weiter kurz auf der Bundesstraße in die Ortschaft Strechau und nach Oppenberg abzweigen. In Oppenberg links hinunter ins Tal der Gulling und weiter bis zum Talende (8,5 km) bis zum Jagdhaus. Kurz davor besteht eine kleine Parkmöglichkeit.

Ausgangspunkt: Parkplatz vor dem Jagdhaus (1150 m).

Aufstieg: Vom Jagdhaus Gulling westwärts auf der rechten Forststraße taleinwärts in die Plienten (Weißgulling). Nach ca. 3 km bei 1294 m rechts weg, steil über Wiesen bergauf zu den verfallenen Hütten am Saubichl (1377 m) auf der Saubichlalm. Rechts nördlich weiter über einen Schlag. Wo er steiler wird, nach links durch ein schmales Waldstück zu einem freien Hang. Zuerst nördlich hinauf und bis vor die Einsattelung zwischen Sandkogel und Greim. Rechts nordwärts über den meist abgeblasenen Hang höher zum eindrucksvollen hölzernen Gipfelkreuz.

Abfahrt: Wie Aufstieg oder durch die Greimrinne.

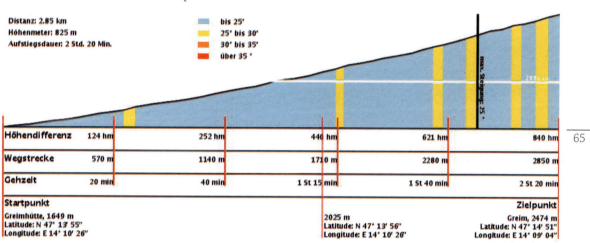

Aufstiegszeit: 2 Std. 20 Min. Höhenmeter: **825 Hm** Tourenlänge: **2,85 km** Schwierigkeit: **I** Beste Zeit: **gesamter Winter**
Exposition: **Südost** Karte: **ÖK 159** GPS: **Startpunkt N 47° 13' 55" E 14° 10' 26" Gipfel N 47° 14' 51" E 14° 09' 04"**

32 Schladminger Tauern
Preber 2740 m

Anfahrt: Aus Richtung Salzburg/Villach A 10 Tauern-Autobahn, Abfahrt St. Michael im Lungau. Anschließend der Katschberg-Bundesstraße (B 99) ca. 5,6 km folgen. Weiter auf der B 96 (Murtal-Bundesstraße) nach Tamsweg und entlang der Preberstraße nach Prebersee. Aus Richtung Wien/Graz S 36 (Murtal-Schnellstraße), bei Judenburg auf die B 317, weiter auf die B 96 über Scheifling, Murau nach Seebach. Dort rechts auf die Landesstraße über Krakauschatten nach Prebersee. Parkmöglichkeit beim Gasthaus Ludlalm.

Ausgangspunkt: Parkplatz am Prebersee, Gasthaus Ludlalm (1514 m).

Aufstieg: Entlang der nördlich abzweigenden markierten Forststraße durch schütteren Hochwald zur Eberlhütte. Diese Variante ist der leichtere, aber auch der weitere Weg (in der Karte ist der Aufstieg entlang der Sommermarkierung direkt zur Prodingerhütte eingezeichnet). Von der Prodingerhütte (1734 m) weiter auf der Forststraße und wieder östliche Seescharte. Aus diesem Sattel über den knappen, aber steilen Rücken zum Gipfel. (Bei ungünstigen Verhältnissen Schidepot am Sattel.)

Abfahrt: Wie Aufstieg, mit Varianten.

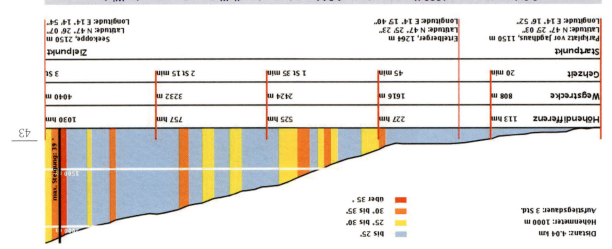

	Startpunkt					Zielpunkt
	Parkplatz vor Jagdhaus, 1150 m Latitude: N 47° 25' 03" Longitude: E 14° 16' 52"		Erteberger, 1264 m			Seekoppe, 2150 m Latitude: N 47° 26' 07" Longitude: E 14° 14' 54"
Gehzeit	20 min	45 min	1 St 35 min	2 St 15 min		3 St
Wegstrecke	808 m	1616 m	2424 m	3232 m		4040 m
Höhendifferenz	113 hm	227 hm	525 hm	757 hm		1030 hm

Distanz: 4,04 km
Höhenmeter: 1000 m
Aufstiegsdauer: 3 Std.

- bis 25°
- 25° bis 30°
- 30° bis 35°
- über 35°

max. Steigung: 39°

Aufstiegszeit: 3 Std. Höhenmeter: 1000 Hm Tourenlänge: 4,04 km Schwierigkeit: II–III Beste Zeit: gesamter Winter
Exposition: Südost Karte: ÖK 129 GPS: Startpunkt N 47° 25' 03" E 14° 16' 52" Gipfel N 47° 26' 07" E 14° 14' 54"

Preber, 2740 Meter, ÖK 50 Kartenausschnitt

20 Donnersbacher Tauern
Seekoppe 2150 m

Anfahrt: Aus Richtung Salzburg/ Liezen ebenso wie von Graz/ St. Michael A 9 Pyhrn-Autobahn, Abfahrt Rottenmann. Weiter kurz auf der Bundesstraße in die Ortschaft Strechau und nach Oppenberg abzweigen. Im Ort Oppenberg links hinunter ins Tal der Gulling und weiter bis zum Talende (ca. 8,5 km) zum Jagdhaus. Kurz davor besteht eine Parkmöglichkeit (etwa 300 m vor dem Jagdhaus).

Ausgangspunkt: Parkplatz vor dem Jagdhaus (1150 m).

Aufstieg: Vom Jagdhaus Gulling auf der rechten Forststraße taleinwärts in die Plienten (Weißgulling). Bei der ersten Brücke (1236 m) über den Bach rechts weg zum Gehöft Ertlberger. Nun die Wiese und die Forststraße queren und hinauf durch den kurzen, steilen, lichten Hochwald, bis das schöne flache Kar erreicht ist. Dieses im welligen Gelände empor in die

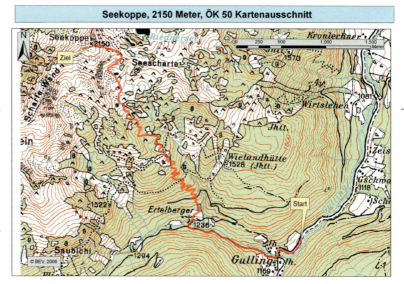

Seekoppe, 2150 Meter, ÖK 50 Kartenausschnitt

kurz durch den Wald. Vorbei an der Preberhalterhütte (1862 m), direkt an der Waldgrenze, nun kurz nordostwärts und dann direkt über den 850 m hohen, leicht gestuften, breiten Rücken zum Vorgipfel (Schidepot, je nach Schneelage). Weiter über den unschwierigen Kamm zum Gipfelkreuz.

Abfahrt: Wie Aufstieg oder Preberrinne.

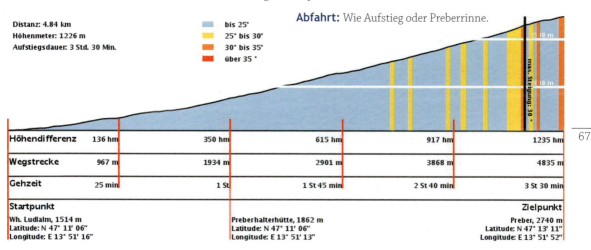

Aufstiegszeit: 3,5 Std. Höhenmeter: **1226 Hm** Tourenlänge: **4,84 km** Schwierigkeit: **II–III** Beste Zeit: **gesamter Winter**
Exposition: **Süd** Karte: **ÖK 158** GPS: **Startpunkt N 47° 11' 06' E 13° 51' 16'' Gipfel N 47° 13' 11'' E 13° 51' 52''**

33 Großes Tragl 2179 m
Totes Gebirge

Anfahrt: Aus Richtung Graz/St. Michael A 9 Pyhrn-Autobahn, Abfahrt Selzthal. Weiter auf der B 320 Richtung Salzburg bis Trautenfels, dann auf B 145 (Salzkammergut-Bundesstraße) Richtung Bad Aussee. In Bad Mitterndorf abbiegen auf die L 730. Die Tauplitzalm ist von Bad Mitterndorf über eine 10 km lange Panoramastraße mit Mautgebühr zu erreichen bzw. von Tauplitz aus mit der Viererseseelbahn mit Wetterschutzhauben. Aus Richtung Salzburg auf der B 158 nach Bad Ischl, dort auf die B 145 Richtung Bad Aussee bis Bad Mitterndorf. Weiter wie zuvor. Aus Richtung Villach/Salzburg A 10 Tauern-Autobahn, Abfahrt beim Knoten Ennstal nach Radstadt, auf der B 320 (Ennstal-Bundesstraße) nach Trautenfels. Weiter wie zuvor.

Ausgangspunkt: Tauplitzalm, Parkplatz (1590 m).

Distanz: 8,36 km
Höhenmeter: 1108 m
Aufstiegsdauer: 4 Std. 15 min

- bis 25°
- 25° bis 30°
- 30° bis 35°
- über 35°

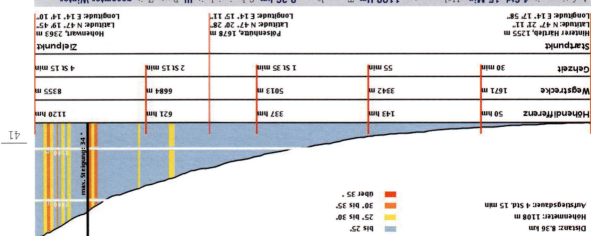

Großes Tragl, 2179 Meter, ÖK 50 Kartenausschnitt

Aufstieg: Vom Parkplatz zum Naturfreunde Haus (1630 m) und weiter in Richtung Steirerseehütten abfahren (langes Flachstück, auch ohne Felle möglich). Süden durch den Hochwald bis zu einer Weggabelung. Links weiter flach über die Straße zur lieblich gelegenen Pölsenhütte (1678 m). Weiter über ein sanftes Hochtal südwestlich unter der Mittagwand. Über steile Flanke bergauf Richtung Pölseckjochgrat. Über den Grat (mehre-re Steilstufen) erreicht man den Bereich der Gipfelwechte. Über diese meist zu Fuß zum flacheren Gipfelgelände und kurz zum großen Kreuz.

Abfahrt: Wie Aufstieg, mit Varianten.

	Startpunkt				Zielpunkt
	Hinterer Härteb, 1255 m Latitude: N 47° 21' 11" Longitude: E 14° 17' 58"		Pölsenhütte, 1678 m Latitude: N 47° 20' 28" Longitude: E 14° 17' 11"		Hohenwart, 2363 m Latitude: N 47° 19' 45" Longitude: E 14° 14' 10"
Gehzeit	30 min	55 min	1 St 35 min	2 St 15 min	4 St 15 min
Wegstrecke	1671 m	3342 m	5013 m	6684 m	8355 m
Höhendifferenz	50 hm	143 hm	337 hm	621 hm	1120 hm

Aufstiegszeit: 4 Std. 15 Min. Höhenmeter: 1108 Hm Tourenlänge: 8,36 Km Schwierigkeit: III Beste Zeit: gesamter Winter
Exposition: Nordost Karte: ÖK 129 GPS: Startpunkt N 47° 21' 11" E 14° 17' 58" Gipfel N 47° 19' 45" E 14° 14' 10"

19 Wölzer Tauern
Hohenwart 2363 m

Anfahrt: Aus Richtung Salzburg/Liezen A 9 Pyhrn-Autobahn, Abfahrt Trieben, auf der Triebener Bundesstraße (B 114) über den Triebener Tauern. In Möderbrugg Richtung Pusterwald abbiegen. In Pusterwald weiter bis zum Talende, bis zum Gehöft vgl. Hinterer Härtleb. Solange nicht viel Schnee gefallen ist, kann man noch ein Stück weiter bis zu einem Schranken fahren, dort aber bitte parken, auch wenn der Schranken offen ist. Aus Richtung Graz/St. Michael S 36 Murtal-Schnellstraße, Abfahrt Judenburg West, weiter nach St. Peter ob Judenburg, abzweigen auf die B 114 Richtung Trieben nach Möderbrugg. Weiter wie zuvor. Von Süden kommend, bei St. Peter ob Judenburg abzweigen auf die B 114 Richtung Trieben nach Möderbrugg. Weiter wie zuvor.

Ausgangspunkt: Gehöft Hinterer Härtleb (1255 m).

Aufstieg: Der flachen Forststraße folgen (4,5 km ab Gehöft Kogler). Links am Gehöft Hainzl (Kapelle) vorbei und weiter Richtung Vorderer Pölsenbach. Links dem nach Osten führenden Forstweg ca. 500 m folgen, dann nach

Hohenwart, 2363 Meter, ÖK 50 Kartenausschnitt

Links an den Hütten vorbei und in nördlicher Richtung an den Ausläufern des Sturzhahnes entlang. Der Wintermarkierung strikt folgend unter den Felswänden des Tragls hinauf zum Traglhals (2070 m). Nach Süden zum Gipfel.

Abfahrt: Wie Aufstieg (auf die Dolinen-Markierungen achten!).

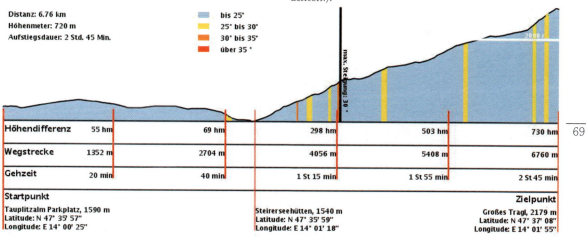

Aufstiegszeit: 2 Std. 45 Min. Tourenlänge: **720 Hm, Gegenanstieg vom Steirersee** Höhenmeter: **6,76 km** Schwierigkeit: **II**
Beste Zeit: **gesamter Winter** Exposition: **Südwest** Karte: **ÖK 97** GPS: **Startpunkt N 47° 35' 57" E 14° 00' 25"**
Gipfel N 47° 37' 08" E 14° 01' 55"

34 Lahnerkogel 1834 m
Haller Mauern – Ennstaler Alpen

Anfahrt: Aus Richtung Graz/St. Michael A 9 Pyhrn-Autobahn, Abfahrt Selzthal, und weiter nach Liezen. Hier bei der zweiten Ampelkreuzung rechts auf die Hauptstraße. Dem Straßenverlauf folgend auf die B 138 (Pyhrnpass-Bundesstraße). Ca. 150 m vor der Passhöhe rechts beim Gebäude der Straßenmeisterei oder gegenüber parken. Aus Richtung Linz A 9 Pyhrn-Autobahn, Abfahrt Spital am Pyhrn, weiter auf der B 138 in Richtung Liezen. Ca. 150 m nach der Passhöhe links beim Gebäude der Straßenmeisterei oder gegenüber parken.

Ausgangspunkt: Parkplatz unweit der Pyhrnpasshöhe bei der Straßenmeisterei (961 m).

Aufstieg: Den markierten Weg rechts weg auf einer Forststraße, durch den Fuchsgraben weiter zur freien Fläche der Fuchsalm. Diese links liegen lassend über Hochwald in Kehren zur markanten Waldschneise. Zügig hinauf und im oberen Bereich steiler über den Gratrücken (meist abgeblasen) vorbei an den Lawinenverbauten zum Gipfelkreuz des Lahnerkogels.

Abfahrt: Wie Anstieg, mit Varianten; im oberen Bereich nicht der ersten Rinne folgen.

Lahnerkogel, 1834 Meter, ÖK 50 Kartenausschnitt

Abfahrt: Die Abfahrt direkt zur Scharnitzalm ist steil und zwingt zu größter Sorgfalt, aber bei Firn ist sie einfach querend) erstreckt sich eine kleine Hochfläche. Über den nach Norden verlaufenden Höhenrücken zum Gipfel.

Traum. Wesentlich leichter ist die Abfahrt durch das Weittal und seine Nordabfahrt oder über die Aufstiegsspur mit Varianten. Zum Beispiel: Bei sicheren Schneeverhältnissen vom Gipfel erst flach gegen das Stallertörl zu, vor dem felsigen Kammstück nach links über schöne Steilhänge, unten wieder flacher zur Aufstiegsspur bei den Scharnitzhütten.

Distanz: 7,27 km	bis 25°	
Höhenmeter: 1101 m	25° bis 30°	
Aufstiegsdauer 3 Std. 30 Min.	30° bis 35°	
	über 35°	

	Startpunkt		Zielpunkt
	Scharnitzkoller – Hof, 1181 m Latitude: N 47° 19' 32" Longitude: E 14° 20' 11"	Rupbauerhütte, 1323 m Latitude: N 47° 18' 50" Longitude: E 14° 17' 58"	Scharnitzfeld, 2282 m Latitude: N 47° 18' 44" Longitude: E 14° 16' 09"
Höhendifferenz	104 Hm	259 Hm	434 Hm	761 Hm	1115 Hm
Wegstrecke	1454 m	2908 m	4362 m	5816 m	7270 m
Gehzeit	25 min	50 min	1 Std 15 min	2 Std 10 min	3 Std 30 min

max. Steigung: 36°

Aufstiegszeit: 3,5 Std. Höhenmeter: 1101 Hm Tourenlänge: 7,27 Km Schwierigkeit: II–III Beste Zeit: gesamter Winter
Exposition: Ost Karte: ÖK 129 GPS: Startpunkt N 47° 19' 32" E 14° 20' 11" Gipfel N 47° 18' 44" E 14° 16' 09"

18 Wölzer Tauern
Scharnitzfeld 2282 m

Anfahrt: Aus Richtung Salzburg/Liezen A 9 Pyhrn-Autobahn, Abfahrt Trieben, auf der Triebener Bundesstraße (B 114) über den Triebener Tauern. In Möderbrugg Richtung Pusterwald abbiegen. Von Pusterwald führt der Weg taleinwärts zur Abzweigung Scharnitzgraben und links weiter zum Gehöft Emmerich Poier vlg. Scharnitzkoller. Aus Richtung Graz/St. Michael S 36 Murtal-Schnellstraße, Abfahrt Judenburg West, weiter nach St. Peter ob Judenburg, abzweigen auf die B 114 Richtung Trieben nach Möderbrugg. Weiter wie zuvor. Von Süden kommend, bei St. Peter ob Judenburg abzweigen auf die B 114 Richtung Trieben nach Möderbrugg. Weiter wie zuvor.

Ausgangspunkt: Gehöft Scharnitzkoller, Parkplatz (1181 m).

Aufstieg: Der Forststraße in den Scharnitzgraben folgen. Vorbei an der Christophoruskapelle und der Rupbauerhütte bis zur Straßengabelung (1425 m). Rechts des Baches weiter (Steg) und über lichten Wald zur Scharnitzhütte (1724 m), die man links liegen lässt. Westlich, leicht ansteigend kurz in das Hochtal in Richtung Scharnitzalm. Weiter in Richtung Südwest aus dem Hochtal und unter Ausnutzung der Geländekuppen zum Stallertörl (2090 m). Kurz vor dem Törl nach rechts (kurze Steilstufe). Dem Grat folgend an den südlichen Rand des Scharnitzfeldes (stellenweise rechts unterhalb

Scharnitzfeld, 2282 Meter, ÖK 50 Kartenausschnitt

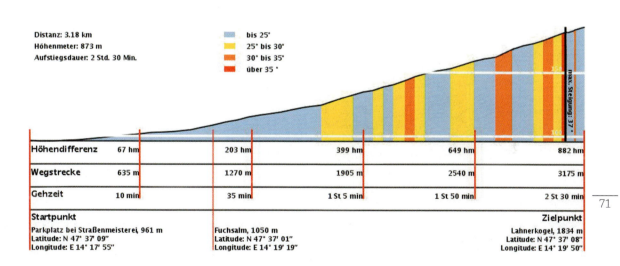

Aufstiegszeit: 2,5 Std. **Höhenmeter:** 873 Hm **Tourenlänge:** 3,18 km **Schwierigkeit:** II–III **Beste Zeit:** gesamter Winter
Exposition: West **Karte:** ÖK 98 **GPS:** **Startpunkt** N 47° 37' 09" E 14° 17' 55" **Gipfel** N 47° 37' 08" E 14° 19' 50"

35 Scheiblingstein 2197 m

Haller Mauern – Ennstaler Alpen

Anfahrt: Aus Richtung Graz/St.Michael und Linz A 9 Pyhrn-Autobahn, Abfahrt Ardning und auf die Gesäuse Bundesstraße (B 146) nach Admont, von hier über Hall nach Mühlau bis zum Ende der Fahrmöglichkeit. Aus Richtung Salzburg/Villach A 10 Tauern-Autobahn, Abfahrt beim Knoten Ennstal nach Radstadt, auf der B 320 bis Liezen und weiter auf der B 146 nach Admont. Weiter wie zuvor.

Ausgangspunkt: Mühlau (749 m).

Aufstieg: Auf der Forststraße zur Gstattmaier Niederalm (963 m), der Markierung folgend (Sommerweg) durch steileren lichten Wald hinauf zur Pyhrgas-Jagdhütte (1352 m) am Ende der Steilstelle. Weiter rechts haltend in die Lange Gasse. Nordöstlich vorbei unter den Wänden des Großen Pyhrgas, bis man den Verbindungsrücken zwischen Pyhrgas und Scheiblingstein erreicht (Wegweiser). Hier meist Schidepot, da der Weg über den Grat häufig vereist ist. Rechts aufwärts zu Fuß zum Gipfel.

Windlücken (1857 m). Durch die ausgeprägte Nordostrinne (kurze Steilstufe, Spitzkehrengelände) oder über den Nordostrücken (das letzte Stück muss man die Schier tragen) empor zum Gipfel.

Abfahrt: Über die Nordostrinne oder bei sicheren Verhältnissen über die Rinnen, welche am Südostkamm nordöstlich zur Schwabegalm ableiten.

Distanz: 4,27 km
Höhenmeter: 735 m
Aufstiegsdauer: 2 Std. 30 Min.

- bis 25°
- 25° bis 30°
- 30° bis 35°
- über 35°

Aufstiegszeit: 2,5 Std. Höhenmeter: 735 Hm ab Gampehütte Tourenlänge: 4,27 Km Schwierigkeit: II Beste Zeit: gesamter Winter Exposition: Ost Karte: ÖK 129 GPS: Startpunkt N 47° 22' 25" E 14° 17' 25" Gipfel N 47° 22' 34" E 14° 14' 30"

	Gehzeit	Wegstrecke	Höhendifferenz
Startpunkt Gampehütte, 1374 m Latitude: N 47° 17' 25" Longitude: E 14° 17' 25"	20 min	854 m	87 hm
	45 min	1708 m	201 hm
Schwabergerhütte, 1511 m Latitude: N 47° 22' 27" Longitude: E 14° 16' 27"	1 St 20 min	2562 m	421 hm
	1 St 45 min	3416 m	533 hm
Zielpunkt Kreuzkogel, 2109 m Latitude: N 47° 22' 34" Longitude: E 14° 14' 30"	2 St 30 min	4270 m	750 hm

Scheiblingstein, 2197 Meter, ÖK 50 Kartenausschnitt

17 Wölzer Tauern
Kreuzkogel 2109 m

Anfahrt: Aus Richtung Salzburg/Liezen A 9 Pyhrn-Autobahn, Abfahrt Trieben. Weiter auf der Triebener Bundesstraße (B 114) über den Triebener Tauern nach Möderbrugg. Abzweigen in Richtung Pusterwald und weiter taleinwärts in den Bretsteingraben bis zum Parkplatz nahe der Bichlerhütte. Je nach Befahrbarkeit der Straße ist die Zufahrt bis zur Gamperhütte möglich. Aus Richtung Graz/St. Michael S 36 Murtal-Schnellstraße, Abfahrt Judenburg West, weiter nach St. Peter ob Judenburg, abzweigen auf die B 114 Richtung Trieben nach Möderbrugg. Weiter wie zuvor. Von Süden kommend, bei St. Peter ob Judenburg abzweigen auf die B 114 Richtung Trieben nach Möderbrugg. Weiter wie zuvor.

Ausgangspunkt: Bretsteingraben nahe Bichlerhütte (1237 m), oder – je nach den Straßenverhältnissen – Parkplätze bei der Gamperhütte (1374 m).

Aufstieg: Der Forststraße bis zur Schwabergerhütte (1511 m) folgen. Weiter über die sanften Geländeformen der sonnigen Almlandschaft in Richtung der Großen

Kreuzkogel, 2109 Meter, ÖK 50 Kartenausschnitt

Abfahrt: Wie Aufstieg (mit Varianten) durch die Lange Gasse.

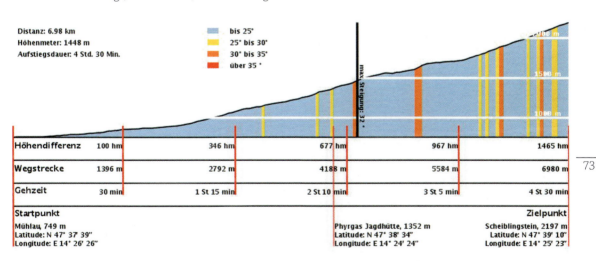

Aufstiegszeit: 4,5 Std. **Höhenmeter:** 1448 Hm **Tourenlänge:** 6,98 km **Schwierigkeit:** II–III
Beste Zeit: Frühjahr, bei sicheren Verhältnissen schon im Jänner **Exposition:** Südost + Südwest **Karte:** ÖK 99
GPS: Startpunkt N 47° 37' 39" E 14° 26' 26" **Gipfel** N 47° 39' 10" E 14° 25' 23"

36 Kreuzmauer 2091 m
Haller Mauern – Ennstaler Alpen

Anfahrt: Aus Richtung Graz/St. Michael und Linz auf der A 9 Pyhrn-Autobahn, Abfahrt Ardning, und auf der Gesäuse-Bundesstraße (B 146) bis nach Admont, von hier über Hall nach Mühlau bis zum Ende der Fahrmöglichkeit. Aus Richtung Salzburg/Villach A 10 Tauern-Autobahn, Abfahrt beim Knoten Ennstal nach Radstadt, auf der B 320 bis Liezen und weiter auf der B 146 nach Admont. Weiter wie zuvor.

Ausgangspunkt: Mühlau (749 m).

Aufstieg: Auf der Forststraße Richtung Norden, bis nach etwa 500 m rechts nordostwärts die Forststraße in den Volkerngraben (Wegweiser zur Kreuzmauer) abzweigt. Nach links und in Kehren hinaufziehen (900 m, die oberste Kurve kann abgekürzt werden, indem man rechts neben einem Wildgatter ansteigt). Weiter auf der Forststraße durch zwei Tunnels bis zum Ende der Straße bei einer Grabenteilung. Links den mit Gebüsch bewachsenen Graben hinan und in einem weiten Bogen nach Nordwest ins breite, schöne

Abfahrt: Abfahrt wie Aufstieg, mit Varianten.

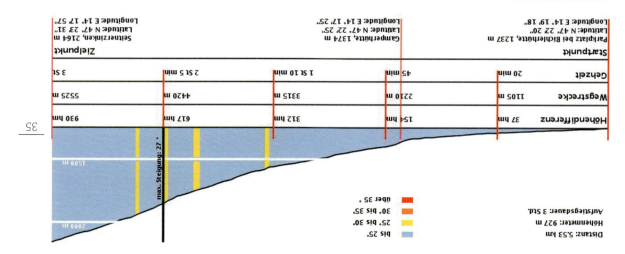

	Gehzeit	Wegstrecke	Höhendifferenz
Startpunkt Parkplatz bei Bichlerhütte, 1237 m Latitude: N 47° 22' 20" Longitude: E 14° 19' 18"	20 min	1105 m	37 hm
	45 min	2210 m	154 hm
Gamperhütte, 1374 m Latitude: N 47° 22' 25" Longitude: E 14° 17' 25"	1 St 10 min	3315 m	312 hm
	2 St 5 min	4420 m	617 hm
Zielpunkt Seltnerzinken, 2164 m Latitude: N 47° 23' 31" Longitude: E 14° 17' 57"	3 St	5525 m	930 hm

Distanz: 5,53 km
Höhenmeter: 927 m
Aufstiegsdauer: 3 Std.

bis 25°
25° bis 30°
30° bis 35°
über 35°

Aufstiegszeit: 3 Std. Höhenmeter: 927 Hm Tourenlänge: 5,53 Km Schwierigkeit: I–II Beste Zeit: Hochwinter bis Frühjahr
Exposition: Südwest Karte: ÖK 129, 130 GPS: Startpunkt N 47° 22' 20" E 14° 19' 18" Gipfel N 47° 23' 31" E 14° 17' 57"

16 Rottenmanner Tauern
Seitnerzinken 2164 m

Anfahrt: Aus Richtung Salzburg/Liezen A 9 Pyhrn-Autobahn, Abfahrt Trieben. Weiter auf der Triebener Bundesstraße (B 114) über den Triebener Tauern nach Möderbrugg. Abzweigen in Richtung Pusterwald und weiter taleinwärts in den Bretsteingraben bis zum Parkplatz nahe der Bichlerhütte. Je nach Befahrbarkeit der Straße ist die Zufahrt bis zur Gamperhütte möglich. Aus Richtung Graz/St. Michael S 36 Murtal-Schnellstraße, Abfahrt Judenburg West, weiter nach St. Peter ob Judenburg, abzweigen auf die B 114 Richtung Trieben nach Möderbrugg. Weiter wie zuvor. Von Süden kommend, bei St. Peter ob Judenburg abzweigen auf die B 114 Richtung Trieben nach Möderbrugg. Weiter wie zuvor.

Ausgangspunkt: Parkplatz bei der Bichlerhütte (1237 m) oder – je nach Verhältnissen – Parkplätze bei der Gamperhütte (1374 m).

Aufstieg: Östlich der Forststraße bis zur Gamperhütte (1374 m) folgen. Vor der Hütte rechts über den Waldgürtel zur Forststraße, die kurz steil nach oben führt. Ihr entlang, bis man am Ende links ansteigend in das obere flache Kar gelangt. Im weitläufigen, schönen Kar hinauf bis auf den breiten Westrücken und über diesen zum Gipfel ansteigen.

Seitnerzinken, 2164 Meter, ÖK 50 Kartenausschnitt

Südkar. Unter der Kreuzmauer rechts auf einen Rücken, auf dem man bis zum felsigen Gipfelaufbau ansteigt (hier Schidepot). Nur bei sehr guten Verhältnissen mit den Schiern zum Gipfel aufsteigen. Die Steilabfahrt vom Gipfel ist nur etwas für Top-Tourengeher!

Abfahrt: Wie Aufstieg, mit Varianten.

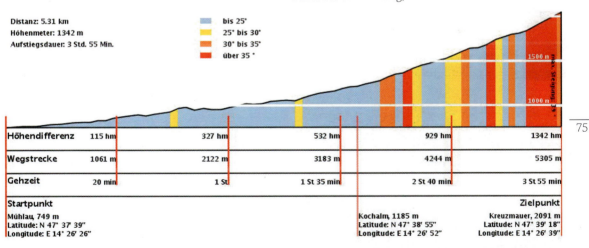

Aufstiegszeit: 3 Std. 55 Min. **Höhenmeter:** 1342 Hm **Tourenlänge:** 5,31 km **Schwierigkeit:** III–IV **Beste Zeit:** Frühjahr
Exposition: Süd **Karte:** ÖK 99 **GPS: Startpunkt** N 47° 37' 39" E 14° 26' 26" **Gipfel** N 47° 39' 18" E 14° 26' 39"

37 Grabnerstein 1847 m
Haller Mauern – Ennstaler Alpen

Anfahrt: Aus Richtung Graz/Klagenfurt/Wien und Linz auf der A 9 Pyhrn-Autobahn, Abfahrt Ardning, und auf die Gesäuse-Bundesstraße (B 146) bis nach Admont, von hier über Weng zum Buchauer Sattel. Aus Richtung Salzburg/Villach A 10 Tauern-Autobahn, Abfahrt beim Knoten Ennstal nach Radstadt, auf der B 320 bis Liezen und weiter auf der B 146 nach Admont. Weiter wie zuvor.

Ausgangspunkt: Buchauer Sattel, Parkplatz 100 m links bei den Hofgebäuden (868 m).

Aufstieg: Zunächst über die ebene Wiese und der markierten Forststraße entlang bis zur Grabneralm (1391 m). Die freien Hänge kurz vor der Grabneralm, über die die Straße führt, sind bei Neuschneemengen genauestens zu beobachten! Weiter in östlicher Richtung leicht ansteigend queren bis zum flachen Sattel zwischen Grabnerstein und Zilmkogel (1598 m). Über den ausgeprägten Rücken auf den Grabnerstein.

einen wenig ausgeprägten Rücken bis in flaches Gelände hoch. Rechts (nordöstlich) querend, mit kurzer Abfahrt (unterhalb des Halterunterstands), zum ebenen Gipfelbereich. Über die Nordwesthänge steigt man zum höchsten Punkt auf.

Abfahrt: Gleich wie Aufstieg oder mit Varianten; oder über den Südkamm sehr schmal und steil in die erste Scharte und in die hier ansetzende Westrinne, die hochprozentig hinunter zur Aufstiegsspur führt.

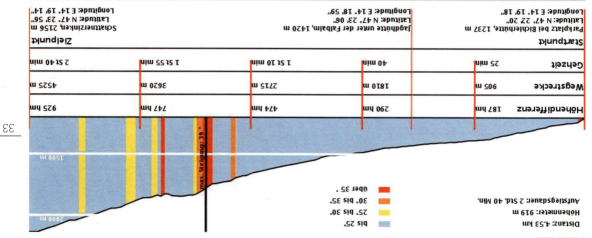

Grabnerstein, 1847 Meter, ÖK 50 Kartenausschnitt

15 Rottenmanner Tauern
Schattnerzinken 2156 m

Anfahrt: Aus Richtung Salzburg/Liezen A 9 Pyhrn-Autobahn, Abfahrt Trieben. Weiter auf der Triebener Bundesstraße (B 114) über den Triebener Tauern nach Möderbrugg. Abzweigen in Richtung Pusterwald, weiter taleinwärts nach Bretstein-Gassen. Aus Richtung Graz/St. Michael S 36 Murtal-Schnellstraße, Abfahrt Judenburg West, weiter nach St. Peter ob Judenburg, abzweigen auf die B 114 Richtung Trieben nach Möderbrugg. Weiter wie zuvor. Von Süden kommend, bei St. Peter ob Judenburg abzweigen auf die B 114 Richtung Trieben nach Möderbrugg. Weiter wie zuvor.

Ausgangspunkt: Parkplatz bei der Bichlerhütte (1237 m).

Aufstieg: Vom Parkplatz über die Brücke und über die Wiese vorbei am Grenimoar links haltend (rechts geht's ins Seebachtal und weiter auf den Hochschwung). Aufwärts über lichten Wald auf der linken Seite des Höllengrabens. Hinauf zur Jagdhütte und zur Falbalm (1462 m), dann über freies Gelände. Nördlich weiter und links über

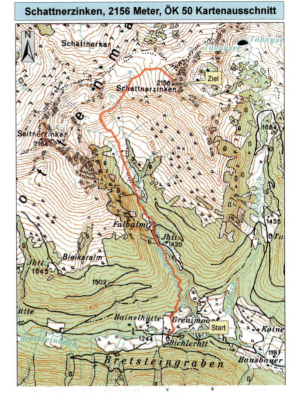

Abfahrt: Wie Anstieg, mit Varianten; oder direkt südlich zur Anstiegsquerung.

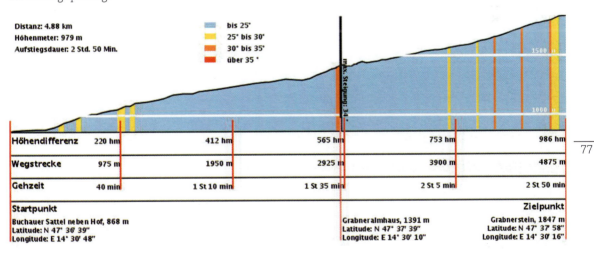

Aufstiegszeit: 2 Std. 50 Min. **Höhenmeter: 979 Hm** **Tourenlänge: 4,88 km** **Schwierigkeit:** II **Beste Zeit: gesamter Winter**
Exposition: Süd **Karte: ÖK 99** **GPS: Startpunkt N 47° 36' 39" E 14° 30' 48" Gipfel N 47° 37' 58" E 14° 30' 16"**

38 Gesäuseberge Lahngangkogel 1778 m

Anfahrt: Aus Richtung Graz/Klagenfurt/Wien ebenso wie von Liezen/Salzburg auf der A 9 Pyhrn-Autobahn. Abfahrt Trieben. Weiter auf der Kaiserauer Landesstraße (L 713) Richtung Kaiserau/Admont bis zu den Parkplätzen der Kaiserau-Lifte. Vom Ennstal und von Oberösterreich kommend, bis Admont und über die Kaiserauer Landesstraße (L 713) Richtung Kaiserau/Trieben zu den Parkplätzen der Kaiserau-Lifte.

Ausgangspunkt: Kaiserau-Lifte (1131 m).

Aufstieg: Die rechte Piste aufwärts und bei der Bergstation des langen Schleppliftes links der Forststraße folgen. Bevor sie einen Graben überquert, geht es rechts über steileres Waldgelände bergauf. Nach 150 Hm erreicht man den markanten Gratrücken, der sanft im lichten Wald zum Gipfel führt.

Abfahrt: Wie Aufstieg, mit Varianten.

Abfahrt: Vom Gipfel dem Nordostrücken folgen, abfahren und nach einem kurzen Gegenanstieg weiter zum Kalblinggatterl und zur Oberst-Klinke-Hütte (1486 m) schwingen. Über die präparierte Straße zum Lift. Die Abfahrt in Richtung Flitzen entpuppt sich öfters als ein Pulvertraum. Den kurzen Gegenanstieg nimmt man dafür gerne in Kauf.

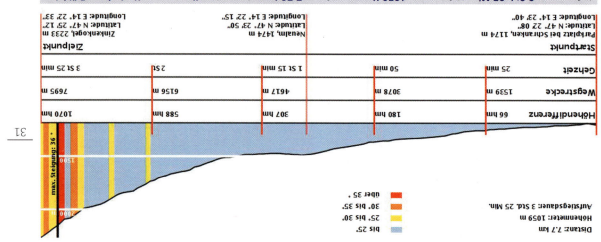

Lahngangkogel, 1778 Meter, ÖK 50 Kartenausschnitt

Distanz: 7,7 km
Höhenmeter: 1059 m
Aufstiegsdauer: 3 Std. 25 Min.

bis 25°
25° bis 30°
30° bis 35°
über 35°

max. Steigung: 36°

	Startpunkt				Zielpunkt
	Parkplatz bei Schranken, 1174 m Latitude: N 47° 22' 08" Longitude: E 14° 23' 40"		Neualm, 1474 m Latitude: N 47° 23' 50" Longitude: E 14° 22' 15"		Zinkenkogel, 2233 m Latitude: N 47° 25' 12" Longitude: E 14° 22' 33"
Höhendifferenz	66 hm	180 hm	307 hm	588 hm	1070 hm
Wegstrecke	1539 m	3078 m	4617 m	6156 m	7695 m
Gehzeit	25 min	50 min	1 St 15 min	2 St	3 St 25 min

Aufstiegszeit: 3 Std. 25 Min. Höhenmeter: 1059 Hm Tourenlänge: 7,70 Km Schwierigkeit: II Beste Zeit: Hochwinter–Frühjahr Exposition: Südwest Karte: ÖK 130 GPS: Startpunkt N 47° 22' 08" E 14° 23' 40" Gipfel N 47° 25' 12" E 14° 22' 33"

14 Rottenmanner Tauern
Zinkenkogel 2233 m

Anfahrt: Aus Richtung Salzburg/Liezen A 9 Pyhrn-Autobahn, Abfahrt Trieben. Weiter auf der Triebener Bundesstraße (B 114) über den Triebener Tauern nach Möderbrugg. Abzweigen in Richtung Pusterwald, weiter taleinwärts in den Bretsteingraben bis zum Parkplatz nahe der Bichlerhütte. Aus Richtung Graz/St. Michael S 36 Murtal-Schnellstraße, Abfahrt Judenburg West, weiter nach St. Peter ob Judenburg, abzweigen auf die B 114 Richtung Trieben nach Möderbrugg. Weiter wie zuvor.

Ausgangspunkt: Parkplatz beim Wegschranken (1174 m).

Aufstieg: Die Forststraße taleinwärts, vorbei am Jagdhaus (1263 m), gelangt man zum Weißen Kreuz. Weiter geht es flach zur Neualm (1474 m). Nun steigt man rechts in freiem Gelände zum Auwinkel an. Weiter hinauf zum oberen Kar und aus diesem nach rechts zum Gratrücken. Über den breiten Gratrücken erreicht man den Gipfel, wo uns ein wie ein Kunstwerk aus Holz geschnitztes Kreuz empfängt.

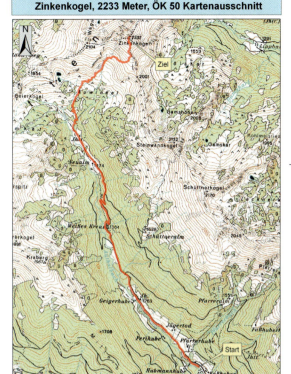

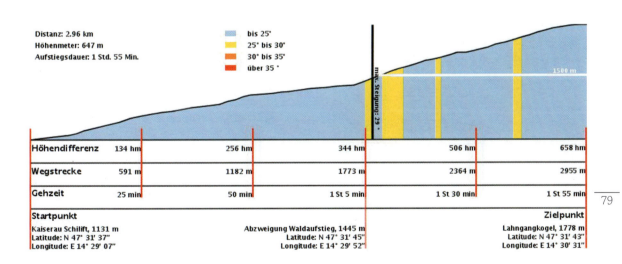

Aufstiegszeit: 1 Std. 55 Min. **Höhenmeter:** 647 Hm **Tourenlänge:** 2,96 km **Schwierigkeit:** l **Beste Zeit:** gesamter Winter
Exposition: West + Nordost **Karte:** ÖK 99 **GPS:** Startpunkt N 47° 31' 37" E 14° 29' 07" Gipfel N 47° 31' 43" E 14° 30' 31"

39 Blaseneck 1969 m
Eisenerzer Alpen – Gesäuseberge

Anfahrt: Aus Richtung Graz/Klagenfurt/Wien ebenso wie von Liezen/Salzburg und Linz A 9 Pyhrn-Autobahn, Abfahrt Ardning und über die Gesäuse-Bundesstraße (B 146) nach Admont und weiter ins Gesäuse. Beim Gasthof Bachbrücke nach Johnsbach abzweigen, weiter bis zum Kölblwirt und zum Gscheidegger am Ende des Tals. Mit Schneeketten ist die Weiterfahrt bis ganz in den Talschluss möglich. Eine weitere Anfahrt aus dem Süden bzw. aus dem Osten ist über die Abfahrt Traboch – Eisenerz – Hieflau – Johnsbach möglich. Von Westen auch über Eisenerz – Hieflau – Gstatterboden. Aus Richtung Salzburg/Villach A 10 Tauern-Autobahn, Abfahrt beim Knoten Ennstal nach Radstadt, auf der B 320 bis Liezen und weiter auf der B 146 nach Admont. Weiter wie zuvor.

Ausgangspunkt: Johnsbachtal, Parkplatz (980 m) zwischen Ehrenklamm und dem Gehöft Gscheidegger. Mit Schneeketten kann man auch im Talschluss (1080 m) parken.

Aufstieg: Vorbei am Gscheidegerhof auf der Forststraße taleinwärts zur ersten Abzweigung bei der Hinweistafel zur

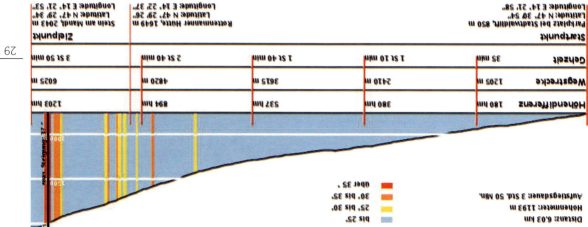

Blaseneck, 1969 Meter, ÖK 50 Kartenausschnitt

Distanz: 6,03 km
Höhenmeter: 1193 m
Aufstiegsdauer 3 Std. 50 Min.

bis 25°
25° bis 30°
30° bis 35°
über 35°

Startpunkt			
	Parkplatz bei Stadtwaldlift, 850 m	Latitude: N 47° 30' 54"	Longitude E 14° 21' 58"
Gehzeit	35 min	1 St 10 min	1 St 40 min	2 St 40 min	3 St 50 min
Wegstrecke	1205 m	2410 m	3615 m	4820 m	6025 m
Höhendifferenz	180 Hm	380 Hm	537 Hm	894 Hm	1203 Hm

Zielpunkt			
Rottenmanner Hütte, 1649 m	Latitude: N 47° 29' 26"	Longitude E 14° 22' 37"
Stein am Mandl, 2043 m	Latitude N 47° 29' 34"	Longitude E 14° 21' 53"

Aufstiegszeit: 3 Std. 50 Min. Höhenmeter: 1193 Hm Tourenlänge: 6,03 km Schwierigkeit: II–III Beste Zeit: gesamter Winter
Exposition: Nordost Karte: ÖK 99 GPS: Startpunkt N 47° 30' 54" E 14° 21' 58" Gipfel N 47° 29' 34" E 14° 21' 53"

13 Rottenmanner Tauern
Stein am Mandl 2043 m

Anfahrt: Aus Richtung Salzburg/Liezen ebenso wie von Graz/St. Michael A 9 Pyhrn-Autobahn, Abfahrt Rottenmann. Kurz auf die B 113 (Umfahrung Rottenmann) und dann rechts zur Burgtorsiedlung (Beschilderung) abbiegen. Dem Hinweis „Schilift" folgen, bis zum Schranken am Stadtwaldlift.

Ausgangspunkt: Parkplatz beim Stadtwaldlift (850 m).

Aufstieg: Die Schipiste entlang, über die Forststraße hinauf zur Talstation der Materialseilbahn der Rottenmanner Hütte (1300 m). Auf dem markierten Winterweg bis zur ersten, ebenen Freifläche (Almhütten). Nun rechts über schütteren Wald hinauf zum Gratrücken, der zum Gipfel leitet (Schidepot unter den Felsen). Über den kurzen verblockten Grat zum Gipfelkreuz.

Abfahrt: Direkt vom Schidepot in die Ostflanke (auf sichere Verhältnisse achten) oder wie Aufstieg.

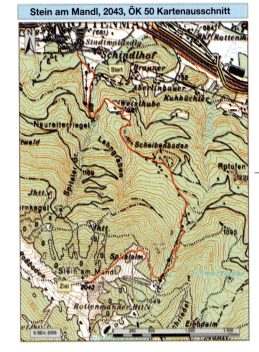

Stein am Mandl, 2043, ÖK 50 Kartenausschnitt

Ploden. Die Forststraße hinauf auf die Breitenbergeralm (1355 m) zum Fuße der Ploden. Die flachen Almwiesen hinauf und leicht rechts haltend über lichte Hänge. Weiter geht es über kurze Steilstufen in eine flache Mulde. Von dort rechts über den Rücken in westlicher Richtung zum Gipfelhang. Steil hinauf auf den Grat und über diesen zum Gipfel. Oder man steigt beim Johnsbach-Lift über die Lifttrasse bis zur Forststraße auf, geht bis zur Breitenbergeralm und von dort steigt man wie bei der Haupttour auf.

Abfahrt: Wie Aufstieg, mit Varianten.

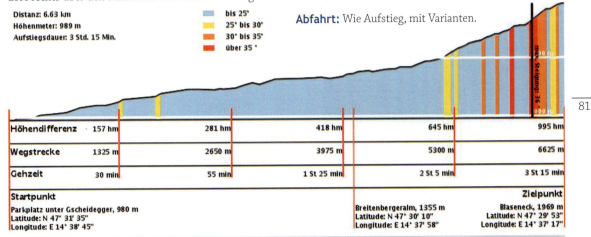

Aufstiegszeit: **3 Std. 15 Min.** Höhenmeter: **989 Hm** Tourenlänge: **6,63 km** Schwierigkeit: **II–III** Beste Zeit: **gesamter Winter** Exposition: **Nordost** Karte: **ÖK 100, 131** GPS: Startpunkt N 47° 31′ 35″ E 14° 38′ 45″ Gipfel N 47° 29′ 53″ E 14° 37′ 17″

40 Leobner 2036 m
Eisenerzer Alpen – Gesäuseberge

Anfahrt: Aus Richtung Graz/Klagenfurt/Wien ebenso wie von Liezen/Salzburg und Linz A 9 Pyhrn-Autobahn, Abfahrt Ardning und über die Gesäuse-Bundesstraße (B 146) nach Admont und weiter ins Gesäuse. Beim Gasthof Bachbrücke nach Johnsbach abzweigen, weiter bis zum Kölbwirt und zum Gscheidegger am Ende des Tals. Mit Schneeketten ist die Weiterfahrt bis ganz in den Talschluss möglich. Eine weitere Anfahrt aus dem Süden bzw. aus dem Osten ist über die Abfahrt Traboch – Eisenerz – Hieflau – Johnsbach möglich. Von Westen Anreise auch über Eisenerz – Hieflau – Gstatterboden. Aus Richtung Salzburg/Villach A 10 Tauern-Autobahn, Abfahrt beim Knoten Ennstal nach Radstadt, auf der B 320 bis Liezen und weiter auf der B 146 nach Admont. Weiter wie zuvor.

Ausgangspunkt: Johnsbachtal, Parkplatz (980 m) zwischen Ebnerklamm und dem Gehöft Gscheidegger. Mit Schneeketten kann man auch ganz im Talschluss (1080 m) parken.

Aufstieg: Vorbei am Gehöft Gscheidegger die Forststraße taleinwärts zur Grössingeralm (1319 m). Die Hütten links liegen las-

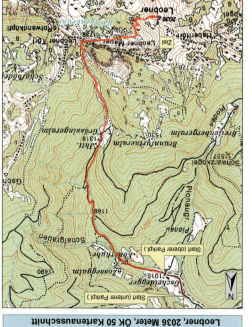

Leobner, 2036 Meter, ÖK 50 Kartenausschnitt

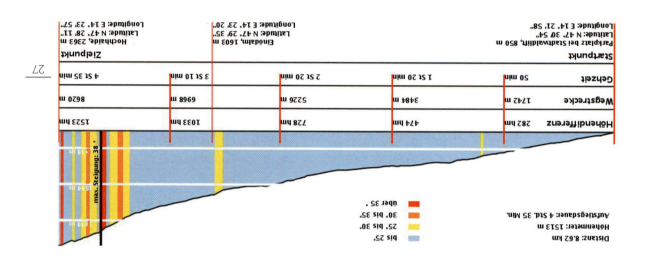

	Startpunkt				Zielpunkt
	Parkplatz bei Stadtwaldlift, 850 m	1 St 20 min	Einodalm, 1603 m	3 St 10 min	Hochhaide, 2363 m
	Latitude: N 47° 30′ 54″		Latitude: N 47° 29′ 35″		Latitude: N 47° 28′ 11″
	Longitude: E 14° 21′ 58″		Longitude: E 14° 23′ 20″		Longitude: E 14° 23′ 57″
Gehzeit	50 min	1 St 20 min	2 St 20 min	3 St 10 min	4 St 35 min
Wegstrecke	1742 m	3484 m	5226 m	6968 m	8620 m
Höhendifferenz	282 hm	474 hm	728 hm	1033 hm	1523 hm

Distanz: 8,62 km
Höhenmeter: 1513 m
Aufstiegsdauer: 4 Std. 35 Min.

bis 25°
25° bis 30°
30° bis 35°
über 35°

Aufstiegszeit: 4 Std. 35 Min. Höhenmeter: 1513 Hm Tourenlänge: 8,62 km Schwierigkeit: III Beste Zeit: gesamter Winter Exposition: Nord Karte: ÖK 99 GPS: Startpunkt N 47° 30′ 54″ E 14° 21′ 58″ Gipfel N 47° 28′ 11″ E 14° 23′ 57″

12 Rottenmanner Tauern
Hochhaide 2363 m

Anfahrt: Aus Richtung Salzburg/Liezen ebenso wie von Graz/St. Michael A 9 Pyhrn-Autobahn, Abfahrt Rottenmann. Kurz auf die B 113 (Umfahrung Rottenmann) und dann rechts zur Burgtorsiedlung (Beschilderung) abbiegen. Dem Hinweis „Schilift" folgen, bis zum Schranken am Stadtwaldlift.

Ausgangspunkt: Parkplatz beim Stadtwaldlift (850 m).

Aufstieg: Über die Forststraße hinauf zum Scheibenboden (1180 m). Die Forststraße weiter bis zur Markierung „Winterweg Hochhaide" (1240 m), die um den ganzen Bergrücken herumführt (oder kurz oberhalb bei der Seilbahnstation). Nach links dem Weg folgend über die Einödalm zur Singsdorfer Alm (1603 m). Über anmutiges Almgelände durch das Kar geradewegs in steilen Aufschwüngen zur nördlichen Moserscharte und aus dieser weiter zum Gipfel (Schidepot, im Gipfelbereich steil, kurze Seilversicherung, besondere Vorsicht).

Abfahrt: Wie Aufstieg, mit Varianten.

sen und durch die Steilmulde, den Sautrog, ein stellenweise sehr enges Grabengelände, hinauf zum Leobnertörl (1730 m). Südseitig etwas hinunter in das Kar und weiter ostwärts bis zur hintersten Karmulde zu einem sehr markanten Stein. Links haltend (nach Süden) hinauf zum Ostgratrücken und darüber zum Gipfelkreuz des Leobners.

Abfahrt: Wie Aufstieg, oder Nordwest- und Ostabfahrt bei sicheren Verhältnissen.

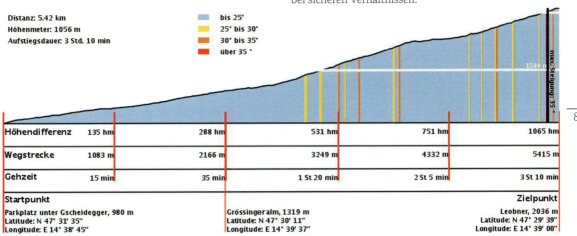

Aufstiegszeit: 3 Std. 10 Min. Höhenmeter: **1056 Hm** Tourenlänge: **5,42 km** Schwierigkeit: **II** Beste Zeit: **gesamter Winter**
Exposition: **Nord + Nordost** Karte: **ÖK 100, 131** GPS: Startpunkt N 47° 31' 35" E 14° 38' 45" Gipfel N 47° 29' 39" E 14° 39' 00"

41 Gscheideggkogel 1788 m
Eisenerzer Alpen – Gesäuseberge

Anfahrt: Aus Richtung Graz/Klagenfurt/Wien ebenso wie von Liezen/Salzburg und Linz A 9 Pyhrn-Autobahn. Abfahrt Ardning und über die Gesäuse-Bundesstraße (B 146) nach Admont und weiter ins Gesäuse. Beim Gasthof Bachbrücke nach Johnsbach abzweigen, weiter bis zum Kölbiwirt und zum Gscheidegger am Ende des Tals. Mit Schneeketten ist die Weiterfahrt bis ganz in den Talschluss möglich. Eine weitere Anfahrt aus dem Süden bzw. aus dem Osten ist über die Abfahrt Traboch – Eisenerz – Hieflau – Johnsbach möglich. Von Westen Anreise auch über Eisenerz – Hieflau – Gstatterboden. Aus Richtung Salzburg/Villach A 10 Tauern-Autobahn, Abfahrt beim Knoten Ennstal nach Radstadt, auf der B 320 bis Liezen und weiter auf der B 146 nach Admont. Weiter wie zuvor.

Ausgangspunkt: Johnsbachtal, Parkplatz (980 m) zwischen Ebnerklamm und Gehöft Gscheidegger. Mit Schneeketten kann man auch ganz im Talschluss (1080 m) parken.

Aufstieg: Am Gehöft Gscheidegger vorbei auf der Forststraße taleinwärts bis zum Wegknoten Zeiringalm (Beschilderung, Wintermarkierung). Links abbiegen, über die Zoseggleitn, weiter über die Lichtung zum alten steilen Hang hinauf zur Elendscharte. Bei guten Verhältnissen kann man bis zum Gipfel des Bösensteins mit den Schiern gehen, ansonsten Schidepot in der Elendscharte und Aufstieg zu Fuß über den blockigen, aber unschwierigen Grat.

Abfahrt: Gleich wie Aufstieg – mit einem Schmankerl: Für gute Schifahrer ist die Rote Rinne bei passenden Verhältnissen ein Genuss. Sie erreicht man durch einen Gegenanstieg von ca. 10 Minuten vom Karboden des Grünen Sees. Vom Gipfel nur für geübte Steilhangfahrer, da links Felsabstürze drohen.

- Distanz: 3,93 km
- Höhenmeter: 788 m
- Aufstiegsdauer 2 Std. 35 Min.

  - bis 25°
  - 25° bis 30°
  - 30° bis 35°
  - über 35°

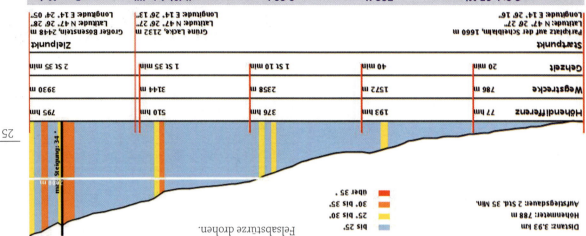

	Startpunkt				Zielpunkt
	Parkplatz auf der Scheibalm, 1660 m Latitude: N 47° 26' 27" Longitude: E 14° 26' 16"		Grüne Lacke, 2132 m Latitude: N 47° 26' 27" Longitude: E 14° 26' 13"		Großer Bösenstein, 2448 m Latitude: N 47° 26' 28" Longitude: E 14° 24' 05"
Gehzeit		20 min	40 min	1 St 10 min	1 St 35 min	2 St 35 min
Wegstrecke		786 m	1572 m	2358 m	3144 m	3930 m
Höhendifferenz		77 hm	193 hm	376 hm	510 hm	795 hm

Aufstiegszeit: 2 Std. 35 Min. Höhenmeter: 788 Hm Tourenlänge: 3,93 Km Schwierigkeit: II (Gipfel – III) Beste Zeit: Dez.–Mai
Exposition: Süd + Südost Karte: ÖK 130 GPS: Startpunkt N 47° 26' 27" E 14° 26' 16" Gipfel N 47° 26' 28" E 14° 24' 05"

Gscheideggkogel, 1788 Meter, ÖK 50 Kartenausschnitt

11 Rottenmanner Tauern
Großer Bösenstein 2448 m

Anfahrt: Aus Richtung Salzburg/Liezen ebenso wie von Graz/St. Michael A 9 Pyhrn-Autobahn, Abfahrt Trieben, auf der Triebener Bundesstraße (B 114) bis Hohentauern. Dort beim Kriegerdenkmal rechts abbiegen, danach immer den Hinweistafeln „Edelrautehütte" (Mautstraße) bis zum Parkplatz auf der Scheiblalm (1660 m) bzw. bei der Edelrautehütte ÖAV (1706 m) folgen. Von Süden kommend, bei St. Peter ob Judenburg auf die B 114 Richtung Trieben abzweigen und weiter bis nach Hohentauern. Kurz nach dem Kriegerdenkmal links abbiegen und weiter wie zuvor.

Ausgangspunkt: Parkplatz auf der Scheiblalm (1660 m) bzw. bei der Edelrautehütte ÖAV (1706 m), 10 Minuten vom Parkplatz entfernt.

Aufstieg: Zuerst bis zum Großen Scheiblsee, der rechts umgangen wird. Den Sommerweg aufwärts (200 Hm) wandernd, erreicht man bald den ersten Karboden, dann nach links in den Auslauf der Roten Rinne. Aus dem Boden heraus nach oben zur Grünen Lacke und weiter den

Schleifweg. Diesem bis zum Übereck folgen und entlang der Beschilderungen und markierten Schneestangen zum Gipfel.

Abfahrt: Wie Aufstieg.

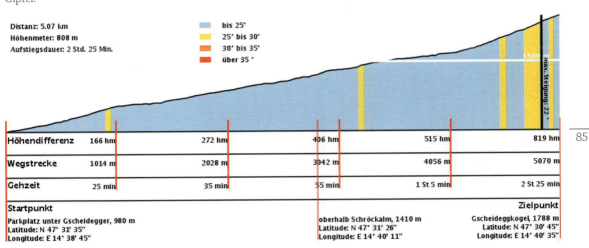

Aufstiegszeit: 2 Std. 25 Min. **Höhenmeter:** 808 Hm **Tourenlänge:** 5,07 km **Schwierigkeit:** l **Beste Zeit:** gesamter Winter
Exposition: Nordwest **Karte:** ÖK 100 **GPS: Startpunkt** N 47° 31' 35" E 14° 38' 45" **Gipfel** N 47° 30' 45" E 14° 40' 35"

42 Gesäuseberge
Festkogel 2269 m

Anfahrt: Aus Richtung Graz/Klagenfurt/Wien ebenso wie von Linz/Salzburg und Linz A 9 Pyhrn-Autobahn, Abfahrt Ardning und über die Gesäuse-Bundesstraße (B 146) nach Admont und weiter ins Gesäuse. Beim Gasthof Bachbrücke nach Johnsbach abzweigen und weiter bis zum Kölbwirt (Parkplatz). Eine weitere Anfahrt aus dem Süden bzw. aus dem Osten ist über die Abfahrt Traboch – Eisenerz – Hieflau – Johnsbach möglich. Von Westen Anreise auch über Eisenerz – Hieflau – Gstatterboden. Aus Richtung Salzburg/Villach A 10 Tauern-Autobahn, Abfahrt beim Knoten Ennstal nach Radstadt, auf der B 320 bis Liezen und weiter auf der B 146 nach Admont. Weiter wie zuvor.

Ausgangspunkt: Mittleres Johnsbachtal, Parkplatz beim Gasthof Kölbwirt (864 m).

Aufstieg: Auf markiertem Weg in Richtung Köderalm und Hesshütte. Am Ende des ersten Koderbodens bis zum Wegknoten (Wegweiser Schneeloch). Die Abzweigung Schneelochweg/Hochtor nehmen, weiter nordwestlich Richtung Rinnerstein bergauf. Bevor die Steilstufe kommt, rechts durch Buchenwald hinauf in das Schneekar queren, am

Festkogel, 2269 Meter, ÖK 50 Kartenausschnitt

Abfahrt: Wie Aufstieg oder vom Gipfel des Bruderkogels westseitig ins Kar zur Lackneralm mit Varianten.

- bis 25°
- 25° bis 30°
- 30° bis 35°
- über 35°

Distanz: 8,3 km
Höhenmeter: 1044 m
Aufstiegsdauer 3 Std. 45 Min.

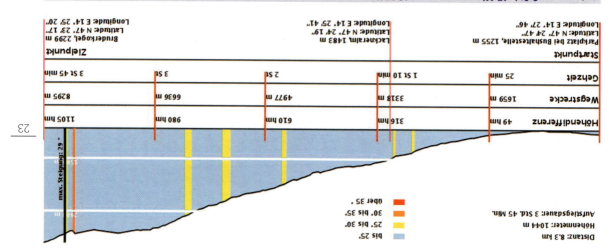

	Gehzeit	Wegstrecke	Höhendifferenz
Startpunkt Parkplatz bei Bushaltestelle, 1255 m Latitude: N 47° 24' 47" Longitude: E 14° 27' 46"	25 min	1659 m	49 hm
	1 St 10 min	3318 m	316 hm
Lackneralm, 1483 m Latitude: N 47° 24' 19" Longitude: E 14° 25' 41"	2 St	4977 m	610 hm
	3 St	6636 m	980 hm
Zielpunkt Bruderkogel, 2299 m Latitude: N 47° 23' 17" Longitude: E 14° 25' 20"	3 St 45 min	8295 m	1105 hm

Aufstiegszeit: 3 Std. 45 Min. Höhenmeter: 1044 Hm Tourenlänge: 8,30 km Schwierigkeit: I–II Beste Zeit: ab Jänner
Exposition: Nordost Karte: ÖK 130 GPS: Startpunkt N 47° 24' 47" E 14° 27' 46" Gipfel N 47° 23' 17" E 14° 25' 20"

10 Rottenmanner Tauern
Bruderkogel 2299 m

Anfahrt: Aus Richtung Salzburg/Liezen ebenso wie von Graz/St. Michael A 9 Pyhrn-Autobahn, Abfahrt Trieben, auf der Triebener Bundesstraße (B 114) über den Triebener Tauern nach Hohentauern. Am Ortsende, ca. 400 m nach dem Gasthof Draxler an der Bushaltestelle rechts abzweigen zum Parkplatz. Von Süden kommend, bei St. Peter ob Judenburg rechts auf die B 114 Richtung Trieben abzweigen und vor dem Ortsbeginn Hohentauern – wie vorhin beschrieben – links zum Parkplatz.

Ausgangspunkt: Parkplatz 100 m neben der Bundesstraße (1255 m), Bushaltestelle.

Aufstieg: Kurz bergab zum Forsthaus, entlang der Straße nach der Bachquerung bis zur ersten Weggabelung. Den Weg links haltend hinauf zur Lackneralm (1483 m). Von hier in das obere Kar hinauf. Nun heißt es sich entscheiden: entweder Richtung Bruderkogel gerade bergauf zum Westgrat und weiter zum Gipfel – oder nach rechts zum Schüttnerkogel.

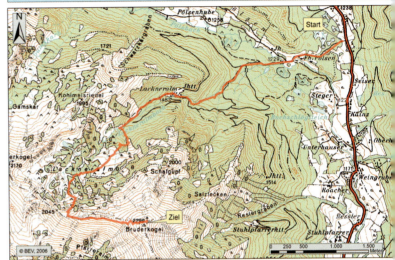

Bruderkogel, 2299 Meter, ÖK 50 Kartenausschnitt

Schneekarturm vorbei, und immer steiler werdend hinauf zum Gipfelgrat. Knapp unter der Gratschneide westlich querend erreicht man den Gipfel. (Bei schlechten Verhältnissen Schidepot am ersten Gratstück.)

Abfahrt: Wie Aufstieg. Sehr sichere Steilhangfahrer können die direkte Einfahrt vom Gipfel wählen. Eine steile, felsige Stufe erfordert besondere Vorsicht (sehr schwierig).

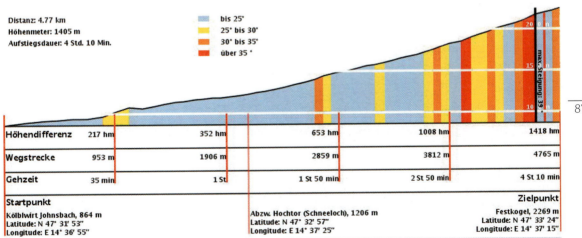

Distanz: 4,77 km
Höhenmeter: 1405 m
Aufstiegsdauer: 4 Std. 10 Min.

bis 25°
25° bis 30°
30° bis 35°
über 35°

max. Steigung: 39°

Höhendifferenz	217 hm	352 hm	653 hm	1008 hm	1418 hm
Wegstrecke	953 m	1906 m	2859 m	3812 m	4765 m
Gehzeit	35 min	1 St	1 St 50 min	2 St 50 min	4 St 10 min
Startpunkt					Zielpunkt
Kölblwirt Johnsbach, 864 m		Abzw. Hochtor (Schneeloch), 1206 m			Festkogel, 2269 m
Latitude: N 47° 31' 53"		Latitude: N 47° 32' 57"			Latitude: N 47° 33' 24"
Longitude: E 14° 36' 55"		Longitude: E 14° 37' 25"			Longitude: E 14° 37' 15"

Aufstiegszeit: 4 Std. 10 Min. **Höhenmeter:** 1405 Hm **Tourenlänge:** 4,77 km **Schwierigkeit:** III–IV **Beste Zeit:** Frühjahr
Exposition: Süd **Karte:** ÖK 100 **GPS: Startpunkt** N 47° 31' 53" E 14° 36' 55" **Gipfel** N 47° 33' 24" E 14° 37' 15"

43 Gsuchmauer 2116 m
Gesäuseberge

Anfahrt: Aus Richtung Graz/Klagenfurt/Wien ebenso wie von Liezen/Salzburg und Linz A 9 Pyhrn-Autobahn, Abfahrt Ardning und über die Gesäuse-Bundesstraße (B 146) nach Admont und weiter ins Gesäuse. Beim Gasthof Bachbrücke nach Johnsbach abzweigen, weiter bis zum Kölblwirt und zum Parkplatz unterhalb des Gehöftes Ebner, ca. 2 km talwärts nach dem Kölblwirt. Eine weitere Anfahrt aus dem Süden bzw. dem Osten ist über die Abfahrt Traboch – Eisenerz – Hieflau – Johnsbach möglich. Von Westen Anreise auch über Eisenerz – Hieflau – Gstatterboden. Aus Richtung Salzburg/Villach A 10 Tauern-Autobahn, Abfahrt beim Knoten Ennstal nach Radstadt, auf der B 320 bis Liezen und weiter auf der B 146 nach Admont. Weiter wie zuvor.

Ausgangspunkt: Johnsbachtal, Parkplatz Ebnerklamm (957 m).

Aufstieg: Auf der Forststraße durch die Klamm und östlich bis zur ersten Kehre hinauf. Die Forststraße verlassen in nördlicher Richtung (freier Waldschlag). Über das breite Sonntagskar steil zum Gratrücken hinan und dem Grat nach Westen entlang bis zum Schidepot folgen. Den Gipfel erreicht man nach Überwindung einer kurzen Kletterstelle (II) in ca. 15 Minuten.

Abfahrt: Im Bereich des Aufstiegs über die schönen, südostseitig gelegenen Karmulden ins Frattental.

Distanz: 6,58 km
Höhenmeter: 1025 m
Aufstiegsdauer 3 Std. 30 Min.

bis 25°
25° bis 30°
30° bis 35°
über 35°

Startpunkt		Barnalm, 1427 m		Zielpunkt	
Parkplatz bei Bauer, 1204 m		Latitude N 47° 22' 40"		Sonntagskogel, 2229 m	
Latitude N 47° 22' 22"		Longitude E 14° 31' 05"		Latitude N 47° 23' 24"	
Longitude E 14° 28' 26"				Longitude E 14° 30' 37"	

	Höhendifferenz	Wegstrecke	Gehzeit
	145 hm	1316 m	30 min
	244 hm	2632 m	50 min
	382 hm	3948 m	1 St 15 min
	750 hm	5264 m	2 St 15 min
	1106 hm	6580 m	3 St 30 min

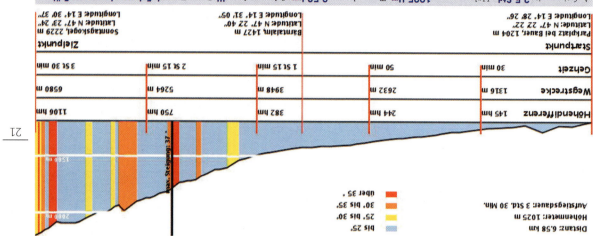

Gsuchmauer, 2116 Meter, ÖK 50 Kartenausschnitt

Aufstiegszeit: 3,5 Std. Höhenmeter: 1025 Hm Tourenlänge: 6,58 Km Schwierigkeit: III Beste Zeit: ab Februar das ganze Frühjahr über Exposition: Südost Karte: ÖK 130 GPS: Startpunkt N 47° 23' 24", E 14° 28' 26". Gipfel N 47° 23' 24", E 14° 30' 37".

9 Triebener Tauern
Sonntagskogel 2229 m

Anfahrt: Aus Richtung Salzburg/Liezen ebenso wie von Graz/St. Michael A 9 Pyhrn-Autobahn, Abfahrt Trieben, auf der Triebener Bundesstraße (B 114) über den Triebener Tauern in Richtung St. Johann am Tauern. Parkmöglichkeit beim Gasthof Bruckenhauser. Von Süden kommend, bei St. Peter ob Judenburg rechts abzweigen auf die B 114 Richtung Trieben, bis 2,8 km nach St. Johann, Parkplatz wie zuvor. Ab März ist die Zufahrt zur Franzlbauerhütte 100 m nördlich vom Gasthof Bruckenhauser möglich.

Ausgangspunkt: Gasthof Bruckenhauser (1111 m), Fahrmöglichkeit bis zum Bauernhof am Taleingang (Parkmöglichkeit, 1204 m), Straße ins Bärntal erst ab März bis zur Franzlbauerhütte (1410 m) befahrbar.

Aufstieg: Der Forststraße flach ins Bärntal hinein folgend erreicht man nach ca. einer Stunde die Franzlbauerhütte (1410 m). Links haltend den Weg ins Frattental aufsteigen und dieses nach 30 bis 45 Minuten links lassen, am „Karl-Gollmaier-Weg" (Wintermarkierung) aufwärts bis zum nächsten Forstweg. Darauf zur Pfarralm (1302 m, Wegweiser). Durch das immer steiler werdende Südkar aufsteigend gelangt man schließlich in den Kessel, der von den drei Gipfeln Stadelfeldschneid, Gsuchmauer und Glaneggturm umgeben wird. Links haltend auf den Kamm zwischen Stadelfeldschneid und Gsuchmauer, von dort rechts haltend auf dem Kamm zum Gipfel.

Abfahrt: Abfahrt wie Aufstieg, mit Varianten.

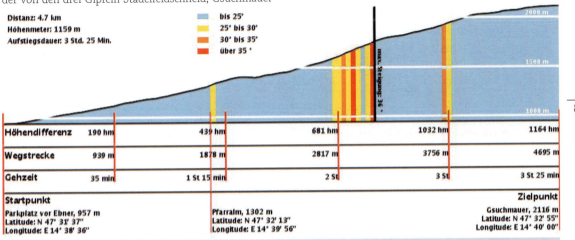

Aufstiegszeit: 3 Std. 25 Min. Höhenmeter: **1159 Hm** Tourenlänge: **4,70 km** Schwierigkeit: **II–III** Beste Zeit: **Frühjahr**
Exposition: **Süd** Karte: **ÖK 100** GPS: **Startpunkt N 47° 31' 37" E 14° 38' 36" Gipfel N 47° 32' 55" E 14° 40' 00"**

44 Gesäuseberge
Lugauer 2217 m

Anfahrt: Aus Richtung Graz/Klagenfurt/Wien ebenso wie von Linz/Salzburg und Linz A 9 Pyhrn-Autobahn, Abfahrt Ardning und über die Gesäuse-Bundesstraße (B 146) nach Admont und weiter ins Gesäuse. Beim Gasthof Bachbrücke nach Johnsbach abzweigen, weiter bis zum Kölbwirt und zum Parkplatz unterhalb des Gehöftes Ebner, ca. 2 km talwärts nach dem Kölbwirt. Eine weitere Anfahrt aus dem Süden bzw. aus dem Osten ist über die Abfahrt Traboch – Hieflau – Eisenerz – Johnsbach möglich. Von Westen Anreise auch über Eisenerz – Hieflau – Gstatterboden. Aus Richtung Salzburg/Villach A 10 Tauern-Autobahn, Abfahrt beim Knoten Ennstal nach Radstadt, auf der B 320 bis Liezen und weiter auf der B 146 nach Admont. Weiter wie zuvor.

Ausgangspunkt: Johnsbachtal, Parkplatz bei der Ebnerklamm (957 m).

Aufstieg: Der Forststraße durch eine kleine Klamm folgen, danach östlich zu einer Kehre. Über den „Karl-Gollmaier-Weg" (Wintermarkierung) auf die Forststraße zurück, östlich weiter zur Pfarralm (1302 m). Der Beschilderung über die Schröckalm (1330 m) und die Neuburgalm (1450 m) Richtung Hüpflingerthals (Beginn der Wintermarkierung) folgen. Weiter nach der Beschilderung

Lugauer, 2217 Meter, ÖK 50 Kartenausschnitt

untere Kar, weiter unter Felsen links haltend zur Triebenalm und über den Forstweg zum Gehöft Steiner.

Abfahrt: Abfahrt wie Aufstieg, mit Varianten ins Braunkar. Nicht in die Schlapfen (Rinne) einfahren! Oder über die Südostflanke vorerst in Richtung Weingrubertörl ins

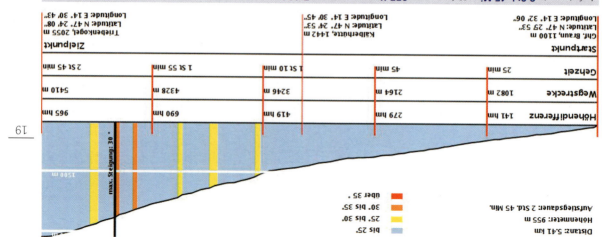

	Startpunkt				**Zielpunkt**
	Ghf. Braun, 1100 m Latitude: N 47° 25′ 53″ Longitude: E 14° 32′ 06″	Kälberhütte, 1442 m Latitude: N 47° 24′ 53″ Longitude: E 14° 30′ 45″			Triebenkogel, 2055 m Latitude: N 47° 24′ 08″ Longitude: E 14° 30′ 43″
Gehzeit	25 min	45 min	1 St 10 min	1 St 55 min	2 St 45 min
Wegstrecke	1082 m	2164 m	3246 m	4328 m	5410 m
Höhendifferenz	141 hm	279 hm	419 hm	690 hm	965 hm

Höhenmeter: 955 m
Distanz: 5,41 km
Aufstiegsdauer: 2 Std. 45 Min.

bis 25°
25° bis 30°
30° bis 35°
über 35°

Exposition: Nord Karte: ÖK 130 GPS: Startpunkt N 47° 25′ 53″ E 14° 32′ 06″ Gipfel N 47° 24′ 08″ E 14° 30′ 43″.
Aufstiegszeit: 2 Std. 45 Min. Höhenmeter: 955 Hm Tourenlänge: 5,41 Km Schwierigkeit: I–II Beste Zeit: gesamter Winter

Triebener Tauern
Triebenkogel 2055 m

Anfahrt: Aus Richtung Salzburg/Liezen ebenso wie von Graz/St. Michael A 9 Pyhrn-Autobahn, Abfahrt Trieben, auf der Triebener Bundesstraße (B 114) bis ca. 4 km vor Hohentauern, links ins Triebental abzweigen, weiter bis zum Parkplatz beim Gasthof Braun. Von Süden kommend, bei St. Peter ob Judenburg rechts abzweigen auf die B 114 Richtung Trieben. Ca. 4 km nach Hohentauern beim Gasthaus Brodjäger nach rechts ins Triebental, weiter wie zuvor.

Ausgangspunkt: Gasthof Braun (1100 m).

Aufstieg: Über Wiesen gelangt man zur Forststraße in den Ardlingbachgraben, weiter bis zur großen Kehre, hier weiter in Richtung Tanneck, bis der markierte Sommerweg die Forststraße quert. Dem Sommerweg bis zur Kälberhütte (1442 m) folgen. Auf den Forstweg (Markierung) wechseln, bis er in einen ostseitigen Hang führt (Lawinengefahr). Dort steigt man vorher links im Waldbereich zum oberen Braunkar auf. Vom Kar heraus zieht man linker Hand auf einem Rücken des Triebenkogels bis zum Gipfel.

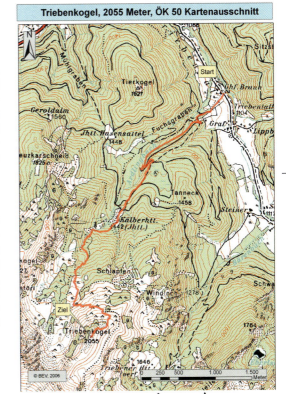

über den Hüpflingerhals, darauf Abfahrt in die Wirtsalm und Aufstieg in das Haselkar zum Fuß der Lugauerplan; über diese große Westflanke, zum Schluss rechts haltend (Steilstufe) zum Vorgipfel (Schidepot 2100 m). Über den kurzen schmalen, ausgesetzten, stellenweise heiklen Grat zum Südwestgipfel (Hauptgipfel) mit dem Gipfelkreuz des Lugauer.

Abfahrt: Wie Aufstieg.

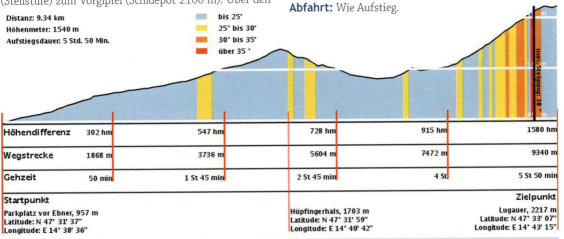

45 Zeiritzkampel 2125 m
Eisenerzer Alpen
(über das Hinkareck)

Anfahrt: Aus Richtung Salzburg A 10 Tauern-Autobahn, Abfahrt beim Knoten Ennstal nach Radstadt, auf der B 320 (Ennstal-Bundesstraße) Richtung Graz. In Liezen beim Kreisverkehr auf die B 146 und weiter Richtung Admont/Hieflau. Dann Abzweigung Richtung Eisenerz auf die B 115 (Eisen-Bundesstraße). In Eisenerz nach der Alten Hauptschule (großes altes Gebäude) rechts abzweigen, ca. 5 km in Richtung Ramsau. Aus Richtung Graz/St. Michael A 9 Pyhrn-Autobahn, Abfahrt Trabach/Trofaiach. Weiter Richtung Eisenerz auf der B 115, in Eisenerz nach der Rot Kreuz-Dienststelle links Richtung Ramsau einordnen. Danach den Wegweisern ca. 5 km in Richtung Ramsau folgen. Parkmöglichkeit kurz nach dem Gasthof Pichlerhof.

Ausgangspunkt: Parkplatz beim Jagdhaus Thon (995 m) oder weiter talenwärts beim nächsten Parkplatz (1100 m).

Aufstieg: Den Teichengraben über die Forststraße taleinwärts. Bei der Brücke (1300 m) rechts über Schläge vor-

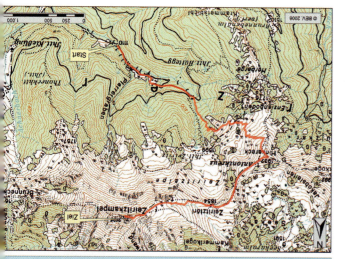

Zeiritzkampel, 2125 Meter, ÖK 50 Kartenausschnitt

dringen und westlich über die freie Flächen hinauf zum Gipfel des Hinkarecks (1932 m). Abwärts zum Antonikreuz und weiter abwärts ins Zeiritztörl (1854 m). Aus ihm aufsteigend erreicht man den Vorgipfel des Zeiritz-

Im oberen Bereich etwas rechts haltend direkt zum Gipfel ansteigen (eventuell Schidepot kurz unter dem Gipfel).

Abfahrt: Durch die Westrinne bei Firnverhältnissen im Frühjahr.

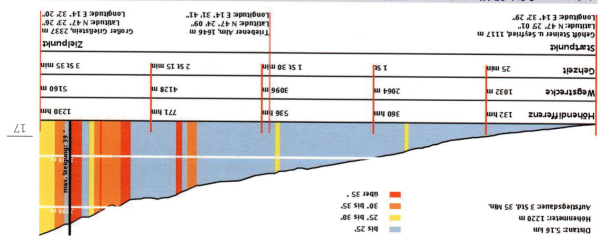

| Distanz: 5,16 km |
| Höhenmeter: 1220 m |
| Aufstiegsdauer: 3 Std. 35 Min. |

bis 25°
25° bis 30°
30° bis 35°
über 35°

	Startpunkt					Zielpunkt
	Gehöft Steiner u. Seyfried, 1117 m Latitude: N 47° 29' 01" Longitude: E 14° 32' 29"		Triebener Alm, 1646 m Latitude: N 47° 24' 09" Longitude: E 14° 31' 41"		Großer Grießstein, 2337 m Latitude: N 47° 23' 26" Longitude: E 14° 32' 20"	
Gehzeit	25 min	1 St	1 St 30 min	2 St 15 min	3 St 35 min	
Wegstrecke	1032 m	2064 m	3096 m	4128 m	5160 m	
Höhendifferenz	132 hm	360 hm	536 hm	771 hm	1230 hm	

Aufstiegszeit: 3 Std. 35 Min. Höhenmeter: 1220 Hm Tourenlänge: 5,16 Km Schwierigkeit: III Beste Zeit: Frühjahr
Exposition: Nord + West Karte: ÖK 130 GPS: Startpunkt N 47° 25' 01" E 14° 32' 29", Gipfel N 47° 23' 26" E 14° 32' 20"

7 Triebener Tauern
Großer Grießstein 2337 m

Anfahrt: Aus Richtung Salzburg/Liezen ebenso wie von Graz/St. Michael A 9 Pyhrn-Autobahn, Abfahrt Trieben, auf der Triebener Bundesstraße (B 114) bis ca. 4 km vor Hohentauern. Unmittelbar nach dem Gasthaus Brodjäger links ins Triebental abzweigen, weiter bis ca. 2 km nach dem Gasthaus Braun zur Parkmöglichkeit beim Gehöft Steiner. Von Süden kommend), bei St. Peter ob Judenburg rechts abzweigen auf die B 114 Richtung Trieben. Ca. 4 km nach Hohentauern nach rechts ins Triebental, weiter wie zuvor.

Ausgangspunkt: Gehöft Steiner (1117 m), ca. 2 km nach dem Gasthaus Braun bei der Brücke Parkmöglichkeit.

Aufstieg: Man folgt zuerst der Forststraße ins Bärenbachtal, weiter mäßig ansteigend der Forststraße bis zur Triebener Hütte (1646 m), die vor ihrem endgültigen Verfall erst jüngst wieder errichtet wurde. Südöstlich geht es zum Triebener Törl (1905 m) weiter. Links (Nordost) auf dem Sommerweg je nach Schneelage über den doch oft abgeblasenen Westrücken oder links in die markante Westrinne (Achtung auf Triebschnee).

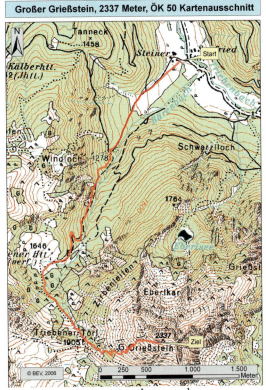

Großer Grießstein, 2337 Meter, ÖK 50 Kartenausschnitt

kampels, wo die Schier zurückgelassen werden. Über den breiten Gratrücken zum Hauptgipfel mit dem Gipfelkreuz.

Abfahrt: Vor dem Zeiritztörl über die Südwestflanke zur Zeiritzalm (bei kritischen Verhältnissen wie Aufstieg, mit Gegenanstieg!).

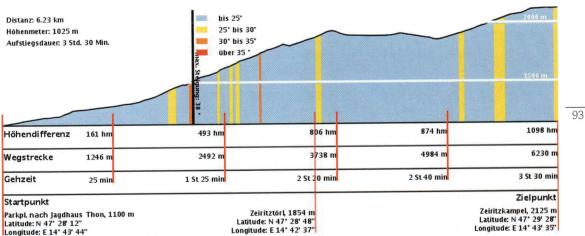

46 Kragelschinken 1845 m
Eisenerzer Alpen

Anfahrt: Aus Richtung Salzburg A 10 Tauern-Autobahn, Abfahrt beim Knoten Ennstal nach Radstadt, auf der B 320 (Ennstal-Bundesstraße) Richtung Graz. In Liezen beim Kreisverkehr auf die B 146 und weiter Richtung Admont/Hieflau. Dann Abzweigung Richtung Eisenerz auf die B 115 (Eisen-Bundesstraße). In Eisenerz nach der Alten Hauptschule (großes altes Gebäude) rechts abzweigen, ca. 5 km in Richtung Ramsau. Aus Richtung Graz/St. Michael A 9 Pyhrn-Autobahn, Abfahrt Traboch/Trofaiach. Weiter Richtung Eisenerz auf der B 115, in Eisenerz nach der Rot Kreuz-Dienststelle links Richtung Ramsau einordnen. Danach den Wegweisern ca. 5 km in Richtung Ramsau folgen. Parkmöglichkeit kurz nach dem Gasthof Pichlerhof.

Ausgangspunkt: Eisenerzer Ramsau, Parkplatz kurz nach dem Gasthof Pichlerhof (1033 m).

Aufstieg: Die Forststraße taleinwarts bis zur Grabenteilung. Den Steg über den Bach nehmen und den engen Weg über lichten Wald hinauf zur Teicheneggalm (1690 m). Über

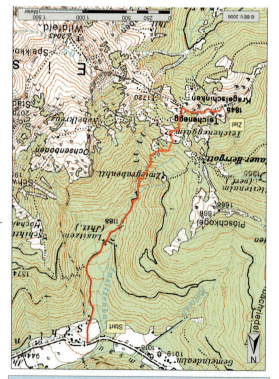

Kragelschinken, 1845 Meter, ÖK 50 Kartenausschnitt

dem Grat wird das Gelände steil. Je nach Schneelage vorher Schidepot.

Abfahrt: Wie Aufstieg (oder Prinzessinrinne).

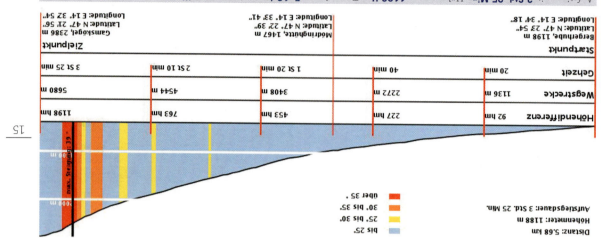

Startpunkt				Zielpunkt	
Berghube, 1198 m Latitude: N 47° 23′ 54″ Longitude: E 14° 34′ 18″		Mödringhütte, 1467 m Latitude: N 47° 22′ 39″ Longitude: E 14° 33′ 41″		Gamskogel, 2386 m Latitude: N 47° 21′ 56″ Longitude: E 14° 32′ 54″	
Gehzeit	20 min	40 min	1 St 20 min	2 St 10 min	3 St 25 min
Wegstrecke	1136 m	2272 m	3408 m	4544 m	5680 m
Höhendifferenz	92 hm	227 hm	453 hm	763 hm	1198 hm

Aufstiegszeit: 3 Std. 25 Min. Höhenmeter: 1188 Hm Tourenlänge: 5,68 Km Schwierigkeit: III Beste Zeit: Frühjahr
Exposition: Nordost Karte: ÖK 130 GPS: Startpunkt N 47° 23′ 54″ E 14° 34′ 18″ Gipfel N 47° 21′ 56″ E 14° 32′ 54″

Distanz: 5,68 km
Höhenmeter: 1188 m
Aufstiegsdauer: 3 Std. 25 Min.

bis 25°
25° bis 30°
30° bis 35°
über 35°

Triebener Tauern
Gamskögel 2386 m (Westgipfel)

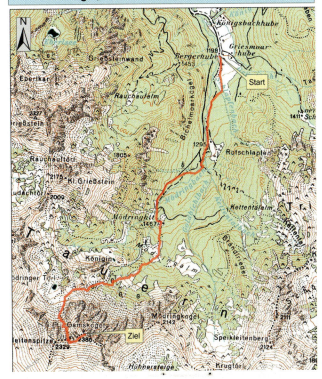

Gamskögel, 2386 Meter, ÖK 50 Kartenausschnitt

Anfahrt: Aus Richtung Salzburg/Liezen ebenso wie von Graz/St. Michael A 9 Pyhrn-Autobahn, Abfahrt Trieben, auf der Triebener Bundesstraße (B 114) bis ca. 4 km vor Hohentauern. Unmittelbar nach dem Gasthaus Brodjäger links ins Triebental abzweigen, weiter bis zur Bergerhube, Ende der Fahrmöglichkeit. Von Süden kommend, bei St. Peter ob Judenburg rechts auf die B 114 Richtung Trieben abzweigen. Ca. 4 km nach Hohentauern nach rechts ins Triebental, weiter wie zuvor.

Ausgangspunkt: Bergerhube (1198 m).

Aufstieg: In Richtung Süden geht es zunächst recht flach durch den Wald bis zur Mödringhütte (1467 m). Kurz bevor man diese erreicht, auf einem Forstweg ein wenig nach links und danach durch den Wald aufwärts in Richtung Mödringkogel. Anschließend über die Wiese hinauf und rechts haltend am Fuße der Gamskögel entlang zum Beginn der Nordwestrinne. So erreicht man über Spitzkehren den Grat knapp unterhalb des Gipfels (knapp vor schütteren Wald weiter zum Teicheneggsattel (1720 m). Über den vorgegebenen Bergrücken, ein kurzes steileres Stück überwindend, erreicht man den Gipfel in westlicher Richtung.

Abfahrt: Wie Aufstieg, mit Varianten. Oder nach der nordostseitigen Abfahrt zum Blauen Herrgott (Kreuz) zum Plöschkogel ansteigen und darauf Abfahrt in den Lasitzengraben.

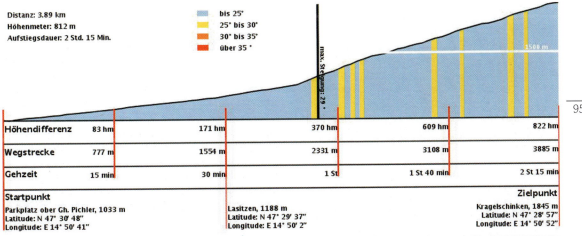

47 Eisenerzer Alpen
Wildfeld 2043 m

Anfahrt: Aus Richtung Salzburg A 10 Tauern-Autobahn, Abfahrt beim Knoten Ennstal nach Radstadt, weiter auf der B 320 (Ennstal-Bundesstraße) Richtung Graz. In Liezen beim Kreisverkehr auf die B 146 und weiter Richtung Admont/Hieflau. Dann Abzweigung Richtung Eisenerz auf die B 115 (Eisen-Bundesstraße). In Eisenerz nach der Alten Hauptschule (großes altes Gebäude) rechts abzweigen, ca. 5 km in Richtung Ramsau. Aus Richtung Graz/St. Michael A 9 Pyhrn-Autobahn, Abfahrt Traboch/Trofaiach. Weiter Richtung Eisenerz auf der B 115, in Eisenerz nach der Rot Kreuz-Dienststelle links Richtung Ramsau einordnen. Danach den Wegweisern ca. 5 km in Richtung Ramsau folgen. Parkmöglichkeit kurz nach dem Gasthof Pichlerhof.

Ausgangspunkt: Eisenerzer Ramsau, Parkplatz kurz nach dem Gasthof Pichlerhof (1033 m).

Aufstieg: Die Forststraße talwärts bis zur Grabenteilung. Über den Steg des Baches und den engen Weg über den lichten Wald hinauf zur Teicheneggalm (1690 m). Durch schütteren Wald weiter zum Teicheneggsattel (1720 m). Nach dem Verlassen des Waldes kann

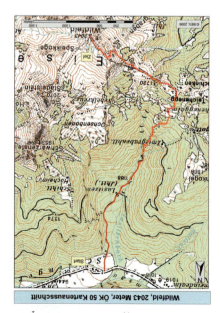

man den freien Blick auf das Wildfeld genießen. Südwestlich dem Gratrücken folgen (Sommerweg teilweise sichtbar), dann die Flanke queren und des folgenden Rückens zum Gipfel. Oder links haltend (ostwärts) über das Krugtörl (kurze, felsige Stufe) und den Südkamm zum Gipfel des Kerschkerns.

Abfahrt: Wie Aufstieg, mit Varianten (Abfahrt über die Südwestrinne).

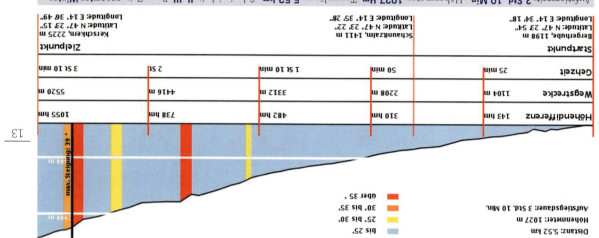

Distanz: 5.52 km
Höhenmeter: 1027 m
Aufstiegsdauer: 3 Std, 10 Min.

bis 25°
25° bis 30°
30° bis 35°
über 35°

	Startpunkt					Zielpunkt
	Bergerhube, 1198 m Latitude: N 47° 23' 54" Longitude: E 14° 34' 18"		Schaunitzalm, 1411 m Latitude: N 47° 23' 22" Longitude: E 14° 35' 28"			Kerschkern, 2225 m Latitude: N 47° 23' 15" Longitude: E 14° 36' 49"
Gehzeit	25 min	50 min	1 St 10 min	2 St	3 St 10 min
Wegstrecke	1104 m	2208 m	3312 m	4416 m	5520 m
Höhendifferenz	143 hm	310 hm	482 hm	738 hm	1055 hm

Aufstiegszeit: 3 Std, 10 Min. Höhenmeter: 1027 Hm Tourenlänge: 5,52 Km Schwierigkeit: II-III Beste Zeit: gesamter Winter
Exposition: Südwest Karte: ÖK 130 GPS: Startpunkt N 47° 23' 54" E 14° 34' 18"; Gipfel N 47° 23' 15" E 14° 36' 49"

5 Triebener Tauern
Kerschkern 2225 m

Anfahrt: Aus Richtung Salzburg/Liezen ebenso wie von Graz/St. Michael A 9 Pyhrn-Autobahn, Abfahrt Trieben, auf der Triebener Bundesstraße (B 114) bis ca. 4 km vor Hohentauern. Unmittelbar nach dem Gasthaus Brodjäger links ins Triebental abzweigen, weiter bis zur Bergerhube, Ende der Fahrmöglichkeit. Von Süden kommend, bei St. Peter ob Judenburg rechts auf die B 114 Richtung Trieben abzweigen. Ca. 4 km nach Hohentauern nach rechts ins Triebental, weiter wie zuvor.

Ausgangspunkt: Bergerhube (1198 m).

Aufstieg: Auf der Forststraße Richtung Südosten, nach der ersten Brücke rechts (ostwärts) den Hohlweg durch den Wald, dann den Grünbach entlang wieder zur Forststraße, auf dieser bis zur Schaunitzalm (1411 m). Weiter flach ansteigend zum Schaunitztörl. Bei sicheren Verhältnissen direkt durch die steile Südwestflanke und entlang

Kerschkern, 2225 Meter, ÖK 50 Kartenausschnitt

weiter nach einer eventuell eisigen Stelle auf einen Felsabsatz. Die Felswand wird rechts umgangen. Einen steilen Hang zu einem Hochplateau erklimmen und flach weiter zum Gipfel.

Abfahrt: Vom Gipfel nach Norden in die Wildfeldrinne zum Nebelkreuz (1692 m). Westlich kurz ansteigend erreicht man einen Rücken, von dem die Abfahrt durch steilen, lichten Wald zum Lasitzengraben hinunterführt.

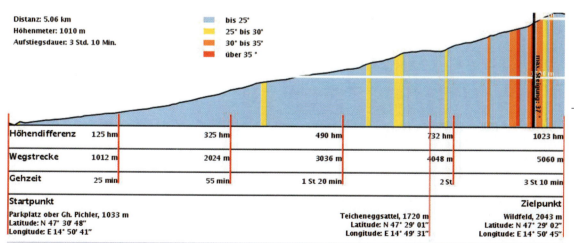

Aufstiegszeit: 3 Std. 10 Min. **Höhenmeter:** 1010 Hm **Tourenlänge:** 5,06 km **Schwierigkeit:** III–IV **Beste Zeit:** Frühjahr
Exposition: West + Nord **Karte:** ÖK 132 **GPS: Startpunkt** N 47° 30' 48" E 14° 50' 41" **Gipfel** N 47° 29' 02" E 14° 50' 45"

48 Stadelstein 2070 m
Eisenerzer Alpen

Anfahrt: Aus Richtung Salzburg A 10 Tauern-Autobahn, Abfahrt beim Knoten Ennstal nach Radstadt, weiter auf der B 320 (Ennstal-Bundesstraße) Richtung Graz. In Liezen beim Kreisverkehr Richtung Graz auf die A 9 Pyhrn-Autobahn bis zur Abfahrt Traboch/Trofaiach. Weiter auf der B 115 (Eisen-Bundesstraße) nach Trofaiach. In Trofaiach westlich auf die Gößgrabenstraße in den Gößgraben (Wegweiser) bis zu den Parkplätzen unterhalb der Moosalm. Aus Richtung Graz/Wien A 9 Pyhrn-Autobahn, Abfahrt Traboch/Trofaiach. Weiter wie zuvor.

Ausgangspunkt: Gößgraben, Parkplatz Moosalm (947 m).

Aufstieg: Kurz durch einen Wald zur Forststraße im Moosalmbachgraben. Dieser Forststraße in den Graben folgen und bei der Gabelung (Schild Moosalm) rechts über steiles Waldgelände zur Moosalm ansteigen. Über flaches und welliges Almgelände westlich weiter unter dem Törlstein vorbei und links

Stadelstein, 2070 Meter, ÖK 50 Kartenausschnitt

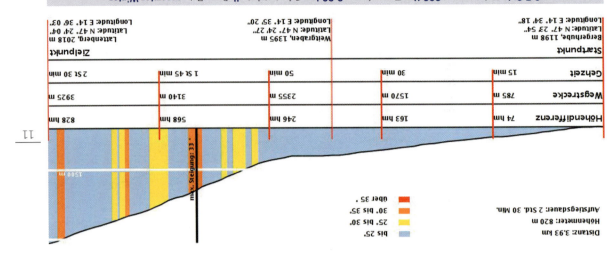

Aufstiegszeit: 2,5 Std. Höhenmeter: 820 Hm Tourenlänge: 3,93 km Schwierigkeit: II Beste Zeit: gesamter Winter
Exposition: Nordwest Karte: ÖK 130, 131 GPS: Startpunkt N 47° 24' 04" E 14° 36' 03"; Gipfel N 47° 24' 04" E 14° 36' 03"

	Startpunkt				Zielpunkt
	Bergerhube, 1198 m Latitude: N 47° 23' 54" Longitude: E 14° 34' 18"		Weitgraben, 1395 m Latitude: N 47° 24' 27" Longitude: E 14° 35' 20"		Lattenberg, 2018 m Latitude: N 47° 24' 04" Longitude: E 14° 36' 03"
Gehzeit	15 min	30 min	50 min	1 St. 45 min	2 St. 30 min
Wegstrecke	785 m	1570 m	2355 m	3140 m	3925 m
Höhendifferenz	74 hm	163 hm	246 hm	568 hm	828 hm

Aufstiegsdauer: 2 Std. 30 Min.
Höhenmeter: 820 m
Distanz: 3,93 km

- bis 25°
- 25° bis 30°
- 30° bis 35°
- über 35°

3. Westrinne vom Lattenberggipfel in den unteren Teil des Weitgrabens.

Triebener Tauern
Lattenberg 2018 m

Anfahrt: Aus Richtung Salzburg/Liezen ebenso wie von Graz/St. Michael A 9 Pyhrn-Autobahn, Abfahrt Trieben, auf der Triebener Bundesstraße (B 114) bis ca. 4 km vor Hohentauern. Unmittelbar nach dem Gasthaus Brodjäger links ins Triebental abzweigen, weiter bis zur Bergerhube, Ende der Fahrmöglichkeit. Von Süden kommend, bei St. Peter ob Judenburg rechts auf die B 114 Richtung Trieben abzweigen. Ca. 4 km nach Hohentauern nach rechts ins Triebental, weiter wie zuvor.

Ausgangspunkt: Bergerhube (1198 m).

Aufstieg: Von der Forststraße (Richtung Moaralm) folgt man über die Grießmoarhube dem Sommerweg (Forststraße) bis zum Punkt 1395 m. Nach einigen Metern bergab verlässt man den Forstweg rechts kurz durch Wald, über den steilen Schlag geht es zum Rücken oberhalb des Königskars und weiter bis zum Grat, der direkt auf den Gipfel des Lattenbergs führt.

Abfahrt: Ein Gipfel – drei Möglichkeiten:
1. Zunächst wie Aufstieg, dann über den Rücken rechts des Königskars und durch den lichten Wald hinunter zur Forststraße.
2. Lattenberg-Südwesthang bis zum Sattel (1770 m), dann in den Weitgraben, oben mehr rechts halten, erst weiter unten in den ebenfalls zur Forststraße führenden Graben.

haltend zum Grat zwischen Stadelstein und Speikkogel. Kurz über den Grat nach Norden zum Schidepot. Schließlich unschwierig zu Fuß zum Gipfel.

Abfahrt: Über die steilen Hänge zur Moosalm und zur Forststraße (bei guten Verhältnissen direkt in die Ostflanke einfahren, meist überwechtet).

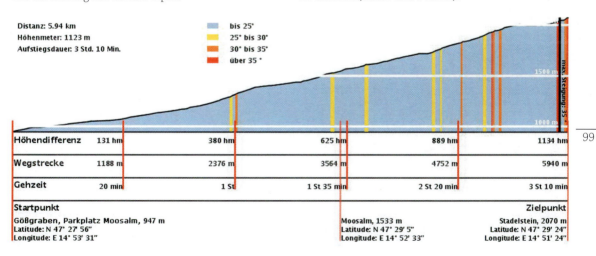

Aufstiegszeit: 3 Std. 10 Min. Höhenmeter: 1123 Hm Tourenlänge: 5,94 km Schwierigkeit: II Beste Zeit: gesamter Winter
Exposition: Südost Karte: ÖK 132 GPS: Startpunkt N 47° 27' 56" E 14° 53' 31" Gipfel N 47° 29' 24" E 14° 51' 24"

49 Hochschwabgruppe
Hochschwab 2277 m

Ausgangspunkt: Gasthaus Bodenbauer (884 m).

Aufstieg: Dem Sommerweg ins lang gestreckte Trawiestal folgen. Nach dem ersten steileren Aufschwung nach

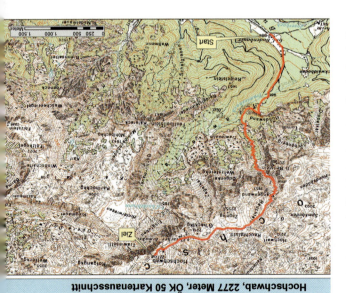

Hochschwab, 2277 Meter, ÖK 50 Kartenausschnitt

Anfahrt: Aus Richtung Graz A 9 Pyhrn-Autobahn beim Knoten Deutschfeistritz rechts Richtung Bruck an der Mur halten. Auf der S 35 bis zum Knoten Bruck an der Mur, dort rechts Richtung Kapfenberg/Wien auf die S 6 abzweigen, weiter bis zur Ausfahrt Kapfenberg. In Kapfenberg der Beschilderung Richtung Thörl/St. Ilgen auf der B 20 (Mariazeller-Bundesstraße) folgen. Bei Thörl auf die L 125 nach St. Ilgen abzweigen. Dort der Beschriftung folgen, ca. 5 km bis zum Gasthaus Bodenbauer. Aus Richtung Wien A 2 Süd-Autobahn beim Knoten Seebenstein rechts halten, Richtung Semmering/Kapfenberg auf die S 6 abzweigen. Bis zur Abfahrt Kapfenberg. Weiter wie zuvor. Aus Richtung Salzburg A 10 Tauern-Autobahn. Abfahrt beim Knoten Ennstal nach Radstadt, weiter auf der B 320 (Ennstal-Bundesstraße) Richtung Graz. In Liezen beim Kreisverkehr weiter Richtung Graz auf die A 9 Pyhrn-Autobahn bis zum Knoten St. Michael, einordnen Richtung Leoben/Bruck/Wien. Auf die S 6 bis Abfahrt Kapfenberg. Weiter wie zuvor.

Abfahrt: Entweder im Bereich des Aufstiegs (Gegenanstieg zum Griesmoarkogel und nordseitige Abfahrt zur Liesingkaralm) oder zur Beisteineralm bzw. von der Schar-

te (zwischen Griesmoarkogel und Himmeleck) hinunter den tollen Hang zur Liesingkaralm über eine einladende Flanke gleiten.

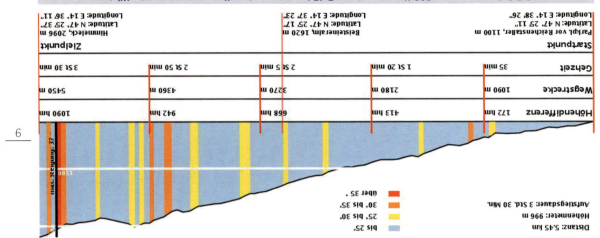

Exposition: Südost Karte: ÖK 131
Aufstiegszeit: 3,5 Std. Höhenmeter: 996 Hm Tourenlänge: 5,45 Km Schwierigkeit: II Beste Zeit: gesamter Winter
GPS: Startpunkt N 47° 25′ 11″ E 14° 38′ 26″ Gipfel N 47° 25′ 37″ E 14° 36′ 11″

	Startpunkt					Zielpunkt
	Parkpl. vor Reichenstaller, 1100 m Latitude: N 47° 25′ 11″ Longitude: E 14° 38′ 26″		Beisteineralm, 1620 m Latitude: N 47° 25′ 17″ Longitude: E 14° 37′ 23″			Himmeleck, 2096 m Latitude: N 47° 25′ 37″ Longitude: E 14° 36′ 11″
Gehzeit	35 min	1 St 20 min	2 St 5 min	2 St 50 min	3 St 30 min	
Wegstrecke	1090 m	2180 m	3270 m	4360 m	5450 m	
Höhendifferenz	172 hm	413 hm	668 hm	942 hm	1090 hm	

Distanz: 5,45 Km
Höhenmeter: 996 m
Aufstiegsdauer: 3 Std. 30 Min.

bis 25°
25° bis 30°
30° bis 35°
über 35°

3 Triebener Tauern
Himmeleck 2096 m

Anfahrt: Aus Richtung Salzburg/Liezen A 9 Pyhrn-Autobahn, Abfahrt Treglwang, aus Richtung Graz/St. Michael, Abfahrt Kalwang. Weiter auf der Schoberpass-Bundesstraße (B 113) bis Unterwald (Ortsteil von Wald am Schoberpass). Abzweigung in die Liesing. Bei der Kreuzung Jansenberger rechts weiter den Bach entlangfahren. Etwa 400 m vor dem ehemaligen Gehöft Reichenstaller befindet sich ein kleiner Parkplatz (Ende der Fahrmöglichkeit). Oder bis zum Alpengasthaus Jansenberger vlg. Beisteiner.

Ausgangspunkt: Parkplatz vor dem Gehöft Reichenstaller (1100 m). Variante: Parkplatz beim Alpengasthof Jansenberger.

Aufstieg: Der Forststraße folgen und nach ca. 2 km links (Markierung) durch einen steilen Hohlweg und später flacher zur Beisteineralm (1620 m). (Variante: Vom Gasthof Jansenberger dem markierten, steilen Weg zur Beisteineralm folgen.) Von dort in westlicher Richtung auf dem immer freier werdenden Bergrücken hinauf zum Grat steigen, der zum Gipfel des Griesmoarkogels (2009 m) führt. Vom Griesmoarkogel in Richtung Norden in den Sattel zwischen Griesmoarkogel und Himmeleck abfahren (bei schlechter Schneelage eventuell hier Schidepot). Von der Scharte wieder hinauf und über den Grat weiter auf den Gipfel des Himmelecks.

der Felsmauer „Hundswand" bei Höhe 1150 m links in das Rauchtal zwischen Stangenwand und Beilstein abzweigen und dieses hinauf. Über eine kurze Steilstufe bergauf zur Hochfläche des Hochschwabs. Nach rechts den Schneestangen folgen und flach über den Rauchtalsattel zum Fleischer-Biwak (2140 m) und weiter zum Gipfel.

Abfahrt: Wie Aufstieg.

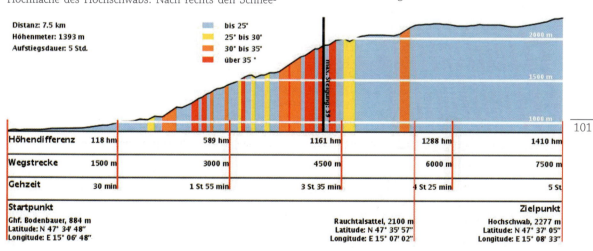

Aufstiegszeit: 5 Std. **Höhenmeter:** 1393 Hm **Tourenlänge:** 7,50 km **Schwierigkeit:** III–IV **Beste Zeit:** Frühjahr
Exposition: Südwest **Karte:** ÖK 101, 102 **GPS:** Startpunkt N 47° 34' 48" E 15° 06' 48" Gipfel N 47° 37' 05" E 15° 08' 33"

50 Die Veitsch
Hohe Veitsch 1981 m

Anfahrt: Aus Richtung Graz A 9 Pyhrn-Autobahn beim Knoten Deutschfeistritz rechts halten Richtung Bruck an der Mur. Auf der S 35 bis zum Knoten Bruck an der Mur, dort rechts auf die S 6 Richtung Kapfenberg/Wien abzweigen. Abfahrt Mitterdorf im Mürztal auf die L 102 nach Veitsch und weiter geradeaus über den Kreisverkehr ca. 8 km zur Brunnalm (Schilifte). Parkmöglichkeit beim Gasthaus Scheikl. Aus Richtung Wien A 2 Süd-Autobahn beim Knoten Seebenstein rechts halten, Richtung Semmering/Bruck abzweigen. Auf der S 6 bis Abfahrt Mitterdorf im Mürztal. Weiter wie zuvor. Aus Richtung Salzburg A 10 Tauern-Autobahn. Abfahrt beim Knoten Ennstal nach Radstadt, weiter auf der B 320 (Ennstal-Bundesstraße) Richtung Graz. In Liezen beim Kreisverkehr weiter Richtung Graz auf die A 9 Pyhrn-Autobahn bis zum Knoten St. Michael, einordnen Richtung Leoben/Bruck/Wien. Auf die S 6 bis Abfahrt Mitterdorf im Mürztal. Weiter wie zuvor.

Ausgangspunkt: Gasthof Scheikl (1154 m).

Aufstieg: Vom Gasthof Scheikl dem Pistengelände folgen und später über einen kurzen Waldgürtel, bis man an den markanten, steileren Rücken stößt, der die Schallerrinne östlich begrenzt. Über diesen steiler bergan bis in den Sauboden. Weiter in den Leckensattel und über den Rücken auf den Gipfel.

Abfahrt: Im Bereich der Aufstiegsspur mit Variantenmöglichkeiten.

Hohe Veitsch, 1981 Meter, ÖK 50 Kartenausschnitt

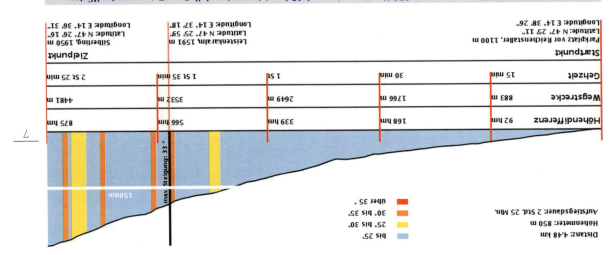

Aufstiegszeit: 2 Std. 25 Min. Höhenmeter: 850 Hm Tourenlänge: 4,48 Km Schwierigkeit: I–II Beste Zeit: gesamter Winter
Exposition: Ost Karte: ÖK 131 GPS: Startpunkt N 47° 25' 11" E 14° 38' 26" Gipfel N 47° 26' 16" E 14° 36' 31".

Startpunkt					Zielpunkt
Parkplatz vor Reichenstaller, 1100 m				Leistenkaralm, 1591 m	Silberling, 1950 m
Latitude: N 47° 25' 11"				Latitude: N 47° 25' 59"	Latitude: N 47° 26' 16"
Longitude: E 14° 38' 26"				Longitude: E 14° 37' 18"	Longitude: E 14° 36' 31"

Gehzeit	15 min	30 min	1 St	1 St 35 min	2 St 25 min
Wegstrecke	883 m	1766 m	2649 m	3532 m	4481 m
Höhendifferenz	92 hm	168 hm	339 hm	566 hm	875 hm

Distanz: 4,48 km
Höhenmeter: 850 m
Aufstiegsdauer: 2 Std. 25 Min.

- bis 25°
- 25° bis 30°
- 30° bis 35°
- über 35°

max. Steigung: 33°
1500m

2 Triebener Tauern
Silberling 1950 m

Anfahrt: Aus Richtung Salzburg/Liezen A 9 Pyhrn-Autobahn, Abfahrt Treglwang, aus Richtung Graz/St. Michael, Abfahrt Kalwang. Weiter auf der Schoberpass-Bundesstraße (B 113) bis Unterwald (Ortsteil von Wald am Schoberpass). Abzweigung in die Liesing. Bei der Kreuzung Jansenberger rechts weiter den Bach entlangfahren. Etwa 400 m vor dem ehemaligen Gehöft Reichenstaller befindet sich ein kleiner Parkplatz (Ende der Fahrmöglichkeit).

Ausgangspunkt: Parkplatz vor dem Gehöft Reichenstaller (1100 m).

Aufstieg: Auf der Forststraße vorbei am Gehöft Reichenstaller bis zu einer Weggabelung am Waldrand, wo man dem Wegweiser rechts Richtung Silberling folgt. Der Weg steigt gemächlich durch den Wald an. Kurz vor der Haggenalm (1301 m) führt ein kleinerer Weg durch den Wald aufwärts. Links der Alm vorbei durch den Wald aufwärts und über Schläge, östlich über den Waldrücken hinauf in Richtung Leistenkarhütte. Weiter über den steiler werdenden Osthang zum Gipfel. Kurz vor der Haggenalm hat man auch die Möglichkeit, eine andere Route auf den Silberling zu wählen: Erst wieder dem kleinen Weg aufwärts in den Wald folgen. Dort immer leicht rechts haltend aufwärts zum gastlichen Graf-Meran-Haus (1836 m). Vom Graf-Meran-Haus geht es im flacheren Gelände weiter in nordwestlicher Richtung. Der Stangenmarkierung ca. 30 Min. unschwierig zum Gipfelkreuz der Hohen Veitsch folgen.

Abfahrt: Vom Gipfel direkt südlich, nach dem flacheren Stück zum Graf-Meran-Haus, dann entweder über die Schallerrinne (III) oder mit Varianten zum Liftgelände.

Silberling, 1950 Meter, ÖK 50 Kartenausschnitt

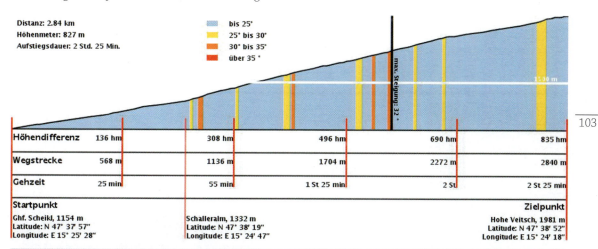

Aufstiegszeit: 2 Std. 25 Min. **Höhenmeter: 827 Hm** **Tourenlänge: 2,84 km** **Schwierigkeit: II–III** **Beste Zeit: Frühjahr**
Exposition: Nord **Karte: ÖK 103** **GPS: Startpunkt N 47° 37' 57" E 15° 25' 28" Gipfel N 47° 38' 52" E 15° 24' 18"**

Aufstiegszeit: 2 Std. 20 Min. **Höhenmeter:** 795 Hm **Tourenlänge:** 4,37 Km **Schwierigkeit:** I–II **Beste Zeit:** gesamter Winter
Exposition: Süd + Südwest **Karte:** ÖK 131 **GPS: Startpunkt** N 47° 25′ 11″ E 14° 38′ 26″ **Gipfel** N 47° 26′ 31″ E 14° 38′ 12″

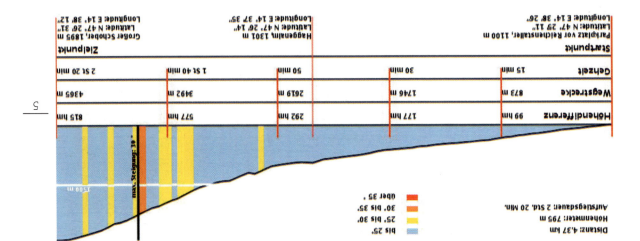

	Startpunkt					Zielpunkt
	Parkplatz vor Reichensteller, 1100 m Latitude: N 47° 29′ 11″ Longitude: E 14° 38′ 26″		Haggenalm, 1301 m Latitude: N 47° 26′ 14″ Longitude: E 14° 37′ 35″			Großer Schober, 1895 m Latitude: N 47° 26′ 31″ Longitude: E 14° 38′ 12″
Gehzeit		15 min	30 min	50 min	1 St 40 min	2 St 20 min
Wegstrecke		873 m	1746 m	2619 m	3492 m	4365 m
Höhendifferenz		99 hm	177 hm	292 hm	577 hm	815 hm

Legende:
- bis 25°
- 25° bis 30°
- 30° bis 35°
- über 35°

Distanz: 4,37 km
Höhenmeter: 795 m
Aufstiegsdauer: 2 Std. 20 Min.

Abfahrt: Im Bereich des Aufstiegs, es sind aber auch Varianten möglich.

Gasthof
Kölblwirt

Fam. Berghofer-Wolf
A-8912 Johnsbach
Tel: +43 (0) 3611 216
Fax: +43 (0) 3611 339

Wenn man sich fast am Ende des Johnsbachtales wähnt, entdeckt man ein Juwel steirischer Gastlichkeit: den „**Kölblwirt**"

Johnsbach Steiermark
Kölblwirt

Gesäuse Gasthof

1 Triebener Tauern
Großer Schober 1895 m

Anfahrt: Aus Richtung Salzburg/Liezen A 9 Pyhrn-Autobahn, Abfahrt Treglwang, aus Richtung Graz/St. Michael, Abfahrt Kalwang. Weiter auf der Schoberpass-Bundesstraße (B 113) bis Unterwald (Ortsteil von Wald am Schoberpass). Abzweigung in den Liesinggraben, bei der Kreuzung Jansenberger rechts den Bach entlangfahren bis ca. 400 m vor dem ehemaligen Gehöft Reichenstaller. Kleiner Parkplatz, Ende der Fahrmöglichkeit.

Ausgangspunkt: Parkplatz vor dem Gehöft Reichenstaller (1100 m).

Aufstieg: Links die Forststraße entlang, vorbei an einem Haus, bis zur Wegkreuzung. Hier rechts eben weiter über die Brücke zur Haggenalm (1301 m). Über die Wiese hinauf zum höchsten Punkt und rein in den Wald. Kurz den Hohlweg links bergauf und rechts vom Graben über lichten Wald zu den freien Flächen des Saubodens. Über die schöne Südwestflanke durch lichten Wald und über freie Hänge höher. Zum Schluss dem Gratrücken folgend rechts zum panoramareichen Gipfel des Großen Schobers.

Raiffeisenbank Trieben
Hauptplatz 2
8784 Trieben

Raiffeisen Meine Bank
Telefon: 03615/2217-0 oder 2290-0
e-mail: info.38348@rb-38348.raiffeisen.at
Homepage: www.raiffeisen.at/rb-trieben

Sport Scherz Wörschach

SCHERZ WÖRSCHACH
Riesneralm / Planneralm

Herrengasse 27
8942 Wörschach
Tel.: 0043 3682/2283
Fax: 0043 3682/22545
E-mail: info@sport-scherz.at

Ferienwohnung Weissensteiner

Kontakt:
Familie Weissensteiner
Hall 433
A-8911 Admont
Tel: +43 (0) 3613 2887

 ALPS –
Adi Luis Paul Sepp

Bergführer – Adi Weissensteiner
28696@actionscouts.com

Sehr Schwierig = IV

Extremes Gelände, u. a. über 40 Grad steil; erhöhte Absturzgefahr. Flanken und Rinnen eventuell felsdurchsetzt und eng. Ausnahmslos für routinierte Schibergsteiger bzw. Steilhangspezialisten. Sehr gutes alpines Können im Aufstieg (schwierige Grate usw.) sind Voraussetzung.

Die Bewertung sagt übrigens nichts über Gefahren im Gelände (Lawinensituation, Dolinen oder Gletscherspalten) aus.

Die empfohlene Jahreszeit dient als Anhaltspunkt für die Planung, kann aber je nach Verlauf des Winters stark variieren. Ich bin oft schon Frühjahrstouren im Hochwinter bei idealen Bedingungen gegangen und musste im Frühjahr gelegentlich wegen kritischer Bedingungen umplanen.

Jeder muss entsprechend der aktuellen Verhältnisse selbst entscheiden, ob die Tour machbar ist oder ob es klüger ist, ein Ausweichziel anzusteuern.

Wichtiger Hinweis:

Zur Beurteilung der Lawinengefahr bei der Tourenplanung ist zur Bestimmung der Hangneigung unbedingt die Karte 1 : 25.000 heranzuziehen. Die GPS-Anstiegsprofile dienen lediglich zur Übersicht.

Alle GPS-Tracks können Sie auf meiner Homepage: www.paul-sodamin.at herunterladen.

Wir sind die folgenden 50 Touren mit den Schiern und mit unseren Herzen gegangen und wünschen Euch die gleichen Erlebnisse ...

Zur weiteren Information dient die Beilage "Sicher auf Tour" der Fa. Ortovox, welche den aktuellen Stand des Wissens bezüglich Lawinenkunde beinhaltet.

Alle Informationen wurden nach bestem Wissen und Gewissen ausgearbeitet. Dieser Führer ist nur ein unverbindlicher Ratgeber. Jede Umsetzung, insbesonders im Gelände, erfolgt in Eigenverantwortung des Anwenders.

Herzlich,
Paul Sodamin

www.paul-sodamin.at

GASTHOF BRAUN

Gasthof - Pension
BRAUN
Fam. Leitner

Gasthof Braun, Familie Leitner,
Triebental 13,
A-8785 Hohentauern,
Tel.: ++43(0)3618/269 * Fax DW 4
http://www.gasthofbraun.at

Steiermärkische Sparkasse
Filiale Trieben

T: +43 (0)5 0100 - 36094
F: +43 (0)5 0100 9 - 36094

Triebener Bundesstraße 4
8784 Trieben

Tourenbewertung

Die Angaben der Tourenschwierigkeit unterteilen sich in vier Stufen: leicht, mittel, schwierig, sehr schwierig – wobei sehr schwierige Unternehmungen dem erfahrenen Könner vorbehalten sind.

Als Grundlage dienen die normalen Verhältnisse, denn Kriterien wie Hartschnee, Sturm, Vereisung, Verwehungen und Wechten verändern Standard-Bewertungen mitunter stark. Allgemein gilt folgende Bewertung:

Leicht = I

Forststraßen bzw. Forstwege, ungefähr bis 25 Grad geneigte Hänge. Grundsätzlich ungefährdetes Gelände. Passagen ab dem Zwischenwert I–II leiten in richtiges Tourengelände. Die Grundschwungarten (Stemmbogen) müssen im Gelände beherrscht werden. Auch für Anfänger geeignet.

Mässig – Schwierig = II

Hohlwege oder bis 30 Grad geneigte Hänge und Kare. Im Zwischenwert II–III liegen bereits viele klassische Routen. Beherrschung der Grundschwungarten ist auch bei schlechten Schneeverhältnissen notwendig.

Schwierig = III

Enges bzw. steiles Waldgelände; Hänge, Rinnen und Kare bis 40 Grad Neigung. Das Ansteigen in Spitzkehren (ab ca. 35° Hangneigung) und sturzfreies Abfahren sowie alpine bzw. hochalpine Erfahrung sind unerlässlich. Klassisches Tourengelände; auch für geübte Schibergsteiger interessant. Gutes und sicheres Fahrkönnen und zumindest gute Verhältnisse sind wichtige Voraussetzungen. Der Zwischenwert III–IV bezieht bereits extreme Passagen mit ein. Leichte Kletterstellen in Ab- oder Aufstieg können vorkommen.

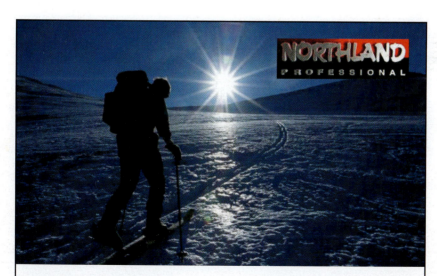

NORTHLAND GRAZ
Elisabethinergasse 22
8020 Graz
Tel: 0316 714177-100
E-Mail: office@northland-pro.com

NORTHLAND WIEN
Auerspergstraße 3
1080 Wien
Tel: 01 402 77 10
Web: www.northland-pro.com

Allgemeine Hinweise

Einige wichtige Bemerkungen zu den Tourenbeschreibungen und zur Lawinengefahr.

Bewusst habe ich auf eine detaillierte Angabe und Bewertung der Lawinengefahr bei den einzelnen Touren verzichtet, da diese von den aktuellen Bedingungen abhängig ist. Eine Schitour als absolut sicher einzustufen ist aus meiner Erfahrung nicht möglich. Auch einfache Schitouren können bei ungünstigen Bedingungen eine Lawinengefahr beinhalten. Hier ist im Besonderen auf Einzugsgebiete und die sorgfältige Wahl der Abfahrt zu achten.

Im Text und im GPS-Anstiegsprofil kann man den Charakter der jeweiligen Tour erkennen.

Wir haben alle diese Touren mit dem GPS aufgezeichnet und aus diesen Tracks ein Aufstiegsprofil erstellen lassen. Das dient nur zur Hilfe bei der Tourenplanung. Die Steilheit der Anstiege ist mittels Farben gekennzeichnet, wobei die wirkliche Hangneigung nur aus der Karte (1 : 25.000) ersichtlich ist und selbst damit kleinräumige Versteilungen (< 20 m) nicht erkennbar.

Die Zeitangaben in der Profildarstellung beziehen sich auf den durchschnittlichen Schitourengeher (350 Hm/Std. und für 1 km Wegstrecke unter 10° Neigung 15 Minuten).

Die Höhenangaben wurden aus den GPS-Daten ermittelt.

Kartenausschnitte: © BEV 2006, vervielfältigt mit Genehmigung des BEV – Bundesamtes für Eich- und Vermessungswesen in Wien, EB 2006/01906

Höhenprofile: © Paul und Peter Sodamin

1

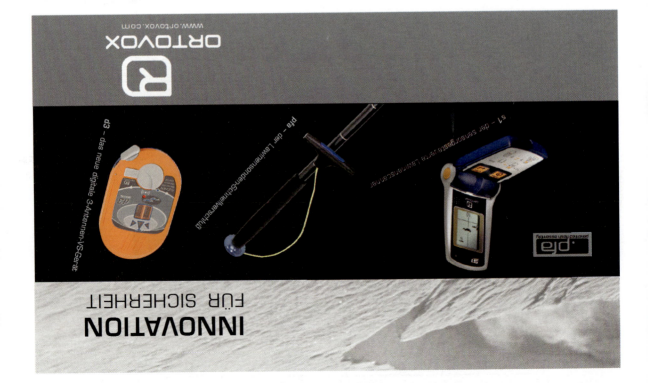

Man lebt nur einmal...

Das heißt für uns, das Leben so intensiv wie möglich zu genießen, aber gleichzeitig auch so sicher wie möglich. Design für Genuß, Funktion für Sicherheit. **ORTOVOX. Worauf Du Dich verlassen kannst.**

www.ortovox.com

www.bergsteiger.de
Das Tourenmagazin für Bergsteiger

e schönsten Gebiete in den Alpen,
andaktuell recherchiert

pannendee Reportagen aus
er Welt der Berge

den Monat mit zwölf heraustrenn-
aren Tourenkarten zum Sammeln

ests und Marktübersichten der
euesten Bergsport-Ausrüstung

»Bergsteiger –
as Tourenmagazin«
eden Monat aktuell an
hrem Kiosk oder direkt
ei www.bergsteiger.de/
estabo

Foto: U. Bernhardt

Lawinenunfall | Ablauf der Kameradenrettung

Der **Ablauf der Kameradenhilfe** ist immer situationsabhängig. Dennoch gibt es einige klare Anhaltspunkte für den Ablauf einer Verschüttetensuche.
- Lawine beobachten / Anzahl der Verschütteten? / Anzahl der Helfer? / primärer Suchbereich?
- ein Helfer: Suche sofort beginnen / mehrere Helfer: Aufgabenteilung (Notruf absetzen, so viele LVS-Sucher wie nötig, Schaufelmannschaften)
- alle Helfer stellen LVS-Geräte auf Empfang
- Grobsuche, Feinsuche, Punktortung nach System
- nach Punktortung des ersten Verschütteten möglichst schnell Mund freischaufeln und lebensrettende Maßnahmen einleiten (Atmung, Bewusstsein, Zirkulation – ABC der Lebensrettung)
- erst dann die Suche nach weiteren Verschütteten fortsetzen (es sei denn, es sind genügend Helfer vor Ort, dann kann dies auch parallel laufen)
- Bergrettung verständigen (Europäische Notrufnummer 112)
- bei Bergung und Abtransport Unterkühlung und Kreislauf beachten.

Grundsatz auf allen Touren sollte sein, durch risikobewusste Tourenwahl Lawinenverschüttungen zu vermeiden. Ich rate Ihnen deshalb: Besuchen Sie ein Lawinenseminar (www.lawinensicherheit.de)

Genussvolle Tiefschnee-Touren
wünschen Ihnen
Peter Geyer und ORTOVOX

Lawinenunfall | Mehrfachverschüttung

- Sonde bleibt stecken > Orientierung
- von der Seite her graben
- Achtung auf Atemhöhle

Um eine **Mehrfachverschüttung** lösen zu können, muss die Suche nach einem Verschütteten beherrscht werden. Sobald der erste Verschüttete mit der Sonde lokalisiert wurde, wird mit dem Ausgraben begonnen.

Sofern mehrere Helfer vor Ort sind, kann parallel mit der Suche nach weiteren Verschütteten begonnen werden. Eine für alle LVS-Geräte anwendbare und einprägsame Methode für nahe beieinander liegende Verschüttete ist die **3-Kreis-Methode**. Dabei geht der Sucher mit einem Radius von 3 Metern (ca. 1 Sondenlänge) um den ersten Georteten. Anschließend einen Kreis mit 6 und 9 Metern. Liegt ein neues deutliches Signal vor, wird dieses verfolgt und der nächste Verschüttete lokalisiert. Bei analogen Geräten stellt man den Lautstärkenregler zurück. Bei digitalen Geräten geschieht dies automatisch.

3-Kreis-Suchmethode

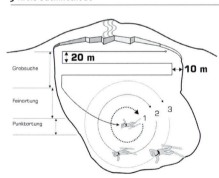

Andere Methoden können, je nach Gerät und Können des Suchers, zu schnellerem Erfolg führen.

 Die Suche nach mehreren Verschütteten muss geübt werden.

Lawinenunfall | **Punktortung**

Sobald der Sucher auf der Feldlinie bis auf 2 bis 3 Meter an den Verschütteten gekommen ist, beginnt die **Punktortung.** Dabei ist es wichtig, dass der Sucher das Suchtempo verlangsamt, das LVS-Gerät direkt auf der Schneeoberfläche bewegt und dabei das Gerät nicht mehr schwenkt oder dreht. Auf der Feldlinie kommend, geht der Sucher so lange auf dieser Achse weiter, bis er wieder deutlich schwächere Signale erhält. In der Mitte des Bereiches mit den stärksten Signalen (kleinste Werte oder lautester Ton) wird dieses Vorgehen auf einer zweiten Achse, senkrecht zur ersten Achse wiederholt (wichtig: Gerät nicht drehen). In der Mitte des Bereiches mit den stärksten Signalen wird mit Sondieren begonnen.

Das Sondieren mit einer Lawinensonde verkürzt die exakte Punktortung wesentlich. Dazu legt man ein Stockkreuz auf die Stelle mit dem stärksten Signal und beginnt mit der systematischen Sondierung von innen nach außen.

VS-Suche ist wie Landeanflug: vor dem Aufsetzen immer langsamer, immer tiefer, immer präziser.

Lawinenunfall | Grob- und Feinsuche

Die Suche nach Verschütteten lässt sich in die drei Phasen Grobsuche, Feinsuche und Punktortung einteilen. Die **Grobsuche** ist der Weg zum Erstempfang eines Signals. Nachdem alle Helfer ihr LVS-Gerät auf Empfang umgestellt haben, wird der Suchweg in Serpentinen (bei einem Helfer) oder geradlinig (bei mehreren Helfern) möglichst schnell zurückgelegt und dabei mit Auge und Ohr nach herausragenden Körper- oder Ausrüstungsteilen oder Hilferufen gesucht. Die Suchstreifenbreite ist abhängig von der Größe der Lawine, der Anzahl der Helfer und der eingesetzten LVS-Geräte. Eine grundsätzliche Empfehlung ist eine Suchstreifenbreite von 20 Metern (10 Meter zum Rand).

Sobald der Sucher einen Erstempfang hat, befindet er sich in der **Feinsuche**. Dabei folgt der Sucher der Richtung des stärksten Signals (egal, ob lauter werdender Analog-Ton, Entfernungsanzeige oder digitaler Pfeil) und nähert sich dem Verschütteten auf der Feldlinie.

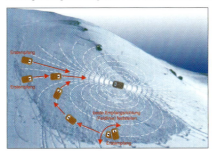

 Die Annäherung erfolgt bei allen Geräten auf der Feldlinie im Bogen, niemals auf direktem Wege.

3. LAWINENUNFALL

Die **Überlebenswahrscheinlichkeit** bei Lawinenverschüttung ist innerhalb der ersten 15 Minuten relativ hoch (ca. 90 %).

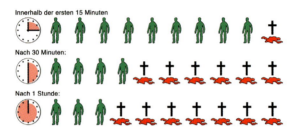

Dadurch wird deutlich, wie dringend erforderlich es ist, dass jeder (!) Tourenteilnehmer die komplette Notfallausrüstung bei sich trägt, deren Handhabung sowie die Suchstrategien beherrscht. Denn nur die schnelle Kameradenhilfe bietet im Ernstfall eine reelle Chance für den Verschütteten, weshalb regelmäßiges Üben mit dem LVS-Gerät unbedingt zur Vorbereitung auf die Tourensaison gehören sollte.

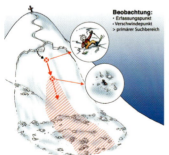

Zur Minimierung der Suchzeit wird das Suchgebiet eingegrenzt, sofern der Lawinenabgang beobachtet werden konnte. Die gedachte Linie »Erfassungspunkt – Verschwindepunkt« ergibt den **primären Suchbereich** im Stauberreich der Lawine. Je nach Standpunkt der Helfer beginnt die Suche am oberen oder unteren Ende des Suchbereiches.

Schnelle Kameradenhilfe setzt Üben voraus!

Lawinenfaktoren | Mensch | **Während der Tour**

Das Grundprinzip einer **Entscheidungsstrategie** ist die strikte Trennung von Beurteilung und Entscheidung.
Bei der *Beurteilung der Lawinengefahr* hilft die *3 x 3-Filtermethode* von Werner Munter. Dabei werden die drei Lawinen-Faktoren durch drei regionale Filter betrachtet.

Bei der Entscheidung auf der Basis der Bestandsaufnahme der aktuellen Situation helfen Entscheidungsstrategien. Die gängigen Methoden sind:

■ **Reduktionsmethode von Werner Munter**
Rechnung zur Ermittlung des Risikos mittels Faktoren Steilheit, Exposition, Gefahrengrad, Verhalten (Infos unter: Munter, W. »3 x 3 Lawinen. Risikomanagement im Wintersport«. Garmisch-Partenkirchen, 2003)

■ **Snowcard des DAV**
Visuelle Darstellung des Risikos mittels der Faktoren Steilheit, Exposition, Gefahrengrad sowie Empfehlungen zum Verhalten (www.av-snowcard.de)

■ **»Stop or Go« des OeAV**
Handlungsanweisungen »stop or go« ergeben sich aus Checks auf der Basis des LLB in Verbindung mit den Lawinen-Faktoren sowie empfohlenen Standardmaßnahmen (www.alpenverein.at)

Eine Strategie sicher zu beherrschen ist besser als viele nur zu kennen

 Trennung von Beurteilung und Entscheidung!

Lawinenfaktoren | Mensch | **Während der Tour**

Sowohl beim Aufstieg als auch bei der **Abfahrt** sollte die Spur auf der Basis einer systematischen Geländebeurteilung sorgfältig gewählt werden. Gerade bei der Abfahrt, wo alles schneller geht und eine Eigendynamik den Abfahrtsrausch charakterisiert, ist die Risikoschwelle bald überschritten. Der Situation angepasste Organisationsformen helfen, das Risiko bei der Abfahrt zu reduzieren.

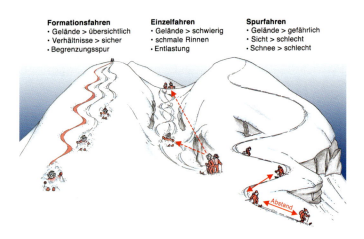

Formationsfahren
- Gelände > übersichtlich
- Verhältnisse > sicher
- Begrenzungsspur

Einzelfahren
- Gelände > schwierig
- schmale Rinnen
- Entlastung

Spurfahren
- Gelände > gefährlich
- Sicht > schlecht
- Schnee > schlecht

Weitere Grundregeln für eine Abfahrt mit optimiertem Risiko:
- der Führer wird nicht überholt
- die Fahrweise entspricht dem persönlichen Können
- Teilstrecken einsehbar und nach Leistungsstand
- sichere Sammelpunkte nicht in der direkten Abfahrtslinie
- seitliche Begrenzungsspur grenzt gefährlichen Hang ab
- Gruppenmitglieder beobachten sich gegenseitig

Diszipliniertes Abfahren bringt mehr Spaß und mehr Sicherheit.

Lawinenfaktoren | Mensch | **Während der Tour**

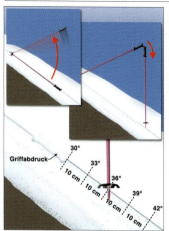

Die **Hangsteilheit** lässt sich mit Hilfe der seitlich angebrachten Markierung aus der Tourenkarte mit Maßstab 1:25 000 heraus lesen. Im Gelände gibt der Pendeltrick mit den Skistöcken Aufschluss über die Neigung.

Anraum wächst gegen den Wind

Windgangeln zeigen mit steiler Seite gegen den Wind

Nur wer Gelände und Umfeld bewusst aufnimmt, kann sein Verhalten der Situation anpassen. Windzeichen geben Aufschluss über die vorherrschende Windrichtung. Alarmzeichen wie Wumm-Geräusche, Risse in der Schneedecke oder spontane Schneebretter weisen deutlich auf eine bestehende Gefahr hin.

 Alarmzeichen deuten auf erhebliche Lawinengefahr hin.

Lawinenfaktoren | Mensch | **Während der Tour**

Bei der Spuranlage sind auch die Beurteilungsbereiche, u. a. der Hangneigung, entscheidend. Da die Möglichkeit der Lawinenauslösung über weite Strecken mit der Gefahrenstufe steigt, müssen dementsprechend größere Bereiche in die Beurteilung mit einbezogen werden.
Dies gilt natürlich nicht nur für den Aufstieg, sondern auch für die Abfahrt.
Stufe 1 – Beurteilung im direkten Spurbereich
Stufe 2 – Beurteilung im Umkreis von 20 bis 40 Metern um die Spur
Stufe 3 – Der gesamte Hang wird in die Beurteilung einbezogen.
Stufe 4 – Der gesamte Bereich (Geländekammer) wird in die Beurteilung einbezogen. Großer Abstand zu Hängen über 30°. Auslaufzonen weiträumig meiden.

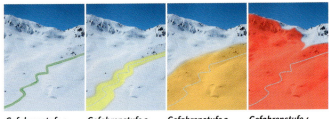

Gefahrenstufe 1   *Gefahrenstufe 2*   *Gefahrenstufe 3*   *Gefahrenstufe 4*

Je höher die Gefahrenstufe, umso größer der Beurteilungsbereich im Gelände.

Während der Tour

Am Beginn jeder Tour steht die Überprüfung der Notfallausrüstung. Dabei wird jedes LVS-Gerät auf Senden und Empfangen überprüft. Der Gruppenleiter stellt sein Gerät auf Senden. Alle anderen Gruppenmitglieder prüfen den Empfang ihres Gerätes. Danach legen alle Gruppenmitglieder das Gerät im Sendemodus an. Der Gruppenleiter stellt sein Gerät auf Empfang. Jedes Gruppenmitglied geht nun einzeln am Gruppenleiter vorbei, der damit die Sendefunktion aller Geräte prüft. Danach legt auch der Gruppenleiter sein Gerät an, und die Tour kann beginnen. Idealerweise bleibt das LVS-Gerät während der gesamten Tour angelegt, und die Sendefunktion wird vor der Abfahrt noch einmal überprüft.

Ein der Situation angepasstes **Verhalten beim Aufstieg** reduziert die Lawinengefahr. Bei jedem Einblick in einen neuen Geländeabschnitt erfolgt die systematische Geländebeurteilung nach den Kriterien:
- *Orientierung* (wo bin ich, wo ist das Ziel/Zwischenziel)
- *Beurteilung der Lawinensituation* des nächsten Abschnittes
- Wo ist das *Gelände* am leichtesten begehbar
- Überlegen und Festlegen von Maßnahmen zur Optimierung des Risikos.

Ergebnis der Geländebeurteilung sollte eine **Spuranlage** sein, die der Lawinensituation, dem Gelände, der Gruppe und der Schneebeschaffenheit entsprechend angepasst ist. Ungünstige Geländeformen wie Rinnen sollten umgangen und günstige Geländeformen wie Rücken genutzt werden. Mögliche Maßnahmen zur Risikoreduktion sind Entlastungsabstände (min. 10 Meter) und Einzelquerung von Rinnen, möglichst hoch.

Bei der Spuranlage geht Reduktion des Risikos vor Erleichterung der Fortbewegung!

Lawinenfaktoren | Mensch | **Vor der Tour**

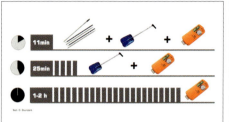

Die **Notfallausrüstung** sollte bereits am Vortag der Tour auf Vollständigkeit und Funktionstüchtigkeit (Batterien) überprüft werden. Die Grafik zeigt, wie sich nutzbare Ausrüstung bei der Bergung eines Verschütteten aus 1 Meter Tiefe auswirkt.

Zur Grundausrüstung jedes einzelnen Tourengehers gehören:

Lawinenverschütteten-Suchgerät (LVS-Gerät): Ein LVS-Gerät zu besitzen reicht nicht aus. Jeder muss mit seinem Gerät vertraut sein und regelmäßig üben. (Gelegenheiten dazu unter www.lawinensicherheit.de)
Lawinenschaufel: Die Bergung von Verschütteten ist nur mit Schaufel möglich.
Lawinensonde: Nur mit Sonde kann schnellstmöglich eine genaue Lokalisierung bei der Punktortung vorgenommen werden.
Erste-Hilfe-Set: Zur Erstversorgung von Verletzten
Biwaksack: Schutz vor Auskühlung und Hilfe beim Abtransport

Zusatzausrüstung für ein Plus an Sicherheit:

Handy für die Organisation professioneller Hilfe
ABS-Rucksack kann komplette Verschüttung verhindern
Lawinenballon kann eine Verschüttetensuche erleichtern
Avalung spezielle Weste mit eingebautem Atemschutz
Recco Reflektoren an der Kleidung ersetzen das LVS-Gerät nicht, da sie für die schnelle Kameradenhilfe völlig ungeeignet sind.

Jedes Mitglied einer Tourengruppe hat das LVS-Gerät am Körper, Schaufel und Sonde im Rucksack.

In den Alpenländern gilt die gemeinsame europäische Lawinen-Gefahrenskala mit fünf Gefahrenstufen.

Gefahrenstufe	Schneestabilität	Auslösewahrscheinlichkeit
1 Gering Potential 2	Die Schneedecke ist allgemein gut verfestigt und stabil **5% schwach**	Auslösung ist allgemein nur bei großer Zusatzbelastung an sehr wenigen, extremen Steilhängen möglich. Spontan sind nur kleine Lawinen (so genannte Rutsche) zu erwarten
2 Mäßig Potential 4	Die Schneedecke ist an einigen Steilhängen nur mäßig verfestigt, ansonsten allgemein gut verfestigt **10% schwach**	Auslösung ist insbesondere bei großer Zusatzbelastung vor allem an den angegebenen Steilhängen möglich. Größere spontane Lawinen sind nicht zu erwarten
3 Erheblich Potential 8	Die Schneedecke ist an vielen Steilhängen mäßig bis schwach verfestigt **20% schwach**	Auslösung ist bei geringer Zusatzbelastung vor allem an den angegebenen Steilhängen möglich. Fallweise sind spontan einige mittlere, vereinzelt aber auch große Lawinen möglich
4 Groß Potential 16	Die Schneedecke ist an den meisten Steilhängen schwach verfestigt **40% schwach**	Auslösung ist bereits bei geringer Zusatzbelastung an den meisten Steilhängen wahrscheinlich. Fallweise sind spontan viele mittlere, mehrfach auch große Lawinen zu erwarten
5 Sehr groß Potential x	Die Schneedecke ist allgemein schwach verfestigt und weitgehend instabil **äußerst schwach**	Spontan sind zahlreiche große Lawinen, auch in mäßig steilem Gelände, zu erwarten

Verschiedene Institutionen in den Alpenländern geben je nach Verhältnissen neue Lawinenlageberichte heraus. Der **Lawinenlagebericht (LLB)** informiert über die aktuell vorherrschende Lawinensituation in den jeweiligen Gebieten. Kern des LLB ist die Aussage zur Gefahrenstufe. Er enthält darüber hinaus wichtige zusätzliche Informationen wie:
- die vergangene und aktuelle Wettersituation (Niederschlag, Wind, Temperatur) und die Konsequenzen für die Schneedecke
- den Scheedeckenaufbau (Verfrachtungen, Setzungszustand, schwache Zwischenschichten etc.) und dessen Störanfälligkeit
- die Beurteilung der Lawinengefahr und die Beschreibung möglicher Gefahrenbereiche (Höhenlagen, Gelände, Auslösewahrscheinlichkeit etc.)
- Prognose über die zu erwartende Entwicklung.

Es genügt daher nicht, lediglich die Gefahrenstufe zu kennen. Wer auf die Informationen des LLB verzichtet, verzichtet auf größere Sicherheit.

 Der Lawinenlagebericht ist die Planungsbasis für jede Skitour.

2.4. LAWINENFAKTOR Mensch

Der Mensch stellt den wichtigsten Lawinenfaktor dar. Es ist der einzige Faktor, den er selbst und immer beeinflussen kann. Erfahrung, Wissen, persönliches Können und angepasstes oder nicht angepasstes Verhalten sind mitentscheidend für die Auslösung von Lawinen. Deshalb sind eine gewissenhafte Tourenplanung, aufmerksame Beobachtungen und risikobewusste Entscheidungen während der Tour unabdingbare Bestandteile jeder Art von Aktivitäten abseits der Piste.

Vor der Tour

Durch gewissenhafte Vorbereitung können gefährliche Situationen im Gelände deutlich reduziert werden. Die wichtigsten Punkte bei der Auswahl eines Tourenzieles sind der Wetterbericht (Wind, Niederschlag, Temperatur), der Lawinenlagebericht, die Geländebeurteilung aus Karte und Führerliteratur (Hangneigung, -form und -exposition), die Teilnehmer der Tour (Anzahl, Können, Psyche) sowie die Überprüfung der Notfall-Ausrüstung. Der Lawinenlagebericht kann über www.lawinensicherheit.de oder telephonisch abgerufen werden.

Land	Tonband	Spezielle Beratung
Tirol	++43 (0)5 12/15 88	++43 (0)5 12/58 18 39
Vorarlberg	++43 (0)55 22/15 88	keine
Salzburg	++43 (0)6 62/15 88	++43 (0)6 62/80 42-21 70
Oberösterreich	++43 (0)7 32/15 88	++43 (0)7 32/77 20-24 85
Kärnten	++43 (0)5 05 36 15 88	++43 (0)6 64/6 20 22 29
Steiermark	++43 (0)3 16/15 88	++43 (0)3 16/24 22 00
Bayern	++49 (0)89/92 14-12 10	++49 (0)89/92 14-15 55
Südtirol	++39 04 71/27 11 77	++39 0471/41 47 40
Schweiz	++41 (0)1/1 87	++41 (0)81/4 17 01-11
Frankreich	++33 (0)8 36/68 10 20	++33 (0)8 36/68 08 08

Richtige Tourenplanung reduziert das Risiko!

Lawinenfaktoren | **Schneedecke**

2.3. LAWINENFAKTOR Schneedecke

Je nach Wetter- und Geländesituation ergeben sich Stabilitätsunterschiede in der Schneedecke (Schneebrett-Voraussetzungen »gebundener Schnee« und »Gleitschicht«). Dabei gilt:
- Die Festigkeiten im Einzelhang können stark variieren.
- Selbst gleiche Wetterbedingungen werden im gleichen Hang unterschiedliche Festigkeitsmuster ergeben.

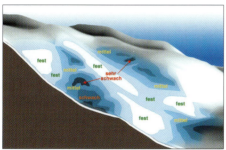

- Schon kleine Veränderungen im Festigkeitsmuster können die Gesamtstabilität des Hanges verändern.
- Über so genannte »**Hot Spots**« (sehr schwache Hangbereiche, in denen praktisch keine Verbindung zur darunter liegenden Schicht besteht) ist die Auslösung durch den Skifahrer besonders leicht möglich.

Die Lawinenauslösung kann dann bereits durch zusätzliche Belastung der Schneedecke eines Skifahrers erfolgen.

 »Hot Spots« sind unsichtbare schwache Hangzonen.

Hangneigung

Die Steilheit eines Hanges ist eine der drei Voraussetzungen für die Bildung eines Schneebrettes. Deshalb spielt dieser Faktor in der Beurteilung und der Entscheidungsfindung eine übergeordnete Rolle.

Bei der Festlegung der Hangsteilheit ist die steilste Stelle eines Hanges (ca. 10 x 10 m) zu betrachten. Etwa 97 % aller Lawinenunfälle ereignen sich in Hängen mit über 30° Neigung. Hänge über 30° werden im Lawinenlagebericht als Steilhänge bezeichnet. Bei 84 % der Lawinenauslösungen war die steilste Hangpartie mindestens 35°.

Allgemein lässt sich daher sagen: Je steiler der Hang, desto leichter können Lawinen ausgelöst werden. Umgekehrt heißt das aber auch: Wenn auf steile Hänge verzichtet wird, kann das Risiko einer Lawinenauslösung deutlich gesenkt werden.

Da die Abfahrt aber für viele erst auf Hängen mit mehr als 30° richtig Spaß macht, wird der Bezug der Hangsteilheit zur Lawinenhäufigkeit gerne verdrängt. Als Gedankenstütze für eine einfache Risikoreduktion können die folgenden Obergrenzen dienen:

Gefahrenstufe im Lawinenlagebericht	Maximale Steilheit
1	
2	unter 40°
3	unter 35°
4	unter 30°
5	Verzicht auf Touren

Die Hangsteilheit lässt sich messen und schätzen (siehe Punkt 2.4 *Faktor Mensch während der Tour*, Seite 18)

Wenn auf steile Hänge verzichtet wird, kann das Risiko einer Lawinenauslösung deutlich verringert werden.

Hangausrichtung

Während Hangform und Wind zusammen zu betrachten sind, beeinflusst die Hangausrichtung (auch Hangexposition) die Temperatur der Schneedecke und damit deren Aufbau. In Schatthängen (Richtung NW bis NO) setzt sich die Schneedecke aufgrund der geringen Sonneneinstrahlung nur sehr langsam, wodurch vorhandene Gefahren länger erhalten bleiben und neue Gefahren entstehen können. Durch die längere Sonneneinstrahlung weisen Südhänge (SW bis SO) häufig einen stabileren Schneedeckenaufbau auf. Das Gelände kann daher in günstige und ungünstige Hänge eingeteilt werden. Lawinenlagebericht und eigene Beobachtungen liefern wertvolle Informationen zur Einteilung in günstig oder ungünstig. Die Hangausrichtung lässt sich mit einer Karte oder einem Kompass feststellen. Die Hangexposition richtet sich dabei nach der Richtung, in die man schaut, wenn man mit dem Rücken zum Hang steht (z. B. schaut man im Hang stehend vom Hang weg in Richtung Norden, handelt es sich um einen Nordhang).

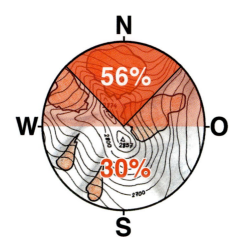

 70 % aller Lawinenunfälle ereignen sich in nordexponierten Hängen (W über N bis O), 56 % im Nordsektor (NW bis NO)

2.2. LAWINENFAKTOR Gelände

Hangform

Geländeformen beeinflussen die Lawinenbildung, weil sie einen entscheidenden Einfluss auf die Windrichtung und -geschwindigkeit haben und damit auch auf das Ausmaß der Schneeverfrachtungen.

Lawinenfördernd sind Rinnen, Mulden und Gefällsbrüche. Diese Geländeformen fördern die Bildung von Triebschneeablagerungen im Lee und von Pressschneeablagerungen im Luv.
Lawinenhemmend können sein
• Rippen (häufig abgeblasen, kaum Triebschnee)
• Rücken (häufig abgeblasen, kaum Triebschnee)
• stark kupiertes Gelände (gute Stützung der Schneedecke durch kleinräumige Hangformen)

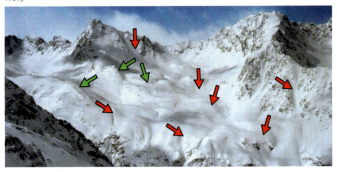

Das Gelände ist **der** hilfreiche Partner bei der Beurteilung der Lawinengefahr. Dazu ist jedoch gute Sicht und ein hohes Maß an Erfahrung erforderlich.

Geländeformen beeinflussen die Lawinenbildung.

Wind

Der Wind wird als Baumeister der Lawinen bezeichnet, weil er durch Schneeverfrachtungen von frisch gefallenem oder auch älterem Schnee für die Entstehung von Schneebrettern sorgt. Dabei werden Schneeteilchen zerkleinert, verfrachtet und als gebundener Triebschnee abgelagert.

Windstärke	Definition	Merkmal	Schneeverfrachtung
20 km/h	schwacher Wind	Taschentuch bewegt sich	keine Verfrachtungen
20 – 45 km/h	mäßiger Wind	Taschentuch ist im Wind gestreckt	Beginn von Verfrachtungen
45 – 70 km/h	starker Wind	Wind an festen Gegenständen hörbar, Rauschen im Wald, Pfeifen um die Hütte	umfangreiche Verfrachtungen
70 – 100 km/h	stürmischer Wind	Schneefahnen am Gipfel	Verfrachtungen in allen Lagen

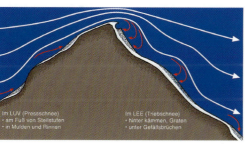

Die Richtung der Bodenwinde ist abhängig von der Hauptwindrichtung der jeweiligen Wetterlage, der Windstärke und des Geländereliefs. Triebschnee findet sich nicht nur in kammnahen Windschattenbereichen von Luv nach Lee, sondern auch in Rinnen und Mulden durch hangparallele Winde.

 Je stärker der Wind, desto größer die Triebschneeansammlung.

Temperatur

Eine der zu beachtenden Rahmenbedingungen während und nach dem Schneefall ist die Temperatur. Kälte, Warmluft und Sonneneinstrahlung beeinflussen massiv die Umwandlungsvorgänge in der Schneedecke und somit auch die Lawinensituation.

Massive Erwärmung führt zu sehr kritischen Situationen, ist jedoch in seinen Auswirkungen gut einzuschätzen.
Langsame, maßvolle Erwärmung fördert die Setzung der Schneedecke und damit die Bindung zwischen den Schichten.
Erwärmung bei Tag – Abkühlung bei Nacht bewirkt eine ideale Verfestigung der Schneedecke, jedoch muss eine Verschärfung der Lawinensituation durch Sonneneinstrahlung im Tagesverlauf von O nach W beachtet werden.
Kälte konserviert bestehende Gefahren und verzögert die Setzung.
Anhaltende, große Kälte fördert die Bildung von Schwimmschnee (Kugellager-Wirkung) und Oberflächenreif (eingeschneit eine kritische Schwachschicht), wodurch eine Verschärfung der Situation entsteht.

Abhängig von der Temperatur wird die Schneedecke stabiler oder instabiler.

2.1. LAWINENFAKTOR Wetter

Niederschlag

Für die Beurteilung der Lawinengefahr ist die Niederschlagsmenge in Verbindung mit Wind, Temperatur und der vorhandenen Altschneedecke eine zentrale Größe. Ob die in einer Schneefallperiode (1 bis 3 Tage) gefallene Schneemenge als kritisch oder eher unproblematisch zu beurteilen ist, kommt auf die oben genannten Bedingungen während des Schneefalls und unmittelbar danach an.

10 bis 20 Zentimeter Neuschneemenge, gefallen mit starker Windeinwirkung bei tiefen Temperaturen auf einer alten Harschschicht kann sich überaus kritisch auswirken. Andererseits müssen 30 Zentimeter Neuschneemenge, gefallen auf eine feuchte Schicht bei Windstille und einer Temperatur um 0°C bei Beginn, keine bedeutende Gefahrenerhöhung mit sich ziehen. Höhenlage und Temperaturverlauf während der Niederschläge haben unterschiedliche Auswirkungen auf die Lawinensituation, weshalb diese kritisch beurteilt werden müssen.

Ungünstige Bedingungen	*Günstige Bedingungen*
• starker Wind (um 50 km/h) • tiefe Temperaturen (unter –8°C) • Schmelzharsch, Reif, Blankeis oder sehr alte Schichten	• kein oder schwacher Wind • Temperatur wenig unter 0°C, vor allem zu Beginn des Schneefalls • Regen in Schnee übergehend

Kritische Neuschneemenge (innerhalb der letzten 1 bis 3 Tage)
10 – 20 Zentimeter bei ungünstigen Bedingungen
20 – 30 Zentimeter bei mittleren Bedingungen (günstige und ungünstige gemischt)
30 – 60 Zentimeter bei günstigen Bedingungen

Nicht die Neuschneemenge ist entscheidend, sondern die Bedingungen während und nach dem Schneefall!

1. LAWINEN – DIE »WEISSE GEFAHR«

Vier grundlegende Faktoren beeinflussen die Lawinensituation. **Wetter, Gelände** und **Schneedecke** sind untrennbar miteinander verbunden, beeinflussen sich gegenseitig und machen eine Beurteilung der Lawinensituation überaus komplex. Der **Mensch** mit seinem Verhalten stellt jedoch den größten Unsicherheitsfaktor dar.

- linienförmiger Anriss
- schlagartiges Abgleiten des gesamten instabilen Hangbereiches

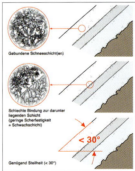

Die für die Wintersportler gefährlichste Lawinenart ist die **Schneebrettlawine.** Dabei lösen sich die Schneemassen mit einem linienförmigen Anriss in Schollen, die auf glatter Fläche blitzschnell nach unten gleiten.

Voraussetzung für Schneebrettlawinen ist gebundener Schnee (meist Triebschnee) in Verbindung mit einer störanfälligen Schwachschicht in einem steilen Hang.

Erst der Mensch macht die Lawinengefahr zum Risiko!

Inhalt

1. **LAWINEN – EINSTIEG** 5
2. **LAWINENFAKTOREN** 6
    - 2.1. **Wetter** 6
        - Niederschlag 6
        - Temperatur 7
        - Wind 8
    - 2.2. **Gelände** 9
        - Hangform 9
        - Hangausrichtung 10
        - Hangneigung 11
    - 2.3. **Schneedecke** 14
        - kritische Schichten
        - Auslösung
    - 2.4. **Mensch** 15
        - vor der Tour 15
        - während der Tour 18
        - Aufstieg 18
        - Abfahrt 21
        - Entscheidungsstrategien 24
3. **LAWINENUNFALL** 25
    - Grobsuche 26
    - Feinsuche 26
    - Punktortung 27
    - Mehrfachverschütteten-Suche 28
    - Ablauf der Kameradenhilfe 29

IMPRESSUM
Eine Produktion der Zeitschrift »Bergsteiger« für ORTOVOX.
Verantwortlich für den Inhalt: Peter Geyer/ORTOVOX.
Layout und Realisation: Vera Waldmann

Sicher auf Tour

Risiko- und Notfallmanagement bei Skitouren

*Zusammengestellt von
Peter Geyer und ORTOVOX*

Merino = Wohl × fühlen²

High Performance Sportswear aus 100 % TEC-Merino

Natur ist perfekt. Natürliche Merinowolle ist die geniale Faser für Ihre Haut. Sie wärmt bei Kälte und kühlt bei Hitze. Sie reguliert die Feuchtigkeit und verhindert unangenehme Gerüche, selbst bei starker Beanspruchung. Das schafft keine Kunstfaser. Nur eines konnten wir noch verbessern: Dank TOTAL EASY CARE ist unsere Merinowolle problemlos waschbar. Trägst Du etwa noch künstliche Kopien auf Deiner Haut?
Ortovox. Worauf Du Dich verlassen kannst.

Sportswear   Backpacks   Safety Equipment

Das Bergsteiger-Lawinenseminar

Sicher auf Tour

Risiko- und Notfallmanagement abseits der Piste

*Zusammengestellt von
Peter Geyer und ORTOVOX*

in Zusammenarbeit mit ORTOVOX